Herbert Ewe

Das alte Stralsund

VERLAG HERMANN BÖHLAUS NACHFOLGER
16 24
WEIMAR

Herbert Ewe

Das alte Stralsund

Kulturgeschichte einer Ostseestadt

Mit Fotos von Günter Ewald

1995
VERLAG HERMANN BÖHLAUS NACHFOLGER
WEIMAR

Die Deutsche Bibliothek – CIP-Einheitsaufnahme

Ewe, Herbert:
Das alte Stralsund: Kulturgeschichte einer Ostseestadt / Herbert Ewe. Mit Fotos von Günter Ewald. – 2. Aufl. – Weimar: Verlag Hermann Böhlaus Nachfolger Weimar, 1995
ISBN 3-7400-0881-4

2. Auflage 1995

Erschienen im Verlag Hermann Böhlaus Nachfolger Weimar GmbH & Co.

Dieses Buch ist aus säurefreiem Papier hergestellt und entspricht den Frankfurter Forderungen zur Verwendung alterungsbeständiger Papiere für die Buchherstellung.

Buchgestaltung: Irmgard Christel
Umschlaggestaltung: Arnold Buck

Printed in Germany
ISBN 3-7400-0881-4

Gesamtherstellung: Verlag Hermann Böhlaus Nachfolger Weimar

L.-Nr. 2778

Dem Andenken meines Freundes
Professor Dr. Konrad Fritze

Inhalt

1 Meerstadt

Die Stadt am Meer

Alte Städte sind eindrucksvolle Zeugen der Geschichte und Kultur. Sie künden von der Tatkraft, den Leistungen und dem Kunstverständnis ihrer Erbauer. Sie haben, wie es auf den ersten Blick erscheinen will, viel gemeinsam – im historisch bedingten Grundriß und in ihrer Bebauung. Dennoch: man wird niemals von einer Gleichförmigkeit reden dürfen. Jede mittelalterliche Stadt hat eben doch ihr eigenes Gesicht, sozusagen eine eigene Note. Das trifft ganz gewiß auch für die Hafenstädte zu.

Der Hafen prägte in hohem Maße das Erscheinungsbild des Gemeinwesens. Er spielte seit eh und je eine gewichtige Rolle und war nicht nur ein Platz, auf dem Waren gelöscht und verladen, Personen angelandet und weiterbefördert worden sind. Er war zu allen Zeiten mehr, und zwar eine Kommunikationszone ersten Ranges. Dies war im Mittelalter und den Jahrhunderten danach offenbar mehr noch als gegenwärtig der Fall. Im Kontaktbereich des Hafens vollzog sich ein Kulturaustausch im weitesten Sinne wie kaum anderswo. Hier kamen Nachrichten von draußen, von bekannten und unbekannten Gegenden, an. Menschen verschiedener Länder traten sich näher, teilten sich mit, was sie einander zu geben und zu sagen hatten. Mit den Schiffen gelangte Kunde von fremder Gesittung, von geistigem, künstlerischem und handwerklichem Können anderer in die Hafenstadt.[1] In Stralsund fand dies – wie wir noch sehen – einen mannigfachen Niederschlag.

Die ersten Bewohner kamen vermutlich bald nach der Wende vom 12. zum 13. Jahrhundert in das von Slawen besiedelte Gebiet. Und sie kamen aus der Ferne – von Flandern, dem Niederrhein, aus Westfalen, Schleswig-Holstein, und aus der Nähe, von den Dörfern der Umgebung. Im Jahre 1234 erhielt das Gemeinwesen lübisches Stadtrecht. Der Platz an der Meerenge des Strelasunds hatte sich zur Stadtgründung buchstäblich angeboten. Er lag im Schnittpunkt uralter Handelsstraßen, die aus verschiedenen Richtungen zur Insel Rügen führten. Die Stadtentwicklung wurde durch die geographischen Verhältnisse sehr begünstigt. Um das Baugebiet, um einen diluvialen Inselkern, gruppierten sich Teiche, die zusammen mit dem Strelasund der Stadt gleichsam den Charakter einer Wasserburg verliehen. Stralsund entfaltete sich außerordentlich schnell. Gegen Ende des Gründungsjahrhunderts waren die Grenzen des etwa 48 ha großen Stadtterritoriums festgelegt und der Bau der markanten Gebäude, des Rathauses, der Pfarrkirchen und Klosteranlagen begonnen.

1 Ewe, Herbert, Das alte Bild des Hafens. In: Stadtbaukunst im Mittelalter. Berlin 1990, S. 198ff.

2 Die Hafenseite

Für den Hafen gewährten die ihm vorgelagerten Inseln Dänholm und Rügen beachtliche Vorteile, schufen Schutz vor Überraschungsangriffen von der Seeseite. Das offene Meer konnte auf zwei Zufahrtswegen, nördlich im Fahrwasser an Hiddensee vorbei und südlich durch den Greifswalder Bodden, leicht erreicht werden. Auf den Hafen richtete die städtische Behörde von Anfang an ihre erhöhte Aufmerksamkeit, und die Bürger waren bereit und willens, dessen Ausbau finanziell zu fördern. Mittelalterliche Testamente bestätigen es. Die älteste Hafenordnung ist bereits aus dem Jahre 1278 überliefert. Ein Leuchtfeuer, eines der ersten des gesamten Ostseeraumes, die sogenannte Luchte auf dem Gellen, der Südspitze von Hiddensee, sollte Schiffern nachts den Weg in den Stralsunder Hafen weisen. Es wurde 1306 errichtet. An der Hafenseite entstanden die besonders dekorativ gestalteten Stadttore. Und hier, auf der Lastadie außerhalb der Mauer, befanden sich die Schiffbauplätze. Das Kämmereibuch verrät uns, daß es im Jahre 1400 neun, 1411 elf und 1426 sogar dreizehn Stralsunder Werften gab.[2]

2 Fritze, Konrad, Die Häfen von Wismar, Rostock, Stralsund und Greifswald zur Hansezeit. In: Greifswald-Stralsunder Jahrbuch, Bd. 13/14, 1982, S. 20.

3 Frankenteich mit St. Marien

4 Am Knieperteich

5 Blick über das alte Stralsund

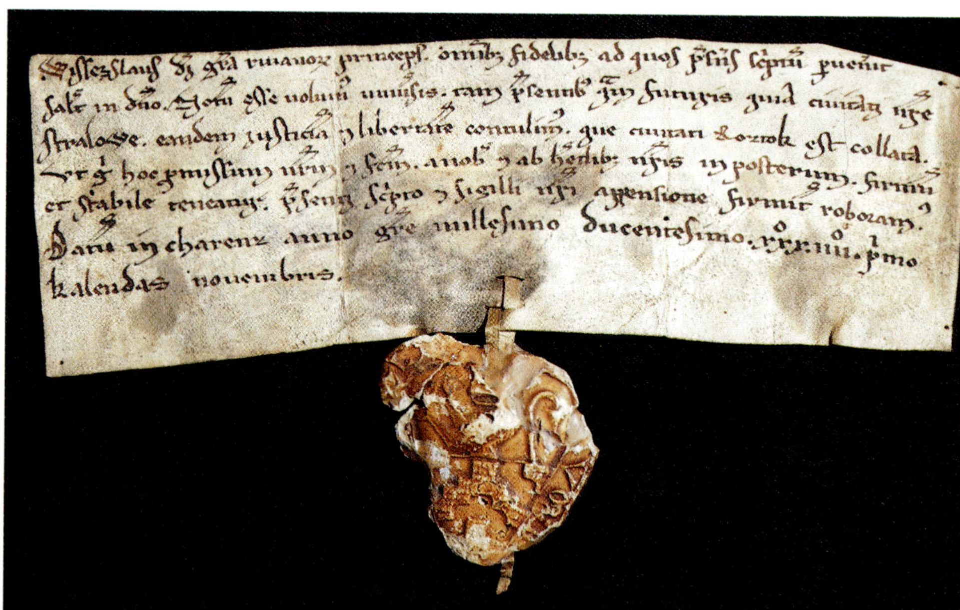

6 Urkunde der Stadtrechtsverleihung von 1234

7 Großes Stralsunder Koggensiegel von 1329

Die wirtschaftliche Grundlage der Stadt bildete der Handel, genauer: der seewärtsorientierte Fernhandel. Die sundischen Schiffer stachen mit ihren hochbordigen Koggen in See, nahmen Kurs auf Riga und Nowgorod im Osten, Schonen (damals Dänemark), Stockholm und Bergen/Norwegen im Norden, Amsterdam und Brügge im Westen. Schon im 13. Jahrhundert sind Handelsfahrten nach Rußland, Schweden, England, Flandern und Frankreich bezeugt. Die Stralsunder waren seinerzeit auf den bekannten Marktplätzen Ost-, Nord- und Westeuropas vertreten. Und indem sie mit Erzeugnissen und Rohstoffen, mit französischem Wein, flandrischen und englischen Tuchen, norwegischem Stockfisch, schonischem Hering, schwedischen Erzen und russischem Pelzwerk handelten, wurden sie Vermittler von Waren aus weit voneinander entfernten Ländern. Dies war ein Handel großen Stils, der ihnen und der Stadt erhebliche Gewinne einbrachte. Im Geschäft dieses Großhandels vermochten sich die Stralsunder durch den Ein- und Verkauf von Tuchen eine Position zu schaffen, die sich deutlich von der anderer Ostseestädte abhob. Der rege Tuchhandel führte zu engen Verbindungen zwischen England, Flandern und Stralsund, auf die vor allem schriftliche Quellen des 15. Jahrhunderts hinweisen. Chronisten wußten zu vermelden, daß bereits 1381 eine englische Handelsflotte am Dornbusch von Hiddensee vor Anker ging, die Waren auf flachlaufende Wasserfahrzeuge lud und in die Stadt beförderte. Der Betrieb war damals anscheinend so außergewöhnlich, *dat alle straten voll wehren van deme gude.* Neben dem lohnenden Zwischenhandel darf man freilich keineswegs den Ein- und Ausfuhrhandel außer acht lassen. Die Stadt exportierte hauptsächlich agrarische Produkte des ländlichen Hinterlandes, Getreide, Vieh, ferner auch Bier. Auf der Importtabelle erschienen nicht nur Schwedens Eisen, Kupfer und

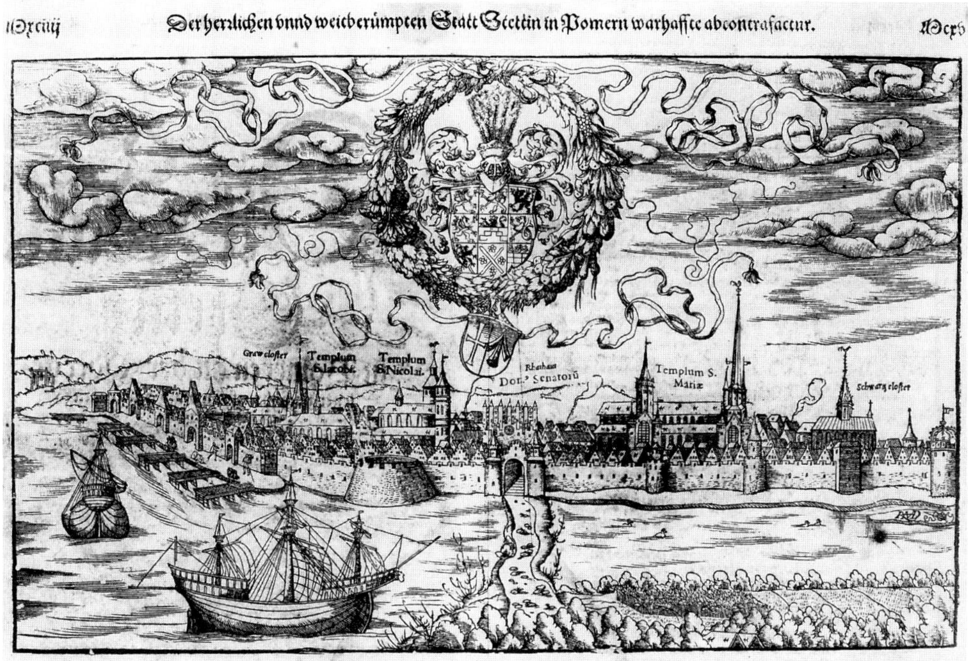

8 Die älteste Stadtansicht (Holzschnitt 16. Jahrhundert)

9 Hafenanlagen (Kupferstich 17. Jahrhundert)

Blei, Dänemarks Fische, Osteuropas Pelze und Wachs sowie Westeuropas Stoffe und Weine, sondern auch jene Waren, die die Kaufleute auf den europäischen Messen vorfanden: Gewürze, Seide, Öl, Schmuckgegenstände und anderes mehr.

Man kann sich das mittelalterliche Stralsund gewiß nicht ohne das bunte händlerische Treiben vorstellen. Es entfaltete sich zunächst im Hafen mit den ankommenden und abfahrenden, den entladenen und beladenen Schiffen und setzte sich in den Straßen und auf den Plätzen fort, wo an Markttagen die Krämer und Haken (Kleinkaufleute), auch die Handwerker, ihre Produkte und Erzeugnisse feilhielten.

Im Fern- und Nahhandel fanden viele Bewohner der Ostseestadt Lohn und Brot. Die Werften beschäftigten nicht nur die *bootmaker,* deren Gewerbe man aus guten Gründen die »Kunst des Schiffbaues« nannte. Für die Herstellung und Unterhaltung der Seelasttransporter waren weitere Berufe vonnöten, Segelmacher, Ankerschmiede und Reeper (Seiler), an deren Wirkungsstätte die Reiferbahn der Frankenvorstadt erinnert. Stralsund darf sich übrigens rühmen, den ersten deutschen Kompaßmacher in seinen Mauern beherbergt zu haben. Im Stadtbuch »Liber memorialis« ist 1397 sein Name (Ghisibertus Korling) überliefert. Sodann gilt es, die Träger zu erwähnen, jene Männer, die das Be- und Entladen der Schiffe besorgten. Wenn eine pommersche Chronik des 16. Jahrhunderts zu berichten weiß, daß im Stralsunder Hafen 1400 Menschen mit diesen Arbeiten beschäftigt gewesen sind, so scheint dies freilich übertrieben zu sein. Für den im Seefahrtswesen wichtigen Beruf der Böttcher, die Fässer für den Gütertransport anfertigten, kennen wir hingegen exakte Zahlen. In der Zeit von 1319 bis 1328 erwarben immerhin 94 Angehörige dieses Handwerkszweiges das hiesige Bürgerrecht. Sie rangierten in den Eintragungen des Bürgerbuches unter allen Gewerken mit Abstand an erster Stelle.

Über diejenigen, die jahraus, jahrein die Schiffsplanken bestiegen und in die Welt segelten, über das mittelalterliche Bordpersonal, fehlen genaue Angaben. Man wird indessen die Anzahl der Schiffer, Matrosen und Segelknechte nicht gering zu veranschlagen haben.

Die Stadt am Strelasund zählte im Mittelalter zu den bedeutendsten Fernhandelsstädten Nordeuropas. Zeitweise segelten 300 Schiffe unter stralsundischer Flagge. Zur vollen Blüte war das Gemeinwesen erst durch den Zusammenschluß der Städte im Verband der Hanse, die jahrhundertelang europäische Geltung beanspruchte, gelangt. Wirtschaftliche und politische Gründe hatten zu der Interessengemeinschaft geführt, die gegen Ende des 13. Jahrhunderts durch ein Bündnis zwischen den Städten Lübeck, Wismar, Rostock, Stralsund und Greifswald – Städte des »wendischen Quartiers« – festere Formen annahm. Gegenseitiger Beistand zu Wasser und zu Lande, so lautete die Verpflichtung, die der Vertrag von 1293 festlegte.

Von ihren Landesherren, den Fürsten zu Rügen, die anfangs die Stadt im eigenen Interesse nachhaltig gefördert hatten, war sie längst unabhängig geworden. Nach dem Aussterben des rügenschen Fürstengeschlechtes (1325) vermochte sie ihre Souveränität auch unter der Herrschaft der pommerschen Herzöge noch lange zu behaupten.

10 Schiffszimmerleute (Kupferstich 1698)

11 Segelmacher (Kupferstich 1698)

12 Stralsunder Schiffswerft (Aquarell 18. Jahrhundert)

Stralsund stand während des Mittelalters mehrmals im Brennpunkt der großen Politik im Ostseeraum. Sein Name hatte weit über die Grenzen des Landes hinaus einen guten Klang.

Zu Beginn des 14. Jahrhunderts versuchte das damals mächtige Dänemark, Eroberungspläne verfolgend, die deutsche Städtegemeinschaft zu sprengen. Nachdem sich Lübeck, Wismar und Rostock ergeben hatten und der junge Hansebund zu zerbrechen drohte, stand das Heer des dänischen Königs Erich Menved und mit ihm im Gefolge das Aufgebot der Könige von Schweden und Norwegen sowie mehrerer Herzöge und Fürsten 1316 vor den Befestigungswerken Stralsunds. Die Sundischen griffen die Feinde im westlich der Stadt gelegenen Hainholz überraschend an und bereiteten ihnen eine vernichtende Niederlage. Chronisten schilderten die für die Stadt und die Hanse bedeutsame Hainholzschlacht in beredter Sprache. 50 Jahre später stellte Dänemark unter Waldemar Atterdag erneut Ansprüche auf das südliche Ostseegebiet und forderte die Hanse zum Kampf heraus. Während sich die Gemeinschaft um 1300 erst locker gebildet hatte, standen nun die Städte einig zusammen. So gelang es ihnen, nach fast zehnjährigem Krieg Dänemark zu besiegen. Nicht von ungefähr wurden die Friedensverhandlungen im Stralsunder Rathaus geführt und hier am 24. Mai 1370 die entsprechenden Urkunden besiegelt.

Ein weiteres überregionales Ereignis der Stadtgeschichte brachte Stralsund in den Blickpunkt Europas. Das war im Jahre 1628, als Albrecht von Wallenstein mit seinen Heerscharen auf die Stadt zurückte und sie unter allen Umständen zu erobern beabsichtigte. »Und wenn die Stadt mit Ketten an den Himmel gebunden wäre, ich will sie herunterholen«, soll der sieggewohnte Generalissimus, der »General des Ozeanischen und Baltischen Meers«, wie er sich selber zu bezeichnen geruhte,

13 Detail einer Urkunde von 1486 mit Siegeln der Hansestädte Lübeck, Hamburg, Rostock, Stralsund, Wismar und Lüneburg

14 Belagerung der Stadt durch Wallensteinsche Truppen im Jahre 1628 (zeitgenössischer Kupferstich)

ausgerufen haben. Nachdem sich der Rat erfolglos durch Verhandlungen bemüht hatte, Belagerung und Einquartierung abzuwenden, waren die Bewohner unter Leitung ihres Bürgermeisters Lambert Steinwich gewillt, die Mauern bis zum letzten zu verteidigen. Dabei kamen ihnen dänische und schwedische Truppen zu Hilfe. Schweden machte seinen Beistand von Bedingungen abhängig. Sie sind in dem von König Gustav II. Adolf am 22. Juli 1628 eigenhändig unterzeichneten »Alliancevertrag« genau formuliert. Diese Urkunde wird von den Historikern zu Recht als eines der wichtigsten Dokumente des Dreißigjährigen Krieges gewertet. Sie eröffnet der nordischen Großmacht vertragsrechtlich den Zugang zu einem Teil des deutschen Territoriums. Der von den Stralsundern und ihren Verbündeten heldenhaft und mit Erfolg gegen den Friedländer geführte Verteidigungskampf rettete mitnichten die Selbständigkeit der Stadt. In jenem denkwürdigen Jahre 1628 endete sie vielmehr. Stralsund wurde schwedisch und blieb es bis 1815.

Die Zugehörigkeit zu dem nordeuropäischen Reich wirkte sich für die Bürger keineswegs nur vorteilhaft aus. Wiederholt verteidigten hier Schwedens Könige ihre Machtpositionen, so im Jahre 1678, als die Brandenburger mit ihrer Artillerie ganze

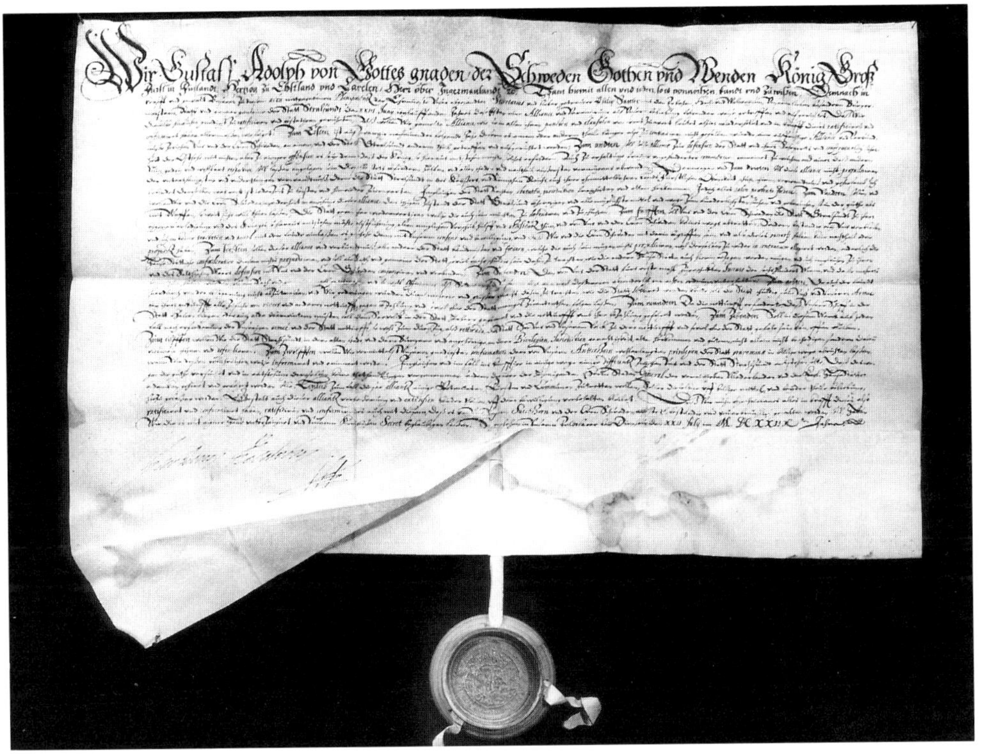
Wir Gustaff Adolph von Gottes gnaden der Schweden Gothen vnd Wenden König Groß

15 Alliancevertrag von 1628

Quartiere in Schutt und Asche legten, so auch im Nordischen Krieg, als König Carl XII. 1715 die Stadt als Brückenkopf in seinem Verzweiflungskampf gegen Dänen, Russen und Sachsen betrachtete, und noch einmal, als zum Beginn des 19. Jahrhunderts Franzosen Stralsund besetzten und Ferdinand von Schill im Straßengefecht sein Leben ließ.

Die wirtschaftliche und politische Bedeutung der Stadt war nach dem Niedergang der Hanse, im 17. Jahrhundert, freilich erheblich erschüttert, der Glanz der Hansezeit, von dem heute noch die großartigen Bauwerke der niederdeutschen Backsteingotik zeugen, verblichen.

Da nun infolge des eng begrenzten Hinterlandes – im Westfälischen Frieden gelangte Westpommern zu Schweden – die ökonomische Entwicklung gehemmt war, sank Stralsund mehr und mehr zu einer relativ bedeutungslosen Mittelstadt herab. Es hat zu jener Zeit indes nicht an Bemühungen gefehlt, die Wirtschaft zu beleben. Manufakturen entstanden. So erregen heute Erzeugnisse der 1755 begründeten Fayencefabrik nicht nur im Kulturhistorischen Museum der Sundstadt, sondern auch in den Schausammlungen von Stockholm, Kopenhagen, Lübeck und anderswo

16 Stralsunder Spielkarten

17 Geburtshaus
Carl Wilhelm Scheeles

Bewunderung. Und Stralsunder Spielkarten fanden zwei Jahrhunderte lang in Europa Beachtung.

In der Schwedenzeit entfalteten sich mannigfache Kulturbeziehungen zwischen dem nordeuropäischen Mutterland und der Stadt am Strelasund. Wiederholt gingen Stralsunder nach Schweden, und einzelne wurden weithin berühmt. Nikodemus Tessin und Carl Wilhelm Scheele rechnen dazu. Die Fähigkeiten des jungen Ratsherrnsohnes Tessin waren um 1630 von schwedischen Festungsbauleuten entdeckt worden, als er sich in ihre Dienste begeben hatte. Bald darauf gehörte er zu den bedeutendsten Baumeistern des schwedischen Reiches. Ihm, Nikodemus Tessin dem Älteren, und mehr noch Nikodemus Tessin dem Jüngeren, verdankt die schwedische Baukunst hervorragende Bauwerke: Herren- und Ratshäuser, Kirchen und Schlösser, von denen das Stockholmer sicher das berühmteste sein dürfte. Und Carl Wilhelm Scheele, dessen Geburtshaus an der Fährstraße jüngst restauriert wurde, zählen die Schweden zu ihren großen Naturwissenschaftlern. 1757 begann der damals Fünfzehnjährige seine Ausbildung als Apothekerlehrling. Malmö, Stockholm und Köping (dort steht gegenwärtig sein Denkmal) waren Stationen der Forschertätigkeit, die ihn allein durch die Entdeckung des Sauerstoffs weltbekannt machte.[3]

Von Schweden kamen Gelehrte, Kartographen, Architekten hierher. Johannes Staude verfertigte 1647 einen großartigen Plan, dessen Original zu den Prunkstücken des Kriegsarchivs Stockholm zählt. Er ging durch die Straßen, zeichnete Haus für Haus ein, hielt die repräsentativen Gebäude, das Rathaus, die Kirchen, auch die Befestigungswerke und Hafenanlagen mit Stift und Pinsel fest. Der Staudesche Plan ist ohne Zweifel eine Kulturleistung ersten Ranges, nicht zuletzt deshalb, weil er bis in Einzelheiten ein eindrucksvolles Bild der spätmittelalterlichen Ostseestadt vermittelt. Schwedische Architekten brachten durch das mit der Längsseite zur Straße gerichtete Traufenhaus ein neues Bauelement in das Stadtgefüge. Ihre Arbeiten, wie das nach Plänen des namhaften Meisters Cornelius Loos von 1726 bis 1730 errichtete Regierungspalais an der Badenstraße oder die um die Mitte des 18. Jahrhunderts am Alten Markt erbaute Stadtkommandantur, das heutige »Commandanten-Hus«, die sich vortrefflich in das historische Gefüge der Stadt einordnen, sind Beispiele dafür.

Die schwedische Regierung war überdies bestrebt, das kulturelle Leben Stralsunds zu fördern. Das Theater ist dabei vor allem zu erwähnen. Es erhielt bereits 1766 an der Mönchstraße ein eigenes Gebäude, früher übrigens als Wismar und die benachbarten Universitätsstädte Rostock und Greifswald. Vorher waren wandernde Schauspieltruppen in der Sundstadt erschienen, hatten die Bürger mit ihren Darbietungen in dem Saal des geräumigen Hauses der Brauer- und Mälzerkompanie an der Heilgeiststraße erfreut.

Auch das Zeitungswesen konnte sich nun entfalten. Die erste Wochenschrift, der »Stralsunder-Relationscourier«, erschien 1689, die erste Tageszeitung, »Auszug der

3 Ewe, Herbert, Stralsund. 3. Aufl. Rostock 1989, S. 181.

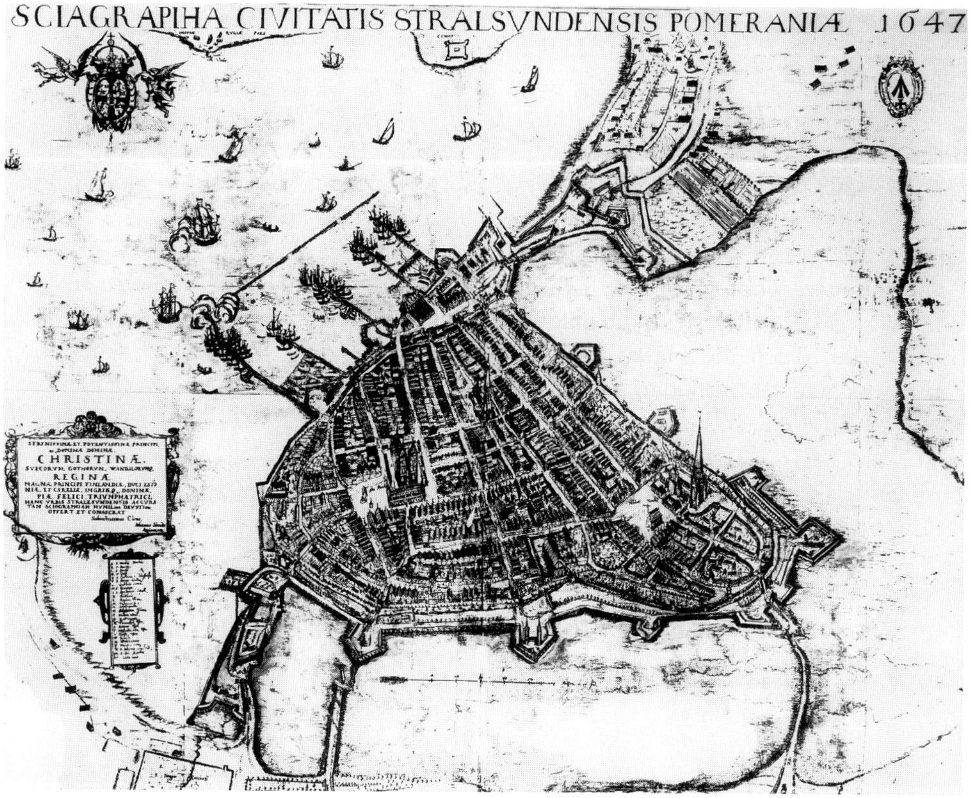

18 Staudescher Plan von 1647

19 Schwedische Stadtkommandantur am Alten Markt

Neuesten Weltbegebenheiten« 1762, die zehn Jahre später ihren Titel in »Stralsundische Zeitung« veränderte. Wenn im Pressebestand des Stadtarchivs aus dem 17. Jahrhundert Blätter der Hafenstädte Amsterdam, Altona und Hamburg jahrgangweise existieren, dann ist diese ungewöhnliche Tatsache sicher auf den Charakter der Ostseestadt, auf die Stadt des Handels und der Kaufleute, zurückzuführen.

Ungeachtet des wirtschaftlichen Niedergangs, bemühten sich die Sundischen auch in der Schwedenzeit, Wege zur See offenzuhalten. Der Handelsverkehr mit Westeuropa, mit England, Holland, Frankreich, Spanien und Portugal, kam im 17. und 18. Jahrhundert nicht völlig zum Erliegen. In den erhaltenen Schiffsregistern erscheinen jetzt jedoch zunehmend die Städte des Ostseegebietes. Stockholm steht dabei an erster Stelle. Auch die Häfen Dänemarks, Finnlands, der Baltischen Länder und Pommerns wurden von den Seglern oftmals angelaufen. Sie hatten nach wie vor hauptsächlich Getreide an Bord und beförderten außerdem das für die Biergewinnung bestimmte Malz. Zu Beginn des 18. Jahrhunderts verfügten nicht weniger als 120 Stralsunder Häuser über die Mälzereigerechtigkeit. Und die in einer Kompanie vereinigten Brauer und Mälzer übten einen wesentlichen Einfluß auf die wirtschaftliche Situation des Gemeinwesens aus.

Im 19. Jahrhundert trat die Sundstadt überraschend in den Blickwinkel der großen Öffentlichkeit. Hier, und zwar auf dem Dänholm, entstand der erste deutsche Kriegshafen, hier wurde 1848 »die Geburtsstunde der preußischen Flotte« mit Böllerschüssen und Hurra-Rufen laut gefeiert. Auf einer Stralsunder Werft lief das erste preußische Kanonenboot, die »Strela-Sund«, vom Stapel. Es war mit zwei Rahsegeln getakelt, hatte am Bug und Heck 24pfündige Kanonen, mittschiffs zwei 12pfündige Haubitzen und wurde von 42 Matrosen mit »Schiffsriemen« in Fahrt gebracht. Im Jahre 1859 kamen Dampfkanonenboote hinzu. Die Stationierung der Flotte sollte auf Stralsunds Dänholm jedoch nicht von langer Dauer sein. 1871 schon sind die Kriegsschiffe samt und sonders nach Kiel verlegt worden.

Wichtiger war anderes. In der zweiten Hälfte des 19. Jahrhunderts erfuhr der Stralsunder Handelsverkehr einen sehr beachtlichen Aufschwung. Die Schiffer und Kaufleute beteiligten sich erfolgreich am Welthandel. Auf hiesigen Werften liefen Schoner, Briggs und Barken vom Stapel oder wurden von auswärtigen Schiffsbauplätzen erworben und waren gleich nach der Jahrhundertmitte in vielen Häfen aller Erdteile anzutreffen. Man sah sie in Archangelsk und Alexandria, in Odessa und Konstantinopel, in Algier und Quebec, auf Kuba und Haiti, in Batavia, Buenos Aires und anderwärts. Sie umsegelten das Kap der Guten Hoffnung und legten in Häfen des Fernen Ostens an – in Hongkong, Shanghai, Singapur, Bombay, Rangun – und befuhren die Routen der gewinnbringenden Salpeterfahrt, das heißt, sie beluden ihre Fahrzeuge in Chile und Peru mit dem in Europa begehrten Rohstoff und verfrachteten ihn nach England, Frankreich, Deutschland und Rußland. Auf diese Weise erlangte die Seeschiffahrt zugleich eine internationale Note. Sie vollzog sich auf den Weltmeeren fernab vom Heimathafen. Gar nicht so selten kam es vor, daß die Mannschaften

20 Preußisches Kanonenboot im Stralsunder Hafengebiet (Lithographie 1848)

21 Stralsunder Werften auf der »Lastadie« im Jahre 1842 (Lithographie)

erst nach Jahren wieder nach Stralsund zurückkehrten. Die sundische Handelsflotte zählte 1878 insgesamt 219 Seefahrzeuge und gehörte damit zu den größten sämtlicher Städte rings um die Ostsee. Doch bei diesem Werdegang hatte es sich lediglich um eine Scheinblüte gehandelt. Es dauerte nicht lange, und die Großsegler waren fast ausnahmslos von der Bildfläche verschwunden. Für den raschen Rückgang lassen sich zwei Gründe anführen. Umfangreiche Kornlieferungen aus den USA und aus Kanada waren das eine, die rasante Entwicklung im Schiffahrtswesen mit der Umstellung auf die Dampfschiffahrt das andere. Sie vor allem versetzte den Frachtseglern binnen kurzem den Todesstoß. Da die Stadt am Strelasund dieser Entwicklung nicht oder zu wenig folgte, wurde sie schnell von Rostock und weit mehr von Stettin überflügelt. Um die letzte Jahrhundertwende spielte der Stralsunder Hafen nur noch eine untergeordnete Rolle.

22 Stralsund im 19. Jahrhundert (Lithographie um 1850)

23 Stadtansicht von 1583

24 Plan der Altstadt von Stralsund
(Zeichnung von Gerda Nützmann)

Die Bewohner des mittelalterlichen Stralsund

Das mittelalterliche Stralsund war Fernhandelsstadt. Kaufleute gaben in sämtlichen Bereichen des Gemeinwesens den Ton an. Die reichsten unter ihnen, die Patrizier, hatten die wichtigsten Ämter inne und bestimmten die Innen- und die Außenpolitik der Stadt. Dazu bot ihnen der Sitz im Rat viele Voraussetzungen. Die Entstehung dieser zuerst 1256 urkundlich belegten städtischen Institution liegt für uns im dunkeln. So bleibt ungewiß, ob der erste Rat vom Landesherren eingesetzt worden oder als eine Konstituierung aus den Reihen der Bürgerschaft zu betrachten ist. Der ältesten Überlieferung entnimmt man jedoch zweierlei: zunächst den Tatbestand, daß nur die wohlhabendsten Bürger ratsfähig waren, und der Rat sich stets aus sich selber ergänzte, dies bedeutet, daß die unteren Bevölkerungsschichten kaum an seiner Bildung mitzuwirken vermochten.

Wie dem auch gewesen sei: die Ratsherren, zumeist Großkaufleute, empfingen im Stralsunder Rathaus Könige, Herzöge, Fürsten und kaufmännische Gesandte aus aller Herren Länder und verhandelten selbstbewußt mit ihnen. Daß sie in der gesamthansischen Politik ein gewichtiges Wort mitzusprechen wußten, ist eine Tatsache, die sich von selber versteht. Sie oder ihre Söhne erschienen in den Handelskontoren Ost-, Nord- und Westeuropas, machten auf den Hansetagen von sich reden und trugen zum Ansehen der Stadt am Strelasund bei.

Sie verstanden es überdies oft genug, eigene Vorteile geltend zu machen, ihre persönlichen Besitztümer erheblich zu vergrößern – gewannen Kapital, legten ihr Geld in Renten, Häusern und Ländereien an. Erhaltene Testamente geben darüber bis ins einzelne Auskunft. So gehörten beispielsweise dem Ratsherrn Gottschalk Wydenbrugghe 1435 nicht weniger als vier Häuser und neunzehn Buden. Andere verfügten über einen ausgedehnten Grundbesitz, nannten – wie Bürgermeister Bertram Wulflam im 14. Jahrhundert – ganze Dörfer ihr eigen. Wieder andere besaßen Gebäude im Ausland, so Hartmut Wegher 1374 in Skanör. Einzelne Stralsunder brachten es zu sagenhaftem Reichtum. In Vermächtnissen von Bürgermeistern und Ratsherren kommt dies besonders sinnfällig zum Ausdruck. Sie konnten ihren Angehörigen neben Immobilien, neben kostbaren Pelzen und Schmuck aus Gold und Silber enorme Geldbeträge vermachen. Bürgermeister Albrecht Gyldehusen bedachte in seinem Testament 1394 großzügig die Kirchen, Klöster und Hospitäler und verteilte sein Vermögen, das immerhin 7200 Mark betrug. Bürgermeister Erasmus Stenwich vermochte 1474 seine Barschaft gar mit 10500 Mark zu beziffern. Dies sind erstaunliche Summen, wenn man bedenkt, daß seinerzeit ein Schwein für 1 Mark und ein Pferd für 6 Mark gehandelt wurden.

Die städtischen Kaufleute gliederten sich in zwei Gruppen, in das Patriziat, das eine bemerkenswerte Machtfülle in sich vereinte, und in die sogenannte mittlere Kaufmannschaft. Die Angehörigen der ersten Gruppe schlossen sich schon im 13. Jahr hundert in einer Korporation, in der Gewandschneiderkompanie, zusammen. Ihr gehörten bald nach der Gründung über 100 Mitglieder an. Die Gewandschneider verfertigten natürlich keine Kleidungsstücke. Sie waren vielmehr Großkaufleute und hantierten gewiß nicht dauernd mit Elle und Schere im Gewandhaus. Dazu hatten sie Hilfskräfte. Als Fernhändler beschränkten sie sich keinesfalls allein auf den Ein- und Verkauf von Tuchen; sie betrieben den Großhandel auch mit anderen Waren.

Von der mittleren Kaufmannschaft hoben sich die Kramer und Haken ab. Sie versorgten den heimischen Markt. Und der vollzog sich nicht nur in Verkaufsbuden

25 Der älteste Stadtkern

26 Der Kaufmann (Kupferstich 1698)

und -ständen auf Plätzen und Straßen, sondern auch im Rathaus. Es repräsentierte zugleich Macht und Reichtum des städtischen Bürgertums. Kunsthistoriker haben sicher Recht, wenn sie das Stralsunder Rathaus zu den schönsten und eindrucksvollsten gotischen Bauwerken seiner Art von Nordeuropa zählen. Der Stadtschreiber hatte gute Gründe, als er das Gebäude auf den Pergamentblättern des ältesten Stadtbuches mit mehreren Vokabeln beschrieb, so mit *consistorium* (Versammlungsort) oder *theatrum* (Schauhaus). Als er sich schließlich der mittelniederdeutschen Sprache bediente, nannte er es schlicht *kophus* (Kaufhaus). Damit ist der »multifunktionale« Charakter des Bauwerks angedeutet. Hier fand sich nicht allein der Rat zu seinen Sitzungen ein, hier hatten nicht nur städtische Institutionen wie Gericht, Marktkontrolle, Steuerkammer und Waffenarsenal ihren Standort, die Räume waren lange von regem Geschäftsleben erfüllt.

Überblicken wir die Einwohner des mittelalterlichen Stralsunds im ganzen, ist leicht festzustellen, daß dem Patriziat und der Kaufmannschaft die ungleich größere Anzahl der Handwerker gegenüberstand. Der Kaufmann war in der Regel Wander- und Fernhändler. Das Feld des Handwerkers war nicht die weite Welt, sondern zunächst und hauptsächlich der Markt seiner Stadt und der näheren Umgebung. Er hatte vor allem die Bedürfnisse der Stadt- und Landbewohner zu befriedigen. Schon im ersten Jahrhundert der Stadtentwicklung ist eine starke Differenzierung wahrzunehmen. Fünfzig Jahre nach der Stadtrechtsverleihung existierten in Stralsund bereits

27 Schrein des Bürgermeisteraltars in St. Nikolai

28 Der Kramer (Holzschnitt 1568)

29 Stralsunder Münzen des Mittelalters

30 Das Rathaus

31 Detail des Ratsgestühls in St. Nikolai

mehr als 60 verschiedene Gewerke. Wenn wir von Gewerken sprechen, dann sind damit die Zünfte gemeint, die man hierzulande als Ämter (Innungen) bezeichnete.

Auf die im Dienst des Handels und der Schiffahrt wirkenden Berufe wiesen wir im ersten Kapitel hin. Nach Angaben des ältesten Stadt- und des ältesten Bürgerbuches, mit Eintragungen von 1270 bis 1338, waren im sundischen Lebensmittelgewerbe tätig: Bäcker, Kuchen- und Pastetenbäcker, Fleischer, Wurstmacher, Garbräter, Brauer, Hopfenbauer, Müller, Grützmüller, Gärtner und Fischer. Textil-, Pelz- und Ledergewerbe vermeldeten Schneider, Flickschneider, Wamssticker, Filter, Wollweber, Tuchscherer, Färber, Leineweber, Haardeckenmacher, Schuhmacher, Flickschuster, Pantoffelmacher, Riemer, Pelzer, Pergament- und Beutelmacher. Zum Metallgewerbe gehörten Schmiede, Kupfer- und Messerschmiede, Schwertfeger, Helmschläger, Harnisch-, Schild-, Nadel- und Nagelmacher, Goldschmiede, Bechermacher, Grapengießer, Kesselmacher und -flicker sowie Ringdreher. Das Baugewerbe beschäftigte Maurer, Dachdecker, Ziegler, Steingräber, Säger, Zimmerleute, Brunnenbauer, Pumpenmacher und Glaser. Um die Anfertigung von Hausrat und Wirtschaftsgeräten bemühten sich Leuchtenmacher, Kerzengießer, Töpfer, Sieb-, Stuhl- und Korbmacher, Drechsler, Stellmacher, Wagen-, Rad- und Muldenmacher. Zum dienstleisten

32 Böttcher (Kupferstich 1698)

33 Ankerschmied (Kupferstich 1698)

den Gewerbe zählten Barbiere, Badstübner und Fuhrleute. Außerdem verzeichnen die genannten Quellen Köhler, Falkner, Uhrmacher und Paternostermacher.[4]

Diese exakte Aufstellung wirft ein Licht auf die hervorragende Bedeutung der Innungen für die Kommune, läßt auch die tragende Funktion erkennen, die sie innerhalb des Gemeinwesens hatten. Doch sie stand im krassen Mißverhältnis zur sozialen Stellung, die die Handwerker in der Stadt einnahmen. Sie waren weitgehend aus der öffentlichen Verwaltung ausgeschaltet, hatten geringere Rechte als die Kaufleute, dafür um so mehr Pflichten. Dazu gehörten neben Steuerleistungen besondere Aufgaben des Wehrdienstes. Die Handwerker bildeten gleichsam den festen Kern des städtischen Fußvolks. Ihnen oblag nicht nur die Bewachung der Mauer, der elf Tore und zahlreicher Türme; sie waren wohl auch bei Kriegszügen zur Teilnahme verpflichtet. Für ihre Bewaffnung hatten sie selber zu sorgen. Jeder, der um Aufnahme in ein Amt nachsuchte, mußte die entsprechende *Wehr* vorweisen. Harnisch, Schwert und Panzer waren Wertobjekte, die Testatoren oftmals in Vermächtnissen aufführten.

Wenn Chronisten den sundischen Bürgern bei Kampfhandlungen einen heldenhaften Mut bescheinigten, dann durften sich nicht zuletzt die Handwerker angesprochen

4 Fritze, Konrad, Stralsunds Bevölkerung um 1400. In: Greifswald-Stralsunder Jahrbuch, Bd. 6, 1966, S. 16.

34 Stadtmauer und Wiekhaus am Frankenwall

35 Stadtmauer am Knieperwall

36 Innenseite des Fährtores 1847

37 Das äußere Kniepertor um 1850

wissen. Sie vollbrachten ab und an wahre Bravourstücke. So wird berichtet, daß die Filter (Hutmacher) entscheidend zum Sieg der Stralsunder in der Hainholzschlacht des Jahres 1316 beitrugen. Der Vorhut und den Pferden hatten sie Filz um die Füße gewickelt, so daß sich die städtische Streitmacht den Feinden unbemerkt nähern konnte.

Der soziale Status zeichnete sich auch im Wohngebiet der mittelalterlichen Stadt ab. Während die Kaufleute ihre repräsentativen Giebelhäuser an den breiteren Straßen errichteten, lebten die Handwerker zumeist in den engen Seitenstraßen. Die Bechermacher-, Kleinschmied- und Filterstraße zeugen noch heutigentags davon.

Die Handwerker waren von Anfang an bestrebt, ihre Interessen zu wahren. Diesem Zweck dienten ihre berufsständigen Organisationen, die Ämter. Sie wurden von den *oldermännern* (Alterleuten) geleitet. *Ordnungen,* die von der städtischen Behörde bestätigten Satzungen, regelten die Belange der Mitglieder. Sie betrafen zunächst das Gewerbe und dessen Wirkungsbereich. In fortlaufenden Erneuerungen kamen zahlreiche Artikel hinzu, zur Wettbewerbsbeschränkung sowie zur inneren Festigung des Zunftlebens. Langatmige Fassungen erstreckten sich auf kleinste Einzelheiten, so weit, daß sie zu einem Verhaltens-, mehr noch: zu einem Sittenkodex ausarteten. Trotz der Ausführlichkeit war beileibe nicht alles in den Ordnungen enthalten. Viele von alters überkommene Handwerksgewohnheiten waren so selbstverständlich, daß sich deren schriftliche Festlegung erübrigte.[5] Die im Stadtarchiv vorliegenden Ordnungen oder »Rollen« sind zum Teil prächtig ausgestattet und gleichen Meisterwerken der Kalligraphie. Dadurch sollte wohl auch dem Rang des Amts nach außen ein entsprechendes Gewicht verliehen werden.

Umfangreiche Aktenbände vermitteln Einsichten in verschiedene Anliegen der Zunftgenossen, in Bedingungen der Amtsaufnahme, bei der ein Nachweis ehelicher Geburt unerläßlich war, in feierliche Versammlungen, wie die Morgensprachen etwa, und in Strafen bei Ordnungsverletzungen. Sie berichten ferner über *Kösten,* die ausgiebigen Schmausereien und Trinkgelage nach Abschluß von Meister- und Gesellenprüfungen, und immer wieder über Streitereien innerhalb der Ämter. Äußerst wichtig schien die Jagd auf »Bönhasen« gewesen zu sein, nämlich auf jene Leute, die keiner Innung angehörten, nicht zunftfähig waren. Es herrschten ohnehin strenge Sitten. Ausgeschlossen von der Aufnahme ins Amt und somit von der Erlernung eines »ehrsamen Handwerks« waren Angehörige bestimmter »unehrlicher« Berufe. Scharfrichter, Spielleute, Bader, Schornsteinfeger, auch Müller, wie es Stralsunder Quellen bezeugen, zählten dazu. Gewiß, die straffe Organisation war zweifellos notwendig. Ohne sie wäre das Handwerk wohl kaum zu jener Blüte gelangt, die wir heute rückblickend feststellen und bewundern können. Daß es in der Sundstadt zuweilen den sprichwörtlichen »goldenen Boden« hatte, ist eine Tatsache, die nicht unerwähnt zu bleiben braucht. Von Armut konnte bei einzelnen Handwerkern keine Rede sein.

5 Roth, Hans, Von alter Zunftherrlichkeit. Rosenheim 1982, S. 37ff.

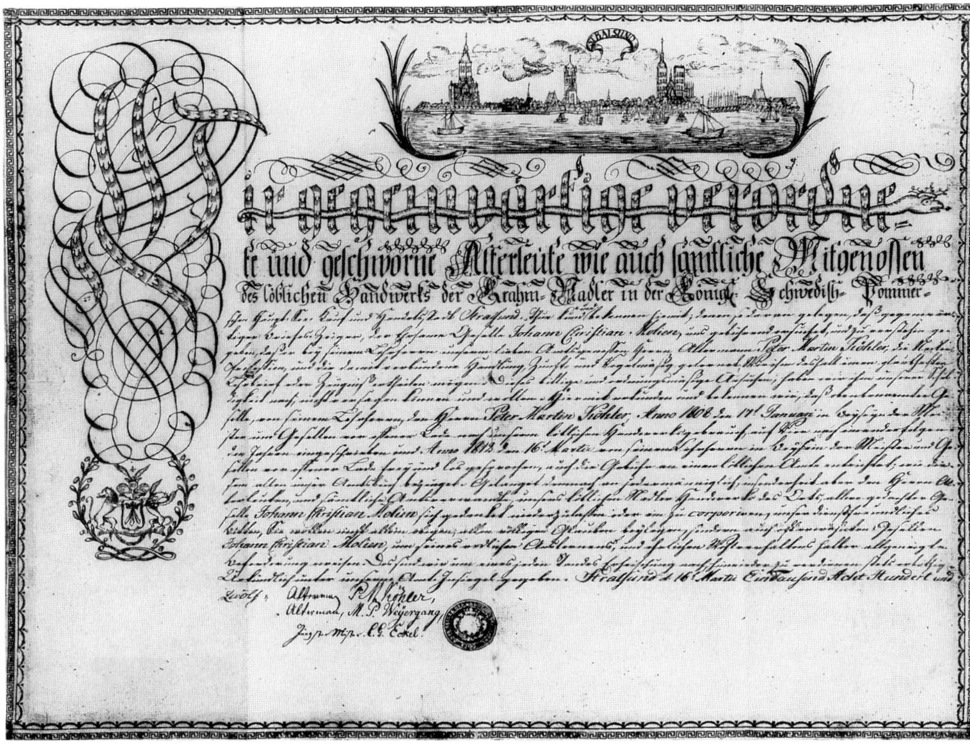

38 Gesellenbrief von 1812

Nach Angaben des ältesten Stadtbuches beteiligten sie sich sogar am Kapitalmarkt, verliehen Geld gegen Zinsen und Pfand, so schon 1281 der Schwertfeger Henricus und 1307 der Bäcker Jordanus. Der erste vermochte 100 Mark, der zweite immerhin 200 Mark zu verleihen. Im Jahre 1288 wird der hiesige Schuster Dietrich von Hamburg als Besitzer von zwei Buden genannt. In Bürgertestamenten des 14. und 15. Jahrhunderts erscheinen Handwerker wiederholt als Eigentümer von Häusern, Buden und Gärten. Sie verfügten über alles mögliche, über aufwendige Kleider, Pelze, Schmuck und konnten ihren Kindern eine schulische Bildung finanziell gewähren. Hin und wieder gelang es ihnen, in den Kaufmannsstand aufzurücken. Doch das scheinen nach Auskunft der schriftlichen Überlieferung Einzelfälle gewesen zu sein. Der Handwerker blieb in der Regel zeit seines Lebens Handwerker, blieb, gleich ob Meister oder Geselle, eingebunden in die Amtsgemeinschaft. Und das Amt war für die Mitglieder nicht nur ein Wirtschaftsverband, es umfaßte sie in ihren gesamten Lebensäußerungen. Verarmten Angehörigen gegenüber wurde christliche Nächstenliebe geübt. Die Bahre der verstorbenen Mitglieder schmückte man mit Sargschilden der Zunft, und

39 »Schiffsleuchter« in St. Nikolai (Stralsunder Handwerkerarbeit)

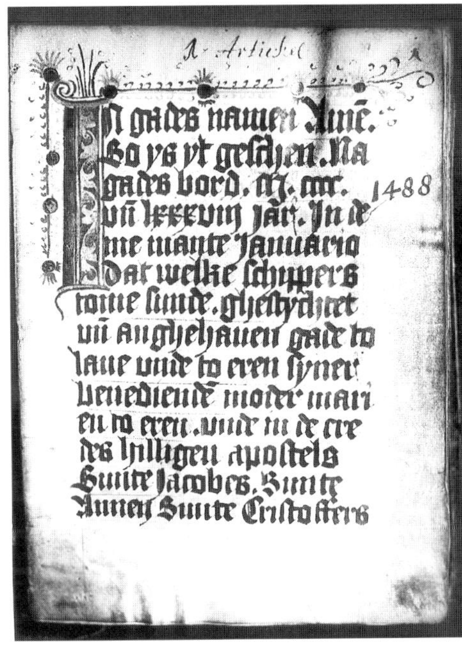

In gades namen Amē.
So ys yt geschen. Na
gades bord. M. cccc.
vñ lxxxviij jār. In de
me mante Januario
dat welke schippers
tome sunde. ghestychtet
vñ anghehauen gade to
laue unde to eren syner
benedieden moder mari
en to eren. unde in de ere
des hilligen apostels
Sunte Jacobes. Sunte
Annen Sunte Cristoffers
1488

40 Schiffer (Holzschnitt 1568)

41 Statut der Schiffer-Compagnie von 1488

Amtsgenossen trugen die Toten zu Grabe. In ihrer sozialökonomischen Stellung befanden sich die Handwerker stets unter der Kaufmannschaft, waren – wie erwähnt – in vieler Hinsicht benachteiligt.

Das traf ebenso für die Schiffer zu. Sie vereinten sich 1488 in einer Bruderschaft, in der Schiffer-Compagnie, wie sie die Korporation später nannten. Für sie galt es, wie für die Handwerker, zunächst Rechte zu wahren und zu verteidigen – gegenüber den wohlhabenden Kaufleuten und auch gegenüber der städtischen Behörde. Doch es kamen soziale Motive hinzu. Die Schiffer gerieten mit ihren Familien oft genug in arge Nöte, in Kriegszeiten zum Beispiel, wenn der Schiffsverkehr unterbrochen war. Gar nicht selten blieben Compagniemitglieder draußen, kehrten von ihren gefahrvollen Reisen nicht zurück. »Verschollen«, »bei Schiffbruch untergegangen«, »nach dem Absegeln spurlos verschwunden«, so oder so ähnlich lauten die Eintragungen in den Schiffs- und Hafenregistern. Dann trat die Compagnie auf den Plan, bemühte sich beispielhaft um die Hinterbliebenen. Schon im Jahre 1500 verfügte sie über ein eigenes Witwenhaus.[6]

Kaufleute, Handwerksmeister und Schiffer waren »Vollbürger«. Sie hatten das Bürgerrecht zu erwerben und lassen sich deshalb in den Quellen erfassen. Daneben

6 Ewe, Herbert u. Anni, Stralsund und seine Umgebung. Schwerin 1991, S. 90.

42 Darstellung eines Schiffbruches auf der Orgeltür von St. Nikolai um 1440

gab es in der mittelalterlichen Stadt andere, die nicht zur Zahlung des Bürgergeldes verpflichtet gewesen und deren Namen demzufolge nicht in den Bürgerbüchern vermerkt sind, die Geistlichen beispielsweise. Man kann sie nicht auf eine Stufe stellen, sondern hat tunlichst die hohe von der niederen Geistlichkeit zu unterscheiden. Die oberen Geistlichen, die vom Bischof bestellten Archidiakone und Plebane, entstammten zumeist den Patriziern und zählten dann auch zur aristokratischen Schicht der Stadtbewohner. Sie verfügten über reiche Kirchenpfründe, beteiligten sich wohl auch munter an Geldgeschäften und kamen auf diese Weise zu einem ansehnlichen Privatvermögen. Die zahlreichen Geistlichen der zweiten Kategorie mußten sich hingegen mit sehr geringen Einkünften begnügen. Kein Wunder, daß Bürger ihrer in Testamenten gedachten und ihnen Geld, Kleidung und Nahrungsgüter stifteten. Die Dokumente verraten uns ferner, daß auch Söhne von Handwerkern in die Schar der Vikare und Kapläne gelangten. Ihnen wurde dies und das zuteil, wenn sie sich vorher bereit erklärt hatten, »Priester zu werden«, wie es lautet. Um deren kargen Lebensunterhalt zu bestreiten, griffen Eltern hin und wieder zur Selbsthilfe und bedienten sich sogar dabei unlauterer Mittel. Einen aufsehenerregenden Fall beschrieb der pommersche Chronist Thomas Kantzow und begann seinen Bericht mit folgenden Worten: *der was Priester geworden und hette keine gewisse Zinse, da er sich von halten mochte, und würt auch nirgentz zugestattet, allein, wie es zu der Zeit war, offte Messe hielt und Presentz darvon kreig* (der war Priester geworden und hatte keine festen Einkünfte, von denen er sich ernähren konnte, außer daß er, wenn er Messe hielt, dafür eine Entschädigung bekam). Eines Tages tropfte in der Stralsunder Marienkirche aus einem hölzernen wurmstichigen Kruzifixus Blut. Diese Nachricht verbreitete sich in Windeseile innerhalb und außerhalb der Stadt. Die Gläubigen kamen massenhaft ins Gotteshaus, um am wundertätigen Kreuz ihre Andacht zu verrichten. Sie sparten nicht mit Opfergeldern, die in die Tasche jenes jungen Priesters flossen, der am Altar amtierte. Dies sollte sich indes bald als Schwindel herausstellen. Es handelte sich nämlich um Hühnerblut, das durch die Wurmlöcher des alten Holzwerks tropfte. Die Mutter des armen Priesters, der vor dem Kruzifix Dienst tat, hatte den Betrug angestiftet, um den mageren Bezügen ihres Sohnes aufzuhelfen.[7] Wenn es zur Zeit des Mittelalters in Stralsunds Kirchen mehr als 200 Altäre gab, und jeder Altar von einem Priester versorgt wurde, erhalten wir eine Vorstellung von der Anzahl jener Geistlichen.

Ferner gilt es, die Angehörigen der beiden Bettelorden zu erwähnen. Die Franziskaner und Dominikaner waren in Stralsunds Straßen eine alltägliche Erscheinung.

Bei der mittelalterlichen Bevölkerung sind die Stadtbediensteten und auch die Vertreter »freier Berufe« nicht außer acht zu lassen. Im Dienst der Kommune standen z.B. die Schreiber, Zöllner, Münzer, Wiegemeister, Büttel und Wächter. Zu den freien Berufen wären Advokaten, Lehrer und Ärzte zu rechnen. Sodann hatten reiche Bürger

7 Heyden, Hellmuth, Die Kirchen Stralsunds und ihre Geschichte. Berlin 1961, S. 119.

ihr Gesinde, hatten Knechte, Mägde, Köchinnen. Deren Anzahl wurde in der Sundstadt für das 14. Jahrhundert auf etwa 1400 geschätzt.

Und auch das darf nicht übersehen werden: in der wirtschaftlich und politisch bedeutenden Hansestadt lebten – so sehr das auch zu beklagen ist – viele Arme. Sie fristeten in Buden und Kellern, in Hospitälern und »Gasthäusern« oder gar draußen ihr kümmerliches Dasein. Wie wären ansonsten die sehr zahlreichen Legate zu begreifen, durch die wohlsituierte Bürger das Los der Hilfsbedürftigen zu bessern trachteten? Von allgemeinen Armen, von Stadtarmen, Kirchspielarmen, von Armen, die *uppe den kerhoven und by wege lank sitten* (die auf Kirchhöfen und an den Straßen sitzen), von Bettlern, Kranken, Siechen, Blinden und Lahmen ist in den Testamenten hundertfach zu lesen.

So rundet sich das Bild. Reiche und Arme, Kaufleute und Handwerker, Meister, Gesellen und Lehrlinge, Menschen in städtischen, kirchlichen und freiberuflichen Bereichen, Dienstboten und Tagelöhner gehörten zum mittelalterlichen Stadtvolk. Nach dem Ergebnis neuer Untersuchungen zählte Stralsund um 1400 rund 13 000 Einwohner.[8]

Die Bürger und ihre Kirchen

Kirche und Bürgertum bildeten im Mittelalter eine untrennbare Einheit. Die Stadtbewohner wußten sich ihren Gotteshäusern von Anfang an in vielfacher Weise eng verbunden. Sie unterstützten sie mit allen Mitteln, förderten die Bauten, sorgten für deren Erhaltung und schmückten sie aus. Das läßt sich für Stralsund tausendfach belegen. In Bürgertestamenten vor allem ist dies überzeugend dokumentiert.

Im Gründungsjahrhundert der Stadt wurde mit dem Bau von vier Pfarrkirchen fast gleichzeitig begonnen – von St. Nikolai, St. Marien, St. Jakobi und St. Peter. Von der letzten fehlt freilich jede Spur. Im Jahre 1272 wird sie im Stadtbuch erwähnt und 1278 für sie ein Altar gestiftet. Die letzte Nachricht stammt aus dem Jahre 1321. Die Existenz der St.-Peter-Kirche hat die Forschung verständlicherweise lebhaft beschäftigt. Ihr Standort, die Aufgaben, das sang- und klanglose Verschwinden, das sind Fragen, die sich vermutlich niemals eindeutig beantworten lassen. Die Annahme, daß es sich dabei um ein Gotteshaus der ehemals noch vorhandenen slawischen Bevölkerung gehandelt habe, dürfte indessen zutreffend sein.[9]

Die drei erhaltenen Pfarrkirchen waren anfangs mehr oder weniger schlichte Hallen. Mit dem Erstarken des Gemeinwesens, infolge der zunehmenden Bedeutung Stralsunds als Seehandelsstadt, veränderte, vergrößerte man sie, schuf Basiliken von nordeuropäischer Geltung.

8 Fritze, Konrad (wie Anm. 4), S. 24.
9 Heyden, Hellmuth (wie Anm. 7), S. 15.

43 »Dreikirchenblick«

44 St. Nikolai

45 Hauptportal der Nikolaikirche

St. Nikolai ist die älteste Pfarrkirche und zugleich die Hauptkirche der Stadt. Wenn 1278 von einem Altar die Rede ist, dürfte in jener Zeit bereits der hohe Chor des frühen Baues vollendet gewesen sein. 1298 erscheint St. Marien, 1303 St. Jakobi erstmals in den schriftlichen Quellen.

Über die Bauvorgänge unterrichten die Bürgertestamente in vielen Einzelheiten. Die Bewohner stifteten *ad structuram* (zum Bau) Steine, Kalk, Kupfer, Glas und immer wieder Geld in unterschiedlichen Beträgen – von Schillingen bis zu Summen von 100 Mark und mehr, vermachten den Kirchen zu diesem Zweck überdies vielerlei, vererbten ihr Hab und Gut. Schmuck scheint dabei an erster Stelle zu rangieren, Ringe von Gold und Silber, silberne Gürtel, auch solche, die mit Gold beschlagen waren, ferner Spangen, Ketten, goldene und silberne Knöpfe und Kreuze. Außerdem war ihnen anderes vererbungswürdig, so Gegenstände des täglichen Lebens, Hausrat wie Kessel, Pfannen, Grapen (Gefäße zum Kochen), Kannen, Krüge, Leuchter, Löffel, Laden (Truhen), Laken, Betten – alles, was sich in Geld verwandeln ließ. Dazu gehörte Kleidung, Röcke, Mäntel, Hoiken (ärmellose Umhänge), Pelze, Schleier und Schuhe. Nicht selten wird vermerkt, daß es sich bei der Vergabe um das beste Stück des

Testators gehandelt habe. Auch Kriegsausrüstung, Panzer und Harnisch, Schwert und Armbrust, entdeckt man unter den Spenden. Die Stralsunder gingen nach dem Wortlaut der Testamente noch einen Schritt weiter und übereigneten den Gotteshäusern Äcker, Gärten, Pferde, Kühe, Häuser, Buden, Brauhäuser und deren Inventar, auch große und kleine Schiffe oder gewährten ihnen Einkünfte (Renten) aus ihren Besitzungen.

Hin und wieder wünschten die Bürger die Verwirklichung besonderer Bauaufgaben. So übergab Adelheid Crudener 1359 den Provisoren 200 Mark mit der Bestimmung, in der Nikolaikirche eine Kapelle zu Ehren der Heiligen Maria erbauen zu lassen. Tymme Swarte stiftete 1397 seine halbe Schute (Wasserfahrzeug) für das große Glasfenster über dem Portal von St. Marien. Heinrich Kurlebeke vermachte 1487 derselben Kirche einen Morgen Acker, besonders für die Anfertigung einer bemalten Tür und übergab der Jakobikirche einen Geldbetrag für den Turm. Bürgermeister Mathias Darne überließ St. Nikolai 1485 für den Turmbau 100 Mark und bestimmte für die Bedeckung der drei Pfarrkirchen je ein Schiffspfund Kupfer. Und Bertold Maske stellte der Marienkirche 12 Mark und alle Tonnenfässer für ein neues Fenster zur Verfügung.

Die für uns heute erstaunliche Spendenfreudigkeit hatte gewichtige Gründe. Der mittelalterliche Mensch war zunächst und vor allem um sein Seelenheil besorgt, um das eigene und das von Familienangehörigen, Verwandten und Freunden. Dies wird in den Testamenten oftmals ausdrücklich bekundet. Viele entschlossen sich zu Pilgerfahrten. Bevor sie zu den heiligen Stätten aufbrachen, bedachten sie Kirchen, Klöster, Hospitäler und Arme mit Geld und anderem. Formulierungen wie »Bürger Hans Suhm, der 1488 zum Heiligen Jacob nach Compostella (Spanien) pilgern will, bestimmt letzwillig ...« finden sich fast gleichlautend in zahlreichen Vermächtnissen. Auch Stralsunder Frauen unternahmen die beschwerlichen und ganz gewiß nicht ungefährlichen Reisen, so Margarete vom Strande, die 1349 nach Rom pilgerte. Spanien und Italien waren dabei nicht die einzigen Ziele. Die Wallfahrtsorte lagen in der Ferne und in der Nähe. Und die Sundischen – Reiche und Arme, Kaufleute und Handwerker, Priester und Schulmeister, Knechte und Mägde – machten sich zu ihnen auf, zogen nach Einsiedel in der Schweiz, Loretto und Rocamadour in Frankreich, Thann im Elsaß, St. Hulpe in Brabant, nach Aachen, Trier, Köln, nach Wilsnack in der Priegnitz (72 Testamente nennen allein diesen Ort), nach Sternberg in Mecklenburg, Golmberg in Brandenburg, Kenz in Pommern und anderswohin.

Einzelne Reisen führten nach Angabe des ältesten Stadtbuchs bereits im 13. Jahrhundert sogar zum Heiligen Grab nach Jerusalem. Nicht selten ergriffen mehrere Stralsunder den Pilgerstab gleichzeitig, um gemeinsam die Gnadenstätten aufzusuchen, dort zu opfern und zu beten. Wohlhabende Stadtbewohner schickten für sich auch andere auf die Reise. Der schon genannte Tymme Swarte beauftragte 1397 seinen Schwestersohn Hannes Gerdes und seinen Vetter Clawes, für ihn nach Aachen zu wallfahrten und schenkte ihnen dafür seine kleine Schute mit allem Zubehör. Tideke

46 Turmmassiv von St. Marien

Rickeldes stiftete 1415 100 Mark, für die zwei *biedere Leute* nach Rom gehen sollten. Bürgermeister Mathias Darne stattete 1485 einen armen Priester mit 400 Mark und einem Pferd aus, um für ihn nach Jerusalem zu ziehen. Und Taleke Lutkemann stiftete immerhin ihr Wohnhaus, für das man zwei Reisen nach Rom *abhalten* möge. Auch von Massenwallfahrten wird berichtet. In einer Stralsunder Chronik lautet es: *Anno 1365 do wolden vele Fruwen vp den Zuder fahren; dar waß groth afflath thogelecht … dar quam ein wedder vnd groth storm vp, vnd dar vordruncken althomaln veel personen, wol in die 90, jung vnd oldt, vrowen, kinde, ammen vnd megede …*[10] (Im Jahre 1365 wollten viele Frauen auf die südrügensche Halbinsel Zudar fahren, um eines bedeutenden Ablasses teilhaftig zu werden. Da kam ein Ungewitter mit großem Sturm auf. Dabei ertranken bis zu 90 Personen, junge und alte Frauen, Kinder, Ammen und Mägde). Als 1509 ein Pilgerschiff im Hafen ablegte, befanden sich 150 *Waller* an Bord. Die Seereise nach Compostella in Spanien verlief äußerst dramatisch. An Englands Küste galt es harte Kämpfe zu bestehen. Doch das Fahrzeug

10 Stralsundische Chroniken. Hrsg. von Gottlieb Mohnike und Ernst Zober. Stralsund 1833, S. 163.

47 Blick in das südliche Seitenschiff von St. Marien

48 St. Jakobi

erreichte dessenungeachtet den Zielort und gelangte wieder glücklich nach Stralsund zurück, wo man es schon verloren geglaubt hatte.[11]

Die Bemühungen um das Heil der Seele, um gute Werke, die die Anwartschaft auf den Himmel verbürgten, fanden in vielen Stiftungen zur Ausstattung der Gotteshäuser einen besonderen Ausdruck. Die Herstellung von Glocken, der Bau von Orgeln, die kunstvolle Gestaltung der Altäre, das Malen von Bildern, die Anfertigung kostbarer Kelche und Leuchter ist oft mit Namen verbunden, die in Testamenten erscheinen. Geld für Glocken von St. Nikolai, St. Marien und St. Jakobi stifteten 1340 der Bürger Heinrich Hundertmark und 1349 der Bäcker Heinrich Grelle. Material für den Glockenguß stellten 1472 Hans Gyse und 1520 Jochim Frame zur Verfügung. Zinnkannen für Orgelpfeifen gaben 1495 Wendel Buckes und 1504 Ilsebe Raven her. Beispiele wie diese lassen sich fortsetzen in schier endloser Reihung. Das trifft hauptsächlich für Altäre, Bilder und andere Kunstgegenstände zu. Von dem reichen

11 Heyden, Hellmuth (wie Anm. 7), S. 91.

49 Inneres von St. Jakobi vor der Zerstörung im Zweiten Weltkrieg

Schmuck der mittelalterlichen Sakralgebäude vermögen wir uns heutzutage kaum Vorstellungen zu machen. Gegen Ende des 15. Jahrhunderts zählte man in den Stralsunder Pfarr- und Klosterkirchen nicht weniger als 207 holzgeschnitzte und bemalte Altäre, in St. Nikolai allein 56. Testamente verraten uns hin und wieder die Stifter. Das waren sowohl einzelne Personen als auch Korporationen. Und sie bestimmten den Platz in den Kirchen – in den Schiffen, im Chor, in Nähe des Turms, unter der Orgel oder in eigenen Kapellen.

Mehrmals werden Kapellen reicher Stadtbewohner erwähnt. Über sie verfügten in St. Nikolai beispielsweise Hans Kummerow, der 1447 Geld für Kerzen auf dem Altar spendete, und Heinrich Arndes, der 1504 das Grab in seiner Kapelle wählte. Familienaltäre waren keine Seltenheit. In der Nikolaikirche sind zwei sehr wertvolle Werke erhalten geblieben. Das ist zum einen der Junge-Altar aus der zweiten Hälfte des 15. Jahrhunderts, bei dem im Schrein das Standbild der gekrönten Maria mit dem Christuskind hervortritt, und dessen ausgezeichnete Schnitzarbeit dem Typ der »Schönen Madonnen« des weichen Stils zugeordnet wird, und zum anderen der bald

50 Junge-Madonna

51 Detail des Kramergestühls von St. Nikolai

nach 1500 von Hennig Mörder und Sabel Oseborn gestiftete Bürgermeister-Altar. Für ein Marienbild in der Annen-Kapelle von St. Marien übereignete Taleke Kummerow 1425 ihren besten Kopfschmuck und ein goldenes Tuch, wie es heißt. Ratsherr Heinrich Hofmester vermachte 1467 der Jakobikirche 10 Mark für ein Bild auf dem Altar unter der kleinen Orgel. Barbara Grape schenkte der Nikolaikirche ein Jahr später ihr silbernes, vergoldetes Kreuz und Geseke Krudes 1499 ihre Korallenschnur für ein neues Marienbild.

Die sundischen Handwerksämter verfügten in allen Pfarrkirchen über eigene Altäre, in St. Nikolai beispielsweise die Schuhmacher, Fleischer, Kupferschmiede, Barbiere, Leinwandweber, Schneider, auch die Haken, Krämer und Schiffer. Von einzelnen kennen wir sogar das Entstehungsjahr. In dem Testament des Lambert Rand von 1451 lautet es, daß er zu Händen der *ehrsamen frommen Lüden Oldermannen der Remenschnider* eine Rente zum Altar der Riemer und Beutler, und zwar in Höhe von 89 Mark, gestiftet habe. Dem Zeitgenossen Franz Wessel verdanken wir ein genaues Verzeichnis sämtlicher Altarwerke der Marienkirche um 1500. Von 44 Altären gehörten 18 den Gewerken – den Knochenhauern, Pferdehändlern, Schützen, Kohlemessern, Bäckern, Grützmüllern, Pelzern, Gerbern, Böttchern, Zimmerleuten, Schmieden, Maurern, Malern, Glasern, Schneidern, Schustern, Webern und Gewandschneidern. Dazu kamen jene, die den Schutzpatronen der Berufsgruppen geweiht waren wie St. Antonius, St. Bastian oder St. Jacobus.

Die Korporationen brachten ihre Altäre auch in eigenen Kapellen oder Gestühlen unter. In der Marienkirche ist dies bezeugt für Gewandschneider, Maler und Glaser, in St. Nikolai für Goldschmiede, Schuhmacher und Krämer. Die Krämer haben sich hier übrigens ein Denkmal besonderer Art gesetzt, indem sie, die Angehörigen der Gilde, einen Keulenschwinger an das noch erhaltene Amtsgestühl schnitzen ließen mit der Unterschrift:

Dat ken Kramer ist
de blief da buten
oder ick schla
em up de schnuten

Handwerker und andere Städtebürger, Männer und Frauen, schlossen sich zur Zeit des Mittelalters in echter Frömmigkeit – oft gemeinsam mit Klerikern – zu Bruderschaften zusammen. Die Vereinigungen hatten in den Kirchen Altäre und Kapellen für Schutzheilige, vor oder in denen sie Seelopfer verrichten und Seelmessen für verstorbene Brüder und Schwestern lesen ließen. Sie bemühten sich um Arme, Kranke, Witwen und Waisen und pflegten außerdem die Geselligkeit. Die Bruderschaft der Baldachinträger ist die älteste. Sie läßt sich bereits für das Jahr 1329 nachweisen. Andere kamen hinzu, die Marien-, St. Brandanus-, St. Annen-, St. Jacob-, Spielleute- und Schifferbruderschaft beispielsweise. Als eine Bruderschaft besonderen Charakters galt die des Kalands. Sie bildete sozusagen das aristokratische Element von

Priestern und Laien. Die Kalandsherren trugen kostbare Gewänder, von denen einzelne Originale im Kulturhistorischen Museum zu bewundern sind. Ein besonderes Anliegen aller Bruderschaften war das würdige, christliche Begräbnis der Mitglieder.

Der Totenkult spielte in den mittelalterlichen Gotteshäusern ohnehin eine wichtige Rolle. Dabei zeichnen sich schon auf den ersten Blick die sozialen Differenzierungen der Stadtbewohner und zugleich die enge Verflechtung von Diesseits und Jenseits ab. Die standesmäßige Bestattung steht im Mittelpunkt zahlreicher Testamente. Den Pergamentoriginalen ist dazu dies und das zu entnehmen. Viele hatten für ihre Grablegung Vorsorge getroffen, hatten sich für die Gruft in den Kirchen Plätze reservieren lassen, Leichensteine beschafft und wünschten sich die Beerdigung unter dem Klang der Glocken, so Rike Travemunde, die 1350 der Nikolaikirche 20 Mark zum Bau stiftete unter der Bedingung, daß sie an der Stelle ihrer Mutter mit Läuten der großen Glocke beigesetzt wird. Heinrich Burler vermachte 1369 derselben Kirche einen silbernen Gürtel mit dem Wunsch, dort mit Läuten der großen Glocken beerdigt zu werden. Auch die Form der Grabsteine ist zuweilen beschrieben. Der eine erbat 1353 einen rechteckigen Leichenstein von *acht Fuß Breite und zehn Fuß Länge,* der andere 1359 einen rechteckigen. In zahlreiche Grabsteine sind Wappen und Inschriften eingeritzt oder sie zeigen gar ein Bild des Toten, wie in St. Nikolai die Grabplatte des Ratsherrn Storkow (gest. 1338), bei dem die Gestalt des Verstorbenen unter einem von Säulen getragenen Spitzbogen flach herausgearbeitet worden ist. Inschriften und Amtssymbole verraten zudem die Stätte, an der Angehörige ganzer Zünfte ihre letzte Ruhe erhielten. Die Platte der Barbiere und Chirurgen im nördlichen Seitenschiff der Nikolaikirche ist ein Beispiel dafür.

Die Bestattung erfolgte nicht selten mit beträchtlichem Aufwand, mit allem Zubehör, wie es Testatoren formulierten. Knud Schomaker übereignete 1448 der Jakobikirche 10 Mark unter der Voraussetzung, daß er im Chor begraben wird, dort, wo bereits seine Eltern und Verwandten ruhen, und forderte, daß er mit Geläute, Lichten und Baldachin zu Grabe getragen werde. Ratsherr Heinrich van Orden gab 1464 Geld für das Grab in St. Nikolai mit der Bestimmung, über seinen Sarg sechs Ellen *Delremundesches wandes* zu breiten. Sein Amtskollege Gerd Blome wünschte zehn Jahre später, daß über den Sarg *acht Ellen graues Hagensches Tuch,* der beste Hoiken und sein deutscher Psalter gelegt werden. Daß während der Trauerfeier, solange der Sarg über der Erde steht, wie es oft verlautet, Messen mancherlei Art – wieder unterschiedlich nach Rang und Würde des Toten – abgehalten wurden, ist eine Tatsache, über die Testamente genügend berichten.

Kurzum: in der Bestattungsweise spiegelt sich eindrucksvoll das Sozialgefüge der mittelalterlichen städtischen Bevölkerung wider. Arme Leute begrub man draußen auf den Kirchhöfen. Die Wohlhabenden fanden ihr Grab in den Gotteshäusern und hier wohl auch nach dem Grad ihrer gesellschaftlichen Stellung – im Chor, in eigenen Kapellen oder vor Familienaltären. Die Erinnerung an den Toten, die Absicht, ihm ein

52 Hovener-Grabplatte

ehrendes, bleibendes Andenken zu sichern, gab mitunter den Anlaß zu beachtlichen künstlerischen Schöpfungen. In Stralsunds Nikolaikirche sind dafür erfreulicherweise Beispiele aus dem 14. und beginnenden 17. Jahrhundert erhalten geblieben. Dabei verdient die hervorragende Bearbeitung der Messing-Grabplatte des 1357 verstorbenen Bürgermeisters Albert Hovener besondere Beachtung. Bei der gravierten Darstellung des Toten wurde gewiß mehr Wert auf die imponierende Behandlung des prachtvollen Gewandes und des ornamentalen Beiwerks – der zierlichen gotischen Architektur, die ihn umgibt sowie der Jagdszene zu seinen Füßen – als etwa auf Porträtähnlichkeit gelegt. Da es sich vermutlich um einen Import aus Flandern handelt, scheint die individuelle Gestaltung sowieso ausgeschlossen gewesen zu sein. Zwei Grabmäler zeigen die Verstorbenen plastisch in Lebensgröße und in der Tracht ihrer Zeit, im nördlichen Seitenschiff den sundischen Bürgermeister Joachim Klinkow (gest. 1601) mit Ehefrau und im südlichen den schwedischen General Mack Duwall (gest. 1634) in voller Rüstung und seine Frau.

Daß in den Gotteshäusern bei dem Charakter der bedeutenden mittelalterlichen Hansestadt auch die Weite früherer Seehandelsbeziehungen ins Blickfeld gelangt, ist ein einleuchtender Tatbestand. In der Jakobikirche befanden sich einstmals Gestühle jener Kaufleute, die besonders den Geschäftsverkehr mit Schonen, vor allem mit

53 Sandsteingrabplatte des schwedischen Generals Mack Duwall

54 Bergenfahrer-Altar

Falsterbo, pflegten. In St. Nikolai weisen noch heutigentags Ausstattungsteile auf alte Fernhandelsverbindungen hin. Der Bergen/Norwegenfahrer-Altar, das Århus/Dänemarkfahrer-Gestühl und Reste des Nowgorod/Rußlandfahrer-Gestühls gehören dazu. Schriftliche Quellen vermitteln zu deren Entstehung Hinweise. So war das Århusensche Gestühl im 15. Jahrhundert vorhanden. Dabei ist sogar eine Bruderschaft bezeugt, für deren Altar Heinrich Scharff 1484 den Betrag von 300 Mark bewilligte. Ratsherr Mathias Behn vermachte 1459 aus der Pacht eines Ackers zwei Priestern jährlich 20 Mark zum Abhalten von Messen vor dem Berger Altar. Dies Werk mit der vielfigurigen Darstellung der Kreuzigung im Schrein, Gethsemane und Verhör Christi, Gefangennahme und Kreuztragung in den Flügeln, erweckt zweifellos die Aufmerksamkeit jedes Kirchenbesuchers. Das trifft wahrscheinlich mehr noch für das Rußlandfahrer-Gestühl zu. Die in der zweiten Hälfte des 14. Jahrhunderts entstandene Holzschnitzerei dürfte für Nordeuropa einmalig sein. Ein Kapitel Wirtschaftsgeschichte wird hier vor dem Betrachter erlebbar. Man nimmt in der

55 Rußlandfahrer-Gestühl in St. Nikolai, Jagdszene

56 Rußlandfahrer-Gestühl in St. Nikolai, Handelsszene

russischen Waldlandschaft Vorgänge der Jagd auf Zobel wahr, beobachtet den Zeitler bei der Honiggewinnung und erkennt den hansischen Kaufmann (in Zeittracht) im Handelsgeschehen vor der osteuropäischen Stadt. Die Exportgüter des früheren russischen Reiches, nämlich Pelzwerk, Honig und Wachs, rücken dabei in den Blickpunkt.

Die Kunstschätze in St. Nikolai lassen weitere Besonderheiten der zur Hansezeit dem europäischen Verkehr offenen Stadt erkennen. Auf die flandrische Herkunft der Hovener-Platte wiesen wir bereits hin. Der erwähnte Bürgermeister-Altar mit seiner realistischen Darstellung der Kreuzabnahme im Schrein und vier Heiligenlegenden in den Flügeln verrät sowohl in der Plastik als auch in der Bemalung der Flügelrückseiten holländischen Einfluß. Von auswärts kam vermutlich auch jener Meister, der die Monumentalskulptur der Anna Selbdritt, eine der bedeutendsten Großplastiken des Ostseegebietes, schuf. Schon 1307 ist die Personengruppe im Stadtbuch genannt, und dabei wird Interessantes bekanntgegeben. Man bestellte einen Wächter, der kostbare Reliquien bewachen sollte, die der heiligen Anna und der Gottesmutter Maria eingefügt gewesen sind. Ausländische, und zwar gotländische Steinmetze, waren um 1300 an der Kalksteinfünte (Taufe) tätig.

Doch wer schnitzte im 15. Jahrhundert die Figuren des Hochaltars, wer den monumentalen Kruzifixus, den kreuztragenden Christus? Wer verfertigte die prächtige Archivtür und die Chorschranken? Wem verdanken wir die gotische Malerei im südlichen Seitenschiff mit den Motiven der Kreuzigung, Auferstehung und des Christophorus? Wir wissen es nicht.

Bekannt ist hingegen der Name des Meisters eines Werkes, das in St. Nikolai keinesfalls übersehen werden darf. Gemeint ist die astronomische Uhr. Am Nikolaustag (6. Dezember) 1394 vollendete Nikolaus Lilienfeld dieses Werk. »Betet für den, der die Arbeit gemacht hat, und für diejenigen, die geholfen und unterstützt haben.« So steht es in deutscher Übersetzung des lateinischen Textes unter der Uhr hinter dem Hochaltar. Es existiert in Europa offensichtlich keine andere mittelalterliche Kunstuhr, bei der das genaue Entstehungsdatum und der volle Name des Uhrmachers vermerkt ist. Nicht nur das dreieinhalb Meter breite und vier Meter hohe Zifferblatt, sondern auch das alte Uhrwerk blieben hier fast gänzlich erhalten. Drei Zeiger, der Sonnen- (Stunden-), der Mond- und der Sternzeiger, unterrichteten die Gottesdienstbesucher bis zur Reformation (1525) über den Lauf der Zeiten. Seitdem steht die Uhr. Auf der bemalten Uhrscheibe sind vier bedeutende Astronomen abgebildet. Sie tragen Spruchbänder mit folgenden Inschriften: bei Ptolomäus: *Inferiora reguntura a superioribus* (Das Niedere wird vom Höheren gelenkt), bei Alfons V. von Kastilien: *Motus solis et planetarum in obliquo ciculo est* (Die Bewegung der Sonne und der Planeten findet in schrägem Kreise statt), bei Ali: *Dies est eleuacio solis super horizontem* (Der Tag ist die Erhebung der Sonne über den Horizont) und bei Albumacar: *Sapiens vir dominabitur astris* (Ein weiser Mann soll sich von den Sternen leiten lassen). Auf dem Unterbau sind zwei vollbärtige Männer mit Kappe und langem

57 Astronomische Uhr in St. Nikolai von 1394

Gewand dargestellt. Der eine öffnet eine Tür und symbolisiert den Morgen. Auf dem von ihm getragenen Spruchband heißt es: *Post deum omnium vicendum vita sol et luna* (Nächst Gott sind Sonne und Mond das Leben aller Lebenden). Der andere schließt eine Tür und weist damit auf den Abend. Auch die Inschrift deutet darauf hin: *Matutinae imensa nunera sed sepe male finiunt* (Der Tag bietet in der Frühe reiche Gaben, endet aber oft übel). Ähnliche astronomische Uhren gibt es im Münster von Doberan (dort ist lediglich das Zifferblatt erhalten) und im Dom zu Lund/Schweden. Nach vergleichenden Forschungen dürften sie von demselben Uhrmacher hergestellt worden sein. Das, was indessen die Stralsunder auszeichnet, ist dies: am seitlichen Gehäuse schaut aus einem Fenster der Erbauer der Uhr, »blickt Meister Lilienfeld,

58 Anna Selbdritt

von seiner Arbeit ausruhend, über die Menschen, die draußen versammelt sind und sein Werk bewundern, hinaus«.[12] Fachwissenschaftler haben sicher recht, wenn sie annehmen, daß es sich bei diesem Ölbild um das älteste Porträt eines Uhrmachers der Welt handelt.[13]

Seltenheitswert kann in St. Nikolai auch anderes beanspruchen, die künstlerische Gestaltung der Kirchenschiffspfeiler beispielsweise. Dabei erscheinen an den oberen Teilen unter plastischen Konsolen gemalte Figuren. Bei genauerem Hinsehen erkennt man Personen verschiedener sozialer Gruppen – den elegant gekleideten Kaufmann, den Handwerker, am Kanzelpfeiler mit Schwert den, der den Wachdienst ausübte, und an einem anderen den mit einem Schurz schlicht umgebenen Träger. Das, was wir den sehr zahlreichen Testamenten entnehmen, haben hier Steinmetze und Maler bildhaft wiedergegeben. Vertreter aller Bevölkerungsschichten befinden sich – gleichsam als Symbol – in Tragefunktion unter dem Kirchengewölbe. Dies bedeutet, daß an der Errichtung der Pfarrkirchen die gesamte Einwohnerschaft beteiligt war.

12 Waehlin, Theodor, Die astronomische Uhr in der Nikolaikirche zu Stralsund und ihr astronomisches System. In: Das Weltall, Berlin 1928/29, S. 75ff.

13 Vilkner, Hans, Nikolaus Lilienfeld – der älteste bekannte Uhrmacher. In: Uhren und Schmuck, 1975, S. 183.

59 Darstellung eines Trägers am Pfeiler in St. Nikolai

60 Ablaßbrief von 1506

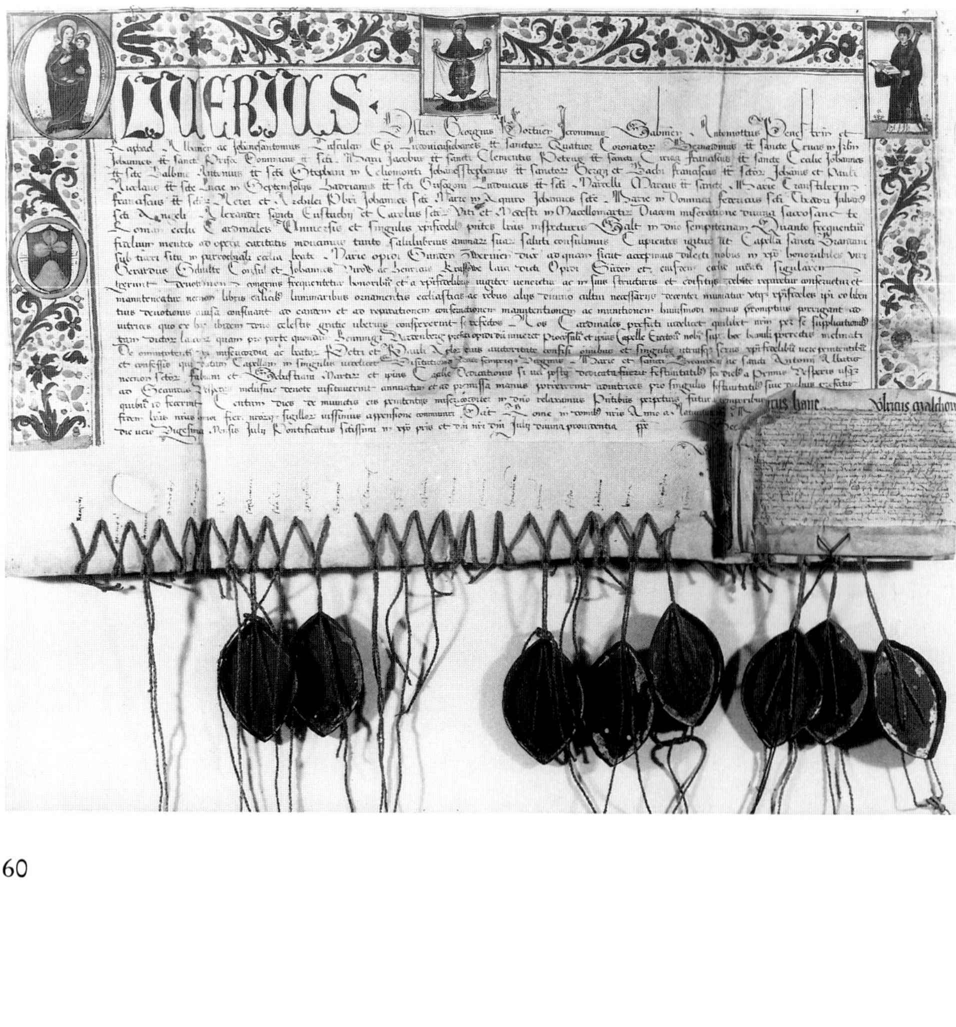

In Stralsund hatte weder ein Bischof noch der Landesherr das Sagen. St. Nikolai präsentiert wie auch St. Marien und St. Jakobi eindeutig den Typ der Bürgerkirche.

Die Reformation veränderte in hohem Maße das kirchliche Leben der Menschen. Schlagartig fanden die Pilgerreisen ein Ende. Auf Wallfahrten waren die Sundischen wohl nicht immer lediglich aus religiösen Gründen gegangen. Junge Leute trieb mitunter sicher die Abenteuerlust in die Welt. Sodann dürften auch merkantile Interessen im Spiel gewesen sein. Kaufleute hatten dabei in Frankreich, Holland, im Rheinland und anderswo Gelegenheit, Handelsgeschäfte einzuleiten oder zu tätigen. Mit dem Sieg der lutherischen Lehre endete ebenfalls von heute auf morgen das Ablaßwesen, gegen das der Reformator wortgewaltig eingeschritten war. In einem der letzten im Archiv vorhandenen Ablaßbriefe vom 20. Juli 1506 erteilten in Rom Kardinalbischöfe, Kardinalpriester und -diakone allen 100 Tage Ablaß, die den Bau einer Kapelle in der Stralsunder Marienkirche förderten. Der mit dekorativer Malerei in Prachtausfertigung hergestellte Brief war für den öffentlichen Aushang bestimmt. Die Hängeschlaufen am Urkundenpergament weisen darauf hin. Das Dokument wurde während der reformatorischen Vorgänge außer Kraft gesetzt und die Besiegelung zerstört. Von ursprünglich 28 Siegeln sind nur acht leere, verbogene Blechschalen an Hanfschnüren erhalten geblieben.

Daß es bei der Reformation in den Apriltagen des Jahres 1525 in Stralsund äußerst dramatisch zuging, bei dem sogenannten »Kirchenbrechen« schlimme Verwüstungen angerichtet wurden, ist eine Tatsache, die völlig außer Zweifel steht. Erzürnte Städter erstürmten die Gotteshäuser, zerschlugen viel von dem, was nicht niet- und nagelfest war, zertrümmerten die meisten Altäre, vernichteten zahlreiche Bilder und vertrieben eine Anzahl katholischer Geistlicher. Besonders rigoros verfuhr man mit den Kirchenbibliotheken.

Die Kirche war von Anfang an nicht nur eine Stätte des Gottesdienstes, sie war mehr. Sie wurde oft genug für weltliche Zwecke, auch für politische Versammlungen, genutzt. Hier ließ der Rat die *bursprake* verlesen, das heißt, die für die Bürger verbindlichen Gesetze und Verordnungen bekanntgeben, – hier empfing er auswärtige Kaufleute und hiesige Handwerker und verhandelte mit ihnen. Der Stralsunder Rat hatte in sämtlichen Pfarrkirchen Gestühle. Auch in der nachreformatorischen Zeit tätigten Großkaufleute in den Gotteshäusern Geschäfte, vereinten sich Bürgermeister und Rat zu Sitzungen und führten dabei durchaus profane Gespräche. Bürgermeister Nikolaus Gentzkow hielt dies und anderes in seinem Tagebuch fest, das er von 1558 bis 1567 verblüffend lang und breit führte. Allein oder mit seinen *cumpanen* (Mitbürgermeistern) zog er oftmals in den *stol* (ins Ratsgestühl) von St. Nikolai, zahlte hier Geld aus oder nahm es entgegen, schlichtete Erbschaftsangelegenheiten, bahnte zusammen mit Bürgermeister Klinkow die Ehe seines Sohnes an, geriet in Streitigkeiten, verklagte Stadtbewohner wegen ungebührlichen Verhaltens auf der Wache, empfing am 28. Juni 1562 den Barbiermeister Jürgen Stubbe, der ihm seinen Gesellen mit der Bitte zur Amtsaufnahme vorstellte. Nachdem der Junge befragt war, bemerkte

61 Stralsunds Reformator Christian Ketelhot (zeitgenössischer Kupferstich)

Gentzkow befriedigt: *heb ick minen willen darto gegewen, dafur sie mi 1 goldgulden geschenckt.* Am 18. August 1564 erboste er sich über verleumderische Meldungen, nach denen seine Frau ungerechtfertigterweise 500 Gulden für Kornlieferungen aus Holstein entgegengenommen hätte, verhandelte über Ladungen von Schießpulver auf einem schwedischen Schiff und so fort. Angesichts dieser vielfältigen Mitteilungen möchte man fast annehmen, daß bei der regen Abwicklung privater und dienstlicher Begebenheiten gottesdienstliche Handlungen nur störend gewesen seien. Kein Wunder auch, daß die Ehefrau bitter Klage führte darüber, daß der gute Nikolaus seit langem den Gang zum Abendmahl versäumt hatte.

Nach dem Bildersturm des Reformationsjahres erhielten die Pfarrkirchen erneut bemerkenswerte Ausstattungsstücke. In St. Nikolai sind dies die kostbare, aus Marmor und Alabaster gefertigte Renaissancekanzel, der unter Mitwirkung des berühmten Barockmeisters Andreas Schlüter entstandene Hauptaltar und die Empore der schwedischen Regierung, in St. Marien die wertvolle Barockorgel Friedrich Stellwagens. Die Ausstattung der Jakobi- und Marienkirche blieb leider nicht von Zerstörungen verschont. Zu Beginn des vorigen Jahrhunderts wurde während der Besetzung Stralsunds durch französische Truppen das Innere beider Kirchen verwüstet. St. Jakobi diente damals als Pferdestall, St. Marien als Kaserne und Heumagazin. Die Verwahrlosung der Marienkirche war seinerzeit so vollständig, daß sich eine gründliche Restaurierung als dringend notwendig erwies. Dazu reichten Caspar David Friedrich und Karl Friedrich Schinkel Entwürfe ein. Die Stadt lehnte indes die Pläne Friedrichs ab und beauftragte mit der Wiederherstellung den ortsansässigen

62 Renaissance-Kanzel in St. Nikolai

63 Epitaphium in St. Marien

64 Grabstätte des schwedischen Grafen von Lilljensted

Maler Wilhelm Brüggemann, der wenigstens die Vorstellungen Schinkels zu berücksichtigen hatte.

Die Kirchen blieben noch bis ins 19. Jahrhundert hinein Begräbnisplatz. Doch die Bestattung der Toten war hier nun hauptsächlich den Begüterten vorbehalten. Die Mittellosen wurden jetzt auf Friedhöfen außerhalb der Mauern, auf dem Gelände der Knieper- und Frankenvorstadt, beerdigt. In den Gotteshäusern präsentierten die Grabmale und -kapellen wie eh und je Reichtum und Ansehen der wohlhabenden Familien. Das kommt besonders in den Schauwänden der im 17. und 18. Jahrhundert als Erbbegräbnis genutzten Kapellen der Seitenschiffe und des Chorumgangs zum Ausdruck. In der Nikolaikirche gehören die Grabstätten Nikolaus Brahmes (gest. 1649), Christian Ehrenfried Charisius' (gest. 1697), Ernst Hagemeisters (gest. 1738) und von Schäwenbachs (gest. 1749) zu den dekorativsten. Deren Wände sind mit reichem Ornament, prachtvollen allegorischen Schnitzfiguren und von korinthischen Säulen flankierten Wappen geschmückt. Auch die zahlreichen in Holz, Sandstein und Alabaster gearbeiteten Epitaphien mit Wappen und Brustbildnissen der Verstorbenen künden vom künstlerischen Schaffen jener Zeit. Die Gedenktafeln für die Bürgermeister Christoph Lorbehr und Nikolaus Steven (beide gest. 1555) und Lambert

Steinwich (gest. 1629) verdienen in St. Nikolai ebenso Beachtung wie die der Schweden Johannes von Klinkowström (gest. 1709) und Christian von Staude (gest. 1723). In der Marienkirche ist neben Erbbegräbnissen mit ihren aufwendig geschnitzten und bemalten Kapellenwänden und neben Epitaphien vor allem die Ruhestatt des schwedischen Grafen Johann von Lilljensted (gest. 1732) zu erwähnen. Nach Auffassung von Kunsthistorikern handelt es sich dabei um »das bedeutendste Grabmal der Barockzeit auf pommerschem Boden«. Das kostbare Grabmal, das den Verstorbenen in Lebensgröße und Zeittracht auf dem Prunksarkophag aus schwarzem Marmor zeigt, wurde von dem niederländischen Bildhauer Johann Baptist Yavery geschaffen.

In Klöstern und Hospitälern

Wer die mittelalterliche Stadt betrat, dem begegneten in den Straßen bald Menschen in Mönchskleidung. Die Klöster der Bettelorden gehörten zum Bild vieler Städte Deutschlands. Die Dominikaner und Franziskaner waren um die Mitte des 13. Jahrhunderts auch in die Ostseestadt gekommen. Sie hatten sich in der Randzone, nahe der Befestigungsmauer angesiedelt und diesen Platz nicht von ungefähr gewählt. Beide wollten unter den Einwohnern, mit ihnen leben. Gemeint sind vor allem jene Schichten der Stadtbevölkerung, die nicht zu den wohlhabenden zu zählen sind. An der Mauer wohnten zumeist die Unbemittelten. Es war dies sozusagen das Armeleuteviertel des Gemeinwesens.[14]

Das Motiv der Armut bestimmte bekanntlich Leben und Wirken der Angehörigen dieser Orden. Die Brüder waren hier wie überall als Bettler erschienen. Den Bürgern waren sie indessen offenbar sehr willkommen. Sie nahmen sie bereitwilligst auf und unterstützten sie in großzügiger Weise. Der Wortlaut vieler Testamente läßt daran nicht den geringsten Zweifel. Sie förderten zunächst den Bau der Unterkünfte, *dat swarte unde dat graue Kloster,* wie die Anlagen nach der Tracht der Insassen, der schwarzen Dominikaner in St. Katharinen und der grauen Franziskaner von St. Johannis genannt wurden. Das Ideal der strengen Einfachheit und Armut, das die Ordensgründer, Dominikus und Franz von Assisi, nicht zuletzt in den Bauwerken verwirklicht wissen wollten, ist jedoch bald aufgegeben worden. Die Niederlassungen wurden mehr und mehr zu Anliegen der Städte. Und in dem Grade, wie sie sich entwickelten, entfalteten sich die Klöster. Es währte nicht lange, und Rang und Stellung der bedeutenden Hansestadt Stralsund sollten sich in den Bauten von St. Katharinen und St. Johannis eindrucksvoll widerspiegeln.

Art und Umfang der Stiftungen, die Bürgermeister und Ratmannen sowie Vertreter aller Bevölkerungsgruppen beiden Klöstern zuteil werden ließen, waren in der Tat

14 Ewe, Herbert, Kostbarkeiten in Klostermauern. Zur Geschichte, Restaurierung und Nutzung des Franziskanerklosters St. Johannis zu Stralsund. Rostock 1990, S. 6ff.

65 Johanniskloster

66 Kreuzganghof des Johannisklosters

67 Giebel von St. Katharinen

sehr beachtlich. Wie bei den Pfarrkirchen entdeckt man in den Vermächtnissen immer wieder hohe und niedrige Geldbeträge, Steine, Kalk, Glas und anderes. Die Zuwendungen betrafen nicht nur die Bauwerke, sondern auch die Ausstattung der Gotteshäuser. Um 1500 befanden sich in jeder Klosterkirche 18 Altäre, die meistens Heiligen verehrt waren, so in St. Johannis der Maria und dem Brandanus, in St. Katharinen ebenfalls der Gottesmutter Maria, ferner Katharina, St. Ewald und St. Erasmus. Für den letzten Altar stifteten die Leinenweber 1404 eine *ewige* Lampe. Vorher hatten für die Dominikanerkirche Dietrich von Meppen einen silbernen Kelch und zwei wertvolle Bücher und Ratsherr Wilken von Struncken 50 Mark für eine Orgel bestimmt. Im Jahre 1468 übereigneten Ratsherr Hermann Manegelt der Katharinenkirche sein Paternoster für ein Marienbild und 1486 Katharina Went ihre Korallenschnur für ein gleiches Bild in der Johanniskirche. Für den Bau und die innere Ausgestaltung der Klöster gaben Stralsunder und Stralsunderinnen vielerlei her, kostbare Schalen, silberne Löffel und vieles mehr. Außerdem versorgten sie die Brüder mit all dem, was sie zum täglichen Leben an Nahrungsgütern benötigten, mit Roggen und Weißbrot, mit Hering, Stockfisch und Bier. Wenn man überdies unter den Legaten Malz in beträchtlichen Mengen vorfindet, läßt dies darauf schließen, daß

68 Sterngewölbe im Katharinenkloster

sowohl die Dominikaner als auch die Franziskaner einen regen Braubetrieb unterhielten. Von der Größe eines klösterlichen Brauhauses vermittelt das beim Katharinenkloster noch erhaltene Gebäude einen Eindruck.

Bei einer Prüfung der Bürgertestamente, von denen im Stadtarchiv immerhin etwa tausend Originale überliefert sind, ist festzustellen, daß sich für die Barfüßer oder Minoriten, wie die Franziskaner auch in den Quellen verzeichnet sind, erhebliche Vorteile gegenüber den Dominikanern oder Predigern abzeichnen. Mit den Franziskanern fühlten sich die Bürger ungleich mehr verbunden und begegneten ihnen mit größerer Sympathie. Während die Barfüßer sich stärker sozialen Problemen zuwandten und deshalb der Stadtbevölkerung näherstanden, sahen sich die Dominikaner hauptsächlich der Lehre, den Studien verpflichtet. Sie lebten demzufolge mehr innerhalb ihrer Klosterräume. Rund vierzigmal bekamen die grauen Mönche das Doppelte oder mehr des gestifteten Geldbetrages als die schwarzen. Nach dem Willen von Clawes Zach sollten den Brüdern in beiden Klöstern je drei Tonnen Bier verabfolgt werden. Für die Barfüßer wurde dabei bewußt *gutes* Bier, wie es wörtlich heißt, bestimmt. Im Jahre 1489 vermachte Tytke Went dem Johanniskloster seinen besten Ochsen, dem Katharinenkloster dagegen lediglich einen halben Ochsen. 1358 hatte Johann Segelin dem grauen Kloster 60 Mark und 10 Mark zur Verteilung unter die Brüder gegeben. Die Prediger erhielten von ihm im ganzen nur 10 Mark.

Mehr noch als die Dominikaner öffneten die Franziskaner ihr Kloster für alle – zum Gottesdienstbesuch, zur Begegnung mit den Brüdern im Klausurbereich und zur

69 Tor und Brauhaus des Katharinenklosters

Bestattung der Toten. Sie taten noch anderes, gewährten ohne viel Aufhebens jungen Stralsundern den Eintritt in den Orden. Unter denen, die sich in die Schar der Mönche reihten, die Kleidung wechselten und das graue Gewand trugen, entdeckt man auch Söhne von Handwerkern. Wenn in anderen Städten, wie in Hamburg, die Franziskaner als »Freunde des kleinen Mannes« galten,[15] dann trifft dies genauso für die Sundstadt zu. Das läßt sich mannigfach beweisen. Die Bruderschaften, die es nicht nur bei den Pfarrkirchen und den Dominikanern gab, legen dafür Zeugnis ab. Nach einer städtischen Urkunde von 1426 wurde der Bruderschaft der Zimmerer bei St. Johannis ein Begräbnisplatz auf dem Kirchhof oder im Kreuzgang eingeräumt und den Mitgliedern – zusammen mit ihren Frauen – am Dreifaltigkeitstag ein besonderer Gottesdienst in der Kirche gewährt. Im Jahre 1501 ist von der *broderschop der smedeknechte to St. Johann* (Bruderschaft der Schmiedeknechte beim Johanniskloster) die Rede.

Beide Stralsunder Klöster spielten während des Mittelalters im Verband ihrer Orden offensichtlich eine wichtige Rolle. Allein ihre imposanten Bauwerke und deren reiche Ausstattung sprechen dafür. Von bedeutenden Konventen (Provinzialkapitel) im Katharinenkloster wird mehrmals berichtet, so 1315, 1357, 1405, 1465 und 1519. Für das Jahr 1405 lautet es: *do weren vele frommende Lude und ein grot capittele, alse lang nicht geweset bi velen jaren* (da waren zu einem großen Kapitel zahlreich fromme Leute erschienen, wie es seit vielen Jahren nicht der Fall gewesen ist). An dem Ordenskapitel von 1519 nahmen nicht weniger als 300 Geistliche, darunter 12 Doktoren, Männer aus fernen Ländern und Vertreter verschiedener Systeme, teil. Die sundischen Dominikaner boten für derartige Treffen gute Voraussetzungen. Prior Hermann Achterberg war 1423 Professor und Heinrich Wendt 1523 Doktor der Theologie. Vorzüglich ausgebildete Studienmeister unterrichteten in Grammatik, Dialektik, Rhetorik, Musik, Arithmetik, Geometrie, Astronomie und machten die Kleriker vor allem mit der scholastischen Theologie vertraut.[16]

Es wäre freilich ein Irrtum anzunehmen, daß es in den Klöstern immer nur friedevoll zuging. Schon 1267 gerieten die Stralsunder Dominikaner mit denen von Greifswald in heftige Streitereien. Die Prioren wurden auf Beschluß des Generalkapitels in Bologna aus ihren Ämtern entfernt. Der Stralsunder erhielt außerdem als Strafe zwölf Tage Arrest bei Wasser und Brot, zwölf Psalter zu lesen und ebenso viele Geißelungen vorzunehmen. Beide sind danach in entfernte Gegenden versetzt worden.

Knapp zwei Jahrhunderte nach Gründung der Bettelordensanlagen entstand ein weiteres Kloster. Es lag außerhalb der Stadtmauer auf dem Gelände der Tribseer Vorstadt, war der heiligen Brigitta geweiht und nahm seit 1421 Nonnen auf. Überdies

15 Hecker, Norbert, Bettelorden und Bürgertum. Frankfurt a. M. 1981, S. 115 ff.
16 Heyden, Hellmuth (wie Anm. 7), S. 59.

70 Kreuzgang in St. Johannis

sah man Zisterzienser in der mittelalterlichen Stadt. Sie kamen von Neuenkamp (heute Franzburg), aus Eldena bei Greifswald und von der Insel Hiddensee hierher, errichteten »Höfe«, die zunächst als Absteigequartier der Äbte dienten. Das gotische Bauwerk des Kampischen Hofes an der Mühlenstraße, später als Getreidespeicher, auch als *solthoff* (Salzmagazin) genutzt, ist gegenwärtig noch erhalten.

Die Reformation veränderte radikal den Charakter der Klöster. Die meisten Dominikaner und Franziskaner verließen bei Nacht und Nebel die Stadt, wenige blieben und bekannten sich zum evangelischen Glauben. Die Brigittinen flüchteten in das Stadtinnere und fanden in den leeren Räumen des Katharinenklosters eine Unterkunft.

Wie in den Pfarrkirchen verursachte die Bilderstürmerei auch in den Klosterkirchen und Konventsgebäuden schlimme Schäden. 49 Altäre der drei Klöster fielen den blindwütigen Zerstörungen zum Opfer. Der jetzt protestantische Bürgermeister Franz Wessel rühmte sich dabei seiner Taten. Er hatte auf dem Hof von St. Katharinen

71 Remter in St. Katharinen

72 Kapitelsaal des Johannisklosters

73 Speicher des Kampischen Hofes

eine tiefe Grube, *18 Ellen lang,* ausheben und alle Heiligenbilder hineinwerfen lassen, *damit keine Abgötterei darmit mehr getrieben werden möchte,* wie er offenbar zufrieden bemerkte.

Der Rat der Stadt übernahm nun die Klöster. St. Johannis wurde städtische Armenanstalt; in St. Katharinen erhielten das Gymnasium und die Waisenanstalt ihr Domizil. Während das Bauwerk des Katharinenklosters an der Mönchstraße, das heute die beiden Museen, das Kulturhistorische und das Meeresmuseum, beherbergt, fast vollständig erhalten blieb, treffen wir bei St. Johannis an der Schillstraße lediglich auf Teile der alten Anlage. Die 77 Meter lange gotische Hallenkirche brannte 1624 nieder. Um die Mitte des 17. Jahrhunderts baute man die Umfassungswände des Chores zur kleinen Johanniskirche aus. Sie wurde im Bombenhagel des Zweiten Weltkriegs vernichtet. Der Klausurbereich, gegenwärtig Außenstelle des Stadtarchivs, ist in jahrzehntelanger, mühevoller Arbeit (von 1963 bis 1986) restauriert und im ursprünglichen Zustand wiederhergestellt worden. Aufsehenerregende Entdeckungen, wertvolle gotische Wand- und Gewölbemalerei zum Beispiel, brachten das Johanniskloster schnell ins Blickfeld der Öffentlichkeit. Vom Aussehen des Brigittinenklosters wissen wir nichts. Die Gebäude wurden noch im Reformationsjahrhundert restlos beseitigt.

Wie bereits erwähnt, zeichneten sich innerhalb der mittelalterlichen Stadtbevölkerung gravierende soziale Unterschiede ab. Den Reichen standen viele Hilfsbedürftige gegenüber. Fragen über Fragen blieben offen, als es darum ging, für die Armen einen Wandel zum Besseren zu schaffen. Die städtische Behörde und nicht nur sie war bestrebt, den Unbemittelten zu helfen, deren Notlage zu verändern. Zu diesem Zweck auch entstanden Hospitäler.

Schon wenige Jahrzehnte nach der Stadtrechtsverleihung sind in Stralsund das Heilgeist- und das St.-Jürgen-Hospital gegründet worden. Das erste erscheint in einer Urkunde aus dem Jahre 1256, das zweite in Stadtbucheintragungen von 1278. Beide erfreuten sich als Wohltätigkeitsanstalten von Anfang an größter Aufmerksamkeit der Bürgerschaft. Stiftungen, seien es Geldmittel, Grundstücksschenkungen oder Zuwendungen von Nahrungsgütern, bilden den Gegenstand zahlreicher Testamente.

Die Hospitäler unterstanden der Leitung und Aufsicht des Rates. Ratsherren fungierten als Provisoren (Vorsteher). Die Aufnahmebedingungen regelte ein Ratsbeschluß, den das Stadtbuch aus dem Jahre 1310 überliefert.

Es war freilich nicht nur die Armut, die in dem Gemeinwesen nach Hilfe rief. Es gab Menschen, die an unheilbaren Krankheiten litten, denen man helfen und vor denen man sich zugleich in acht nehmen mußte. Das waren die Aussätzigen. Das älteste Stadtbuch bringt aus dem Jahre 1275 die erste Nachricht über sie. Ärztlicherseits stand man dem Aussatz (Lepra) völlig machtlos gegenüber. Von einer Therapie konnte in den Leprosen-Hospitälern keine Rede sein. Ihre Aufgabe beschränkte sich lediglich darauf, den Kranken eine von der Welt der Gesunden abgetrennte Lebensstätte zu schaffen.

74 Gotische Wand- und Gewölbemalerei im Johanniskloster

75 Inneres der Heilgeistkirche

76 Das Heilgeisthospital

St.-Jürgen-Häuser waren vielerorts anzutreffen, auch in nächster Umgebung der Sundstadt, so in dem wenige Kilometer von hier gelegenen Dorf Pantelitz und auf Rügen. Der Namenspatron dieser Anstalten, der heilige Georg (plattdeutsch St. Jürgen) soll der Legende nach einen Lindwurm getötet haben, dem eine Königstochter zum Raub ausgesetzt und dessen Atem todbringend war. Ein Relief an dem später vom Stralsunder Hospital erworbenen Haus Mönchstraße 40 veranschaulicht die Szene des Drachenkampfes.

Über die Anzahl der bedauernswerten Leprakranken in St. Jürgen lassen uns die schriftlichen Quellen im unklaren. Im Verlauf von eineinhalb Jahrhunderten dürfte ein wiederholtes Ansteigen und Abklingen der Seuche erfolgt sein (die letzte Nachricht von Krankheitsfällen stammt aus dem Jahre 1413). Den traurigen Höhepunkt scheint die Epidemie 1350 erreicht zu haben, in jenem Jahr, als in Stralsund offensichtlich zum ersten Mal die Pest wütete. 18 Bürger gedachten damals in ihren Vermächtnissen ausdrücklich der Aussätzigen.

Zwei Jahre zuvor war das Hospital erheblich vergrößert worden. Bürgermeister Albert Hovener, auf dessen kostbare Grabplatte in St. Nikolai hingewiesen wurde, ließ nicht nur eine Kirche, sondern auch *dat lange steenhus* (das lange Steinhaus) für 40 bis 60 Leprosen erbauen.[17] Das Anliegen des Bürgermeisters fand unter den Einwohnern reichen Widerhall. Der eine stiftete 2000 Steine, der andere Glas für Fenster, wieder andere spendeten Geld für die Ausstattung des Gotteshauses. Um 1500 gehörten Bilder und sieben Altäre zur Kirche.

Nach dem Erlöschen der furchtbaren Seuche diente St. Jürgen ebenso wie das Heilgeisthospital der Aufnahme hilfsbedürftiger Menschen. Alte, Kranke, Sieche sind in den Testamenten als Insassen genannt. Ihnen wurden vielmals Legate, und zwar Bier, Semmeln, Eier, Betten, Kissen, Kleider, Schuhe und Stiefel, zuteil. Daß die Bewohner beider Häuser jedoch immer bettelarm gewesen seien, ist gewiß nicht anzunehmen. Die Hospitäler entwickelten sich mehr und mehr zu Pfründenanstalten, zu Häusern für alternde Bürger, die sich den Eintritt durch Zahlung gewisser Summen zu erkaufen hatten. Sie waren dann bis zu ihrem Lebensende versorgt. Erweiterungsbauten des 16. Jahrhunderts waren erneut für die Unterbringung von Kranken bestimmt. Als bald nach 1500 in Stralsund die Pocken grassierten, und es an Beherbergungs- und Pflegestätten mangelte, entstand beim Heilgeisthospital das *Neue Haus.* Man nannte es auch das Pockenhaus. Letztwillige Vermächtnisse, mit denen Bürger der Armen, *de da liggen in den quaden Pocken* (die von den schlimmen Pocken befallen sind), liegen aus jenen Jahren in dichter Folge vor.

Die in Verwaltungsfragen gewandten und tüchtigen Provisoren verstanden es, die Hospitäler zu *sanieren.* Sie tätigten Geldgeschäfte, legten Kapital in Renten an und

17 Pooth, Peter, Das Kloster St. Jürgen am Strande zu Stralsund. In: Baltische Studien NF, Bd. 34, 1934, S. 66.

77 Prövenerhäuser im Vorhof des Johannisklosters um 1910

erwarben Liegenschaften. Gehöfte, Güter, ja ganze Dörfer gelangten in Hospitalbesitz. Das Heilgeisthospital verfügte allein über 68 Dörfer oder Ortsteile. Im Jahre 1340 kaufte es für 2500 Mark die gesamte westrügensche Insel Ummanz. Später kam auch die Insel Hiddensee dazu. Das Provisorat (die Leitung) war somit in der Lage, den Prövenern, wie jene Menschen hießen, die sich den Aufenthalt in den Hospitalgebäuden durch finanzielle Beträge zu sichern vermochten, einen verhältnismäßig angenehmen Lebensabend zu gewähren.

Doch was geschah mit den Armen, denen es an jeglichem Geld fehlte, die sich nicht *einkaufen* konnten, mit jenen, die *uppe deme valde* (auf dem Feld) saßen, wie es Chronisten vermerkten? Für sie, zumindest für einzelne von ihnen, sollten andere Häuser der Barmherzigkeit wenigstens eine dürftige Bleibe ermöglichen. Wieder waren es Bürger, die *pro salute animae*, zum »Heil der Seele«, sich der Ärmsten der Armen annahmen. Im Jahre 1407 stifteten Vicko Timmo und Jacob Kulemann das St.-Antonius-Haus. Es befand sich in Nähe der Marienkirche, *uppe dem roden mere* (an dem Roten Meer), wie seinerzeit die Straßenbezeichnung lautete. Mit diesem Hospital war eine Kapelle und ein zweites Gebäude, das sogenannte Frauen-Armenhaus verbunden. Fast gleichzeitig entstand beim Tribseer Tor das »Gasthaus« mit einer Kirche, das zwei Jahrhunderte später als erstes Stralsunder Krankenhaus genutzt wurde. Als ausgesprochene Armenhäuser galten ferner die zu Beginn des 16. Jahrhunderts bezeugten Einrichtungen des »Mannenhauses« und des »Kannenhauses« und schließlich die *dorenkiste,* eine bescheidene Irrenanstalt für arme Geisteskranke.

Daß in der mittelalterlichen Stadt bereits ein ständiges Kommen und Gehen von Fremden zu beobachten war, ist eine bekannte Tatsache. Wer hier spätabends oder nachts ankam, wenn die Tore verschlossen waren, konnte sich in Herbergen außerhalb der Mauer begeben. Das war zum einen das St.-Gertrud-Hospital und zum anderen auch das Heilgeisthospital. Die der heiligen Gertrud, einer Wohltäterin der Reisenden, geweihten Häuser sah man am Rande der meisten norddeutschen Städte. Das Stralsunder Hospital tritt zuerst 1322 in den Blickpunkt urkundlicher Überlieferung, in der Bürgermeister Johann von der Beck der Gertrudkirche Geld zuwies. Priester Paul bezeichnete sich 1340 selbst als »Rektor der Gertrudkapelle«. Um diese Zeit wird auch von dem St.-Gertrud-Friedhof berichtet.[18] Der Standort des Hospitals war zweifellos überlegt gewählt worden. Hier auf dem Gelände der Frankenvorstadt, an der großen Verkehrsstraße nach Greifswald, konnte es seine Aufgabe, Reisenden Obdach zu bieten, vortrefflich erfüllen.

Die Baugeschichte von Kirche und Fremdenhaus ist in Testamenten dokumentiert. Legate *ad structuram* (zum Bau) geben darüber bis zum Jahre 1360 Auskunft. In der ersten Hälfte des 15. Jahrhunderts erfolgte eine Ergänzung der Anlage. Dazu vermachte Ratsherr Heinrich Quekel 1428 St. Gertrud, das zeitweise sogar ein besonderes Bauamt hatte, 1000 Steine; Gelder stifteten 1432 Gerd Strese für Steine und Kalk, 1432 Hans Kummerow für Dachziegel und 1435 Kurd von Ürden für ein Glasfenster.

Die Notwendigkeit des Erweiterungsbaues ergab sich vermutlich durch das Anwachsen der Frankenvorstadt. Hier lagen nicht nur mehrere Mühlen und die Reiferbahn, sondern auch die Lastadie, auf der Schiffszimmerleute arbeiteten. Die Kirche diente nun zugleich als Gotteshaus für die Vorstadtbewohner. Die *bootmaker* (Schiffbauer) hatten darin einen eigenen Altar.

Ungeachtet der erweiterten Zweckbestimmung der Kirche beschloß der Rat der Stadt im Jahre 1547, sie zusammen mit dem St.-Jürgen-Hospital der Kniepervorstadt abzubrechen. Fortifikatorische Gründe bedingten offenbar die Maßnahme. Das Steinmaterial wurde zur Verstärkung der städtischen Befestigungswerke verwandt. Lediglich den Turm der Gertrudkirche ließ man zunächst noch stehen. Auf Stadtbildern des 17. Jahrhunderts ist er deutlich zu erkennen.

Für Auswärtige, die Stralsund danach aufsuchten und um Unterkunft baten, öffneten sich nun Türen im Elenden-, das heißt Fremdenhaus des Heilgeisthospitals. Durch seine Lage vor den Mauern war es bei kriegerischen Ereignissen außerordent

18 Adler, Fritz, Die St. Gertraudenkirche in Stralsund. In: Pomm. Jahrbuch, Bd. 33, 1933, S. 6.

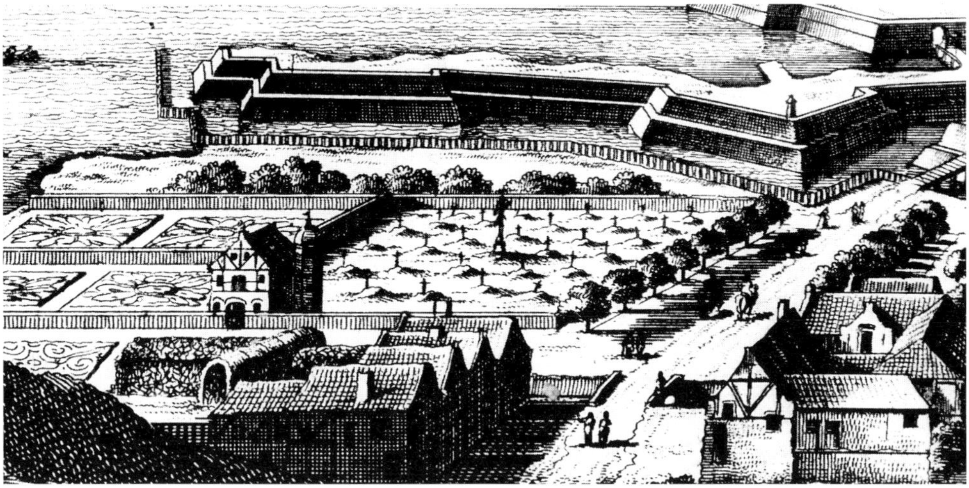

78 Stralsund von der Frankenseite mit St. Gertrud (Kupferstich 17. Jahrhundert)

79 Inschrift am Eingang des Heilgeisthospitals

lich gefährdet. Durch schwere Beschießungen der Stadt im 17. Jahrhundert und die Belagerung Stralsunds im Jahre 1715 wurden die Gebäude stark in Mitleidenschaft gezogen. Die Geschichte des Hospitals weiß in beredter Sprache von den Zerstörungen zu berichten. Davon künden auch Kanonenkugeln in den Kirchenwänden und folgende Inschriften am Elendenhaus:

Zur Ehre Gottes
Ist dieses Hauß des H. Geistes
so Anno 1628
von der Feinde Geschütz
gantz verdorben
Wiederum New erbawet Anno 1641

Wohngebäude der Kaufleute, Handwerker und Tagelöhner

Auf den ältesten Abbildungen präsentiert sich die Stadt mit ihren Kirchen und Klöstern, mit Mauern, Toren, Türmen und Wohngebäuden in einer erstaunlichen Geschlossenheit. Diese Bilddarstellungen, der Holzschnitt des Rudolf Manuel Deutsch etwa oder die kolorierte Federzeichnung eines unbekannten Meisters, entstammen indes dem Ende des 16. und dem Beginn des 17. Jahrhunderts.

Im 13. und 14. Jahrhundert reihten sich an den Straßen noch nicht Giebelhaus an Giebelhaus, so, wie es später der Schwede Johannes Staude in seiner großartigen Stadtansicht, der »Sciagraphica Stralesundis Pomeranie« von 1647, eindrucksvoll veranschaulichte. Neben Giebelhäusern standen anfangs andere. Bürgertestamente geben darüber Auskunft. Im Jahre 1322 überließ Johann von der Beck seiner Frau Gerborg das Steinhaus an der Langenstraße, seinem Sohn drei Buden an der Badenstraße und seiner Tochter ebenfalls drei Buden an der Papenstraße. Und 1338 bestimmte Hermann Gravesten über die Hälfte seines Steinkellers. Damit sind jene Typen von Wohnstätten genannt, die im Lebensbereich der Stralsunder jahrhundertlang gang und gäbe waren. In den städtischen *Rekensbökern* (Rechnungsbüchern) erscheint diese Klassifikation: Häuser – Buden – Keller. Gründe der Steuererhebung führten zu der Einteilung. Der Besitzer des Hauses als des größten Gebäudes hatte mehr Geld als der Budenbesitzer und dieser mehr als der eines Kellers zu entrichten.

Viel von dem, was die spätmittelalterliche Sundstadt auszeichnete, ihr die besondere Note verlieh, fehlte in der frühen Zeit, fehlte im Wohnbaubefund vor allem. Die Backsteinarchitektur war hierbei noch keineswegs die Regel. Der schon genannte Johann von der Beck beschrieb 1322 ein Gebäude sicher nicht von ungefähr als Steinhaus. Andere taten dies auch. Heinrich von Bremen führte 1337 unter seinen Besitzungen ein Steinhaus an der Badenstraße auf. Zwei Jahre später übertrug Johann Grotebroth Verwandten Nutzungsrechte an seinen beiden Steinbuden an der Trave-

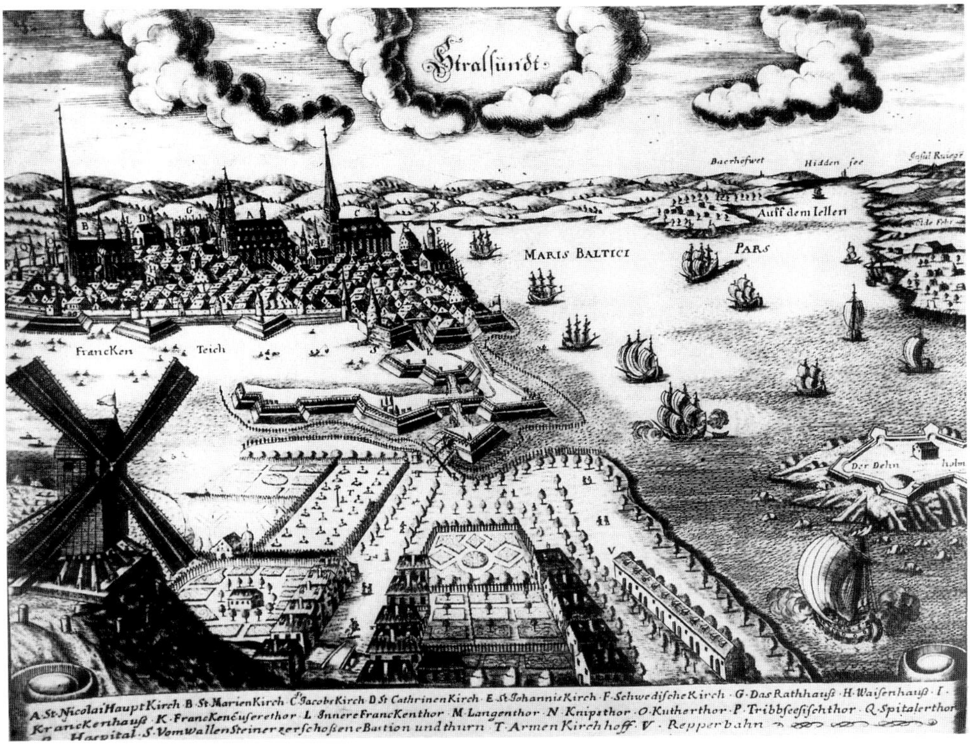

80 Gesamtansicht von der Frankenvorstadt (17. Jahrhundert)

münder Straße (heute Teil der Jakobiturmstraße), und 1350 vermachte Hermann Wegedhe seinen Kindern das »neu erbaute steinerne Eckhaus«, wie es wörtlich heißt, an der Heilgeiststraße.

Wenn diese und andere Testatoren die Wohnstätten ausdrücklich als Steinbauten bezeichneten, dann hatten sie ihre Gründe dafür. Sie sollten sich als die besseren, wertvolleren von denen in anderer Bauweise abheben. Die schriftliche Überlieferung läßt daran keinen Zweifel. Im Jahre 1329 verfügte Conradus Albus de Colberg über sein Steinhaus an der Heilgeiststraße, über steinerne und hölzerne Buden vor dem Semlowertor sowie über die hölzerne Bude an der Mönchstraße. Hier wie in weiteren Testamenten ist auf den Baustoff Holz hingewiesen. Der war im 14. Jahrhundert offensichtlich noch verhältnismäßig billig und stand in Stralsunds Umgebung ausreichend zur Verfügung. Die Ländereien trugen seinerzeit eine ungleich dichtere Walddecke als gegenwärtig. Historisch-geographische Forschungen haben dies eindeutig bewiesen. Und an dem, was mit Lehm und Ton zur Füllung der Balkenstrukturen, zum Holzfachwerk, notwendig war, bestand überhaupt kein Mangel.

Das mit der Giebelseite zur Straße gewandte Bürgerhaus hat die Zeiten vielfach überdauert. Man sieht es in Stralsunds Altstadt – zumeist verändert freilich – an der

Baden-, Mühlen-, Mönch- und Frankenstraße, am Alten Markt und anderswo. Die Buden und Keller des Mittelalters verschwanden nahezu von der Bildfläche. Sie wichen zum einen dem steigenden Wohlstand der Bürger und fielen zum anderen mehr als die größeren Steinhäuser Brandkatastrophen und kriegerischen Ereignissen zum Opfer. Zum Verständnis dieser Wohnstätten gilt es, das archivalische Quellengut zu Hilfe zu nehmen. Daß Buden in den ersten Jahrhunderten der Stadtentwicklung ihren Standort auch an breiteren Straßen hatten, ist bekannt. Doch dies schienen Einzelfälle gewesen zu sein. In der Hauptsache füllten sie das Areal der engeren Straßen, auch die Hofräume und den Stadtmauerbereich. Im Jahre 1344 vermachte Hermann Vrakele seinem Sohn eine Rente aus den Buden hinter seinem Haus. Sechs Jahre danach übereignete Heinrich von Staden den Söhnen seine Bude auf der Stadtmauer. Im Testament des Wilken Sachtelevent von 1413 ist sogar eine Bude im Semlowertor erwähnt.

Die mittelalterlichen Buden glichen sich keineswegs wie ein Ei dem anderen. Unterschiede zeichneten sich bereits im Baumaterial ab; so gab es Buden aus Stein und in Holzfachwerkarchitektur. Wenn ferner Ratsherr Gottschalk Wydenbrugghe 1433 seiner Tochter die Einkünfte aus sechs Buden unter einem Dach an der Bleistraße überließ, dann handelte es sich dabei doch zweifellos um eine Bauform, die man heute als Reihenhäuser zu bezeichnen pflegt. Das gleiche trifft wahrscheinlich für die Stiftung des Jahres 1506 zu, nach der Kordt Ruggeman einen Gang von der Frankenstraße bis zur Stadtmauer mit fünfzehn Buden erbauen ließ. Hohe und niedrige Buden erscheinen 1470 als Gegenstand eines Vermächtnisses an die Jakobikirche.

Die zumeist zweigeschossigen und mit der Traufwand (Längsseite) zur Straße gerichteten Gebäude sind hauptsächlich Wohnungen von Handwerkern gewesen. Doch sie waren mehr, nämlich Werkstätten der verschiedenen Berufszweige. Dies wird in den Quellen nicht selten erwähnt. So verfügte beispielsweise Heinrich Butzekow 1384 über seine Schmiedebude. Das untere Geschoß des etwa zehn Meter langen und fünf Meter breiten Gebäudes war für die Arbeitsstätte, das obere für Wohnräume des Handwerksmeisters und Unterkünfte der bei ihm beschäftigten Hilfskräfte bestimmt. Auch die Krämer besaßen meistens Buden.[19] Krambuden nannte man sie.

Diese Gebäude hatten im Gegensatz zu den schmalen und tiefen Giebelhäusern durch die bessere Belichtung für die berufliche Tätigkeit Vorteile und ermöglichten infolge der breiteren Straßenseite außerdem einen guten Kontakt mit den Käufern. Darauf waren nicht nur die Krämer mit dem Angebot ihrer Waren, sondern auch Handwerker angewiesen, die ihre Erzeugnisse an Ort und Stelle feilboten.

Über die Innenraumgestaltung der Buden liegen uns aus der älteren Zeit kaum Nachrichten vor. Wieviel Menschen lebten darin? In einzelnen Fällen lassen Urkunden und Stadtbucheintragungen wenigstens gewisse Schlüsse zu. So ordnete der

19 Hoffmann, Frank, Wohnen historisch. In: Sundische Reihe 3, Stralsund 1988.

81 Gotisches Giebelhaus an der Badenstraße

82 Gotische Bude an der Bechermacherstraße

83 Mittelalterliche Maurer beim Hausbau (Holzschnitt 15. Jahrhundert)

Ratsherr Wydenbrugghe 1433 an, daß in seinen beiden Buden hinter dem Eckhaus an der Frankenstraße je drei Blinde und drei Lahme wohnen sollten.

Man braucht sich die Buden des Mittelalters keinesfalls immer bescheiden vorzustellen. Der offenbar wohlhabende Bürger Johann Robikini läßt uns wissen, daß er 1347 die beiden Buden hinter seinem Haus selber bewohnte. Und Ratsherr Gerd Blome bekundet 1485, daß seine Bude am Kirchhof von St. Jakobi Wohnsitz von Herrn Herman Hovet sei.

Ganz anders und eindeutig sind die Wohnverhältnisse in dem dritten Gebäudetyp, in den Kellern, zu beurteilen. Sie befanden sich sowohl über der Erde als auch darunter, genauer: unter den Häusern und Buden. Über einen ebenerdigen Keller verfügte zum Beispiel im Jahre 1502 Hans Keding. Er lag an der Frankenmauer in Nähe des großen Turmes bei der Badestube. Zahlreicher sind Mitteilungen über andere Keller. Hans Lutbuwe wies 1495 seiner Schwester den unter der *dörnse* (heizbarer Raum des Hauses) als ständige Wohnstätte zu. Und Geseke Kopke vergab 1503 den Keller unter ihrem Haus zu demselben Zweck. In Stiftungen von Kaufleuten und Handwerkern werden oft Mägde und Knechte mit Kellern als Wohnunterkünfte bedacht. In den Kellern lebten – wir können und müssen dies deutlicher sagen: hausten die ärmsten Bevölkerungsschichten, hausten Menschen, die nicht selten in *groter bitter armuth liggen,* wie es 1549 lautete. Wenn städtische Einnahmeregister der Jahre 1534/35 nicht weniger als 600 Kellerwohnungen ausweisen, und ein Jahrhundert später bei Erhebungen in Stralsund 507 Häuser, 1053 Buden und 635 Keller gezählt wurden, dann verbirgt sich hinter diesen Zahlen erneut die starke soziale Differenzierung der Stadtbewohner, verbirgt sich die Not vieler Unbemittelter.

Die zumeist wohlhabenden Kaufleute bewohnten das Giebelhaus. Es säumte mehr und mehr die Straßen und Plätze. Wie in allen Ostseestädten kam es auch in Stralsund zunehmend zur Bebauung der schmalen und tiefen Grundstücke. Die kurze Straßenfront wurde von dem Hauptgebäude eingenommen. Betrat man es, gelangte man in die große, mindestens vier Meter hohe und wohl auch als Durchfahrt zum Hofgelände genutzte Diele. Sie bildete den Universalraum des Gebäudes. Auf ihr vollzog sich viel vom Geschäftsbetrieb des Hausherrn und auch vom Familienleben. Hier befand sich die Feuerstelle für die Beheizung sowie zur Zubereitung der Speisen und wurde das Essen eingenommen. Hier kamen die Waren an oder wurden versandfertig verpackt, empfing der Kaufmann seine Handelspartner und spielten die Kinder. Die große *Lucht* (Dielenfenster), deren Höhe fast die Decke erreichte, öffnete die Rückfront. Im Zentrum erhob sich vom Keller bis in die Dachgeschosse der gewaltige Hausbaum. Um die Einfahrt freizuhalten, war er nicht in der mittleren Längsachse des Gebäudes, sondern seitlich davon angeordnet. Der Hausbaum, der wie auch die Fensterpfosten hin und wieder mit Schnitzereien reich verziert gewesen ist, hatte die Last der Speicherräume mit zu tragen.

Die Dachzone mit den drei-, vier- oder fünffach übereinander gelagerten Böden war als Lager für Getreide, für Tuchballen und Fässer der wichtigste Teil des Hauses.

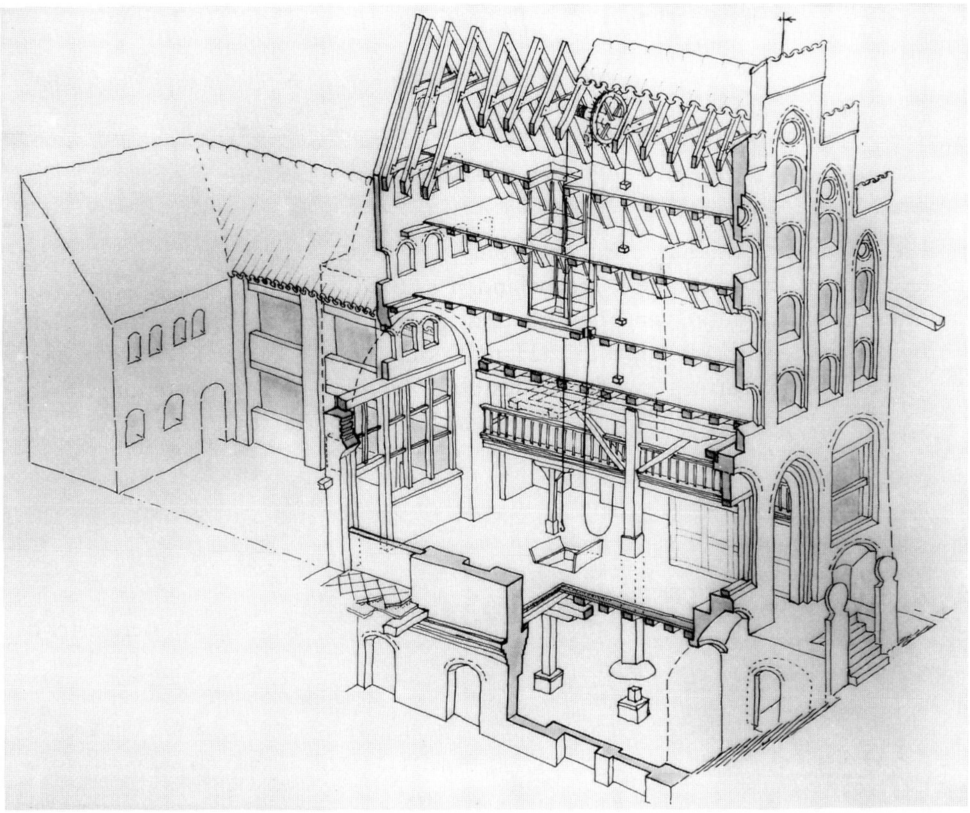

84 Gotisches Bürgerhaus (Zeichnung von Frank Hoffmann)

Lukenöffnungen in den Böden ermöglichten den Aufzug des Handelsgutes. Mit Hilfe eines Seilzugs sind die Waren von der Diele aus in die Geschosse gewunden worden. Zuweilen treffen wir in den mittelalterlichen Giebelhäusern der Stadt noch auf Reste dieser Beförderungsanlage, wie das im oberen Teil des spitzen Daches angebrachte und für den Lasttransport bestimmte Rad.

Obzwar das gotische Giebelhaus hauptsächlich den Anforderungen des Handels zu entsprechen hatte, war es oftmals zugleich Produktionsstätte für die Herstellung des Bieres. Die sundischen Kaufleute besaßen generell das Braurecht. Der Gerstensaft war im Mittelalter bekanntlich nicht allein ein wichtiges Volksnahrungsmittel, er verschaffte zugleich dem Großhandel treibenden Bürger als Exportartikel ergiebige Gewinne. Die durch zahlreiche Luken gut durchlüfteten Böden lassen noch heute die ehemalige Zweckbestimmung erkennen.[20] Hier hatte das Getreide den Vermälzungs

20 Pooth, Peter, Das alte Stralsunder Bürgerhaus. In: Heimat-Jahrbuch für Stralsund. Franzburg-Barth, Stralsund 1938, S. 122ff.

85 Spätgotisches Bürgerhaus an der Frankenstraße

vorgang zu durchlaufen. Die Malzdarre im ersten Speicherboden erhielt durch den Schornstein von der unteren Feuerstelle die notwendige Heizluft. Die Diele war sodann der Platz, auf dem die Maische in Kesseln und Pfannen angesetzt worden ist. In einzelnen Fällen sind dort, wo der Hofraum dies zuließ und der Geldbeutel des Hausherrn es gestattete, separate Brauhäuser errichtet worden. Das jüngst wiederhergestellte Gebäude hinter dem Wulflamhaus am Alten Markt kündet davon. Die Braugeräte stellten übrigens besondere Wertgegenstände dar. In Bürgertestamenten werden sie wiederholt erwähnt.

Die fortschreitende Wohnkultur, das Bedürfnis nach intimerem Familienleben, auch die Ausbreitung des Geschäftsverkehrs der Kaufleute führten zu Veränderungen des Hauses. Von der Diele wurden kleine Sonderräume, Kontore etwa, abgetrennt und darüber Säle geschaffen. Vom Wulflamhaus wird schon 1405 berichtet, daß sich dort ein Festsaal befand. Das Obergeschoß konnte nun von einer dielenwärts angebrachten Hängegalerie betreten werden, wie sie gegenwärtig in den rekonstruierten Häusern an der Franken-, Mühlen- und Fährstraße sowie am Alten Markt wahrzunehmen ist.

Gegen Ende des Mittelalters waren an den breiten Straßen die Buden großenteils beseitigt und die letzten Freiräume bebaut. Hier dominierte jetzt das Giebelhaus und verlieh dem alten Stralsund sein Gepräge. Wie in den anderen Seestädten, wie in

Lübeck, Wismar, Rostock, Greifswald und Danzig, wiederholten sich auf den schmalen und tiefen Parzellen die in ihrer Struktur gleichen Baukörper. Wenn man die Geschlossenheit im Erscheinungsbild des Gemeinwesens zu rühmen wußte, so nicht zuletzt deshalb, weil sich die Bürgerhausarchitektur, von gleichem Baumaterial, dem rotbraunen Backstein, in einer bemerkenswerten Einheitlichkeit zeigte. Das bedeutete jedoch keinesfalls den Verzicht auf Abwandlungen in der Einzelgestaltung. Doch die Modifikationen mußten sich auf die straßenwärts gerichtete Giebelseite beschränken. Auf sie konzentrierte sich die Gestaltungsfreude der Bauleute. In ihr fand das Schmuckbedürfnis des mittelalterlichen Bauherrn seinen sichtbaren Ausdruck. Schon ein flüchtiger Blick auf den »Staudeschen Plan« von 1647 offenbart die ganze Vielfalt der Giebelformen. Die heute noch erhaltenen gotischen Giebelhäuser mit ihren durch Pfeiler, Blenden, Luken und Fenster gegliederten, auch durch Formsteinfriese verzierten Fassaden lassen diese Mannigfaltigkeit erkennen. Die betont vertikale Linienführung, so bei den Häusern Mühlenstraße 1 und Badenstraße 40, wurde durch die Treppenform wie im Haus Mühlenstraße 3 oder in der von Zinnen gekrönten Straßenfront des Wulflamhauses aufgelockert. In diesen Bürgerhäusern sind in jedem Fall beachtliche Leistungen mittelalterlicher Baukunst bis in unsere Tage lebendig geblieben.

Wenn man die Entwicklung des Stralsunder Bürgerhauses im Verlauf der Jahrhunderte verfolgt, so wird deutlich, wie stark der vom Zeitalter der Gotik geprägte

86 Aufzugsrad in einem Stralsunder Bürgerhaus

87 Mittelalterliches Bierbrauen (Holzschnitt 1568)

88 Giebelhäuser (Rückseite) an der Fährstraße

89 Wulflamhaus

Giebelhaustyp noch in den späteren Epochen nachwirkte. Auch im 16., 17. und beginnenden 18. Jahrhundert wurde an ihm festgehalten. Renaissance und Barock veränderten lediglich die Straßenseite in ihrem Stil – so, wie wir es in dem Haus Badenstraße 42 oder in den Barockgiebeln an der Fähr-, Baden-, Heilgeist-, Ossenreyer-, Mönch- und Frankenstraße beobachten können. Erst das 18. Jahrhundert brachte mehr das Traufenhaus ins Stadtgefüge.

Wenn wir bei dem Giebelhaus von dem Hauptgebäude sprachen, dann bedeutet dies, daß zum Grundstück des sundischen Kaufmanns weitere Bauten gehörten. Die Höfe waren halbseitig von zweigeschossigen Gebäuden, den Kemladen, besetzt. Dort, wo sie noch vorhanden sind, wie hinter den Giebelhäusern an der Mühlen- und Fährstraße, gewinnt man einen Eindruck von der ursprünglichen Verwendung dieser schmalen Bauten. Sie wurden zum Wohnen benutzt, beherbergten die Schlafstätten der Familienangehörigen. Hin und wieder erfüllten einzelne Räume darin noch einen anderen Zweck. Bei Abbrucharbeiten einer Ruine des Hinterhofgebäudes an der Semlowerstraße traten 1964 überraschend Reste einer Freskomalerei des 14. Jahrhunderts ans Tageslicht. Religiöse Motive, die Marienkrönung, eine Kreuzigungsszene und die Darstellung der Christgeburt, kamen dabei zum Vorschein. Sie stammen wahrscheinlich aus der Hauskapelle des seinerzeit wohlhabenden Bürgers. Eine andere Erklärung dürfte es dafür schlechterdings nicht geben.

Die Rückseite des Hofes nahm schließlich ein kombiniertes Stall- und Speichergebäude für Viehfutter ein. Damit erhalten wir den Hinweis auf eine Viehhaltung, die auch in Stralsund von Anfang an eine beachtliche Rolle spielte. Dies hatte freilich Auswirkungen, und die waren zuweilen alles andere als erfreulich. Bereits im Mittelalter häuften sich die Klagen über den unsauberen Zustand von Straßen und Plätzen. Die Verminderung des Gestanks und die Beseitigung des Unflats bereiteten vielfältige Probleme. Die aus späterer Zeit überlieferten und wiederholt *revidierten* (veränderten) »Gassen- und Unratsordnungen« zeugen von den völlig unzulänglichen Verhältnissen. Erst im Jahre 1709 sahen sich städtische und landesherrliche Behörden veranlaßt, das Halten von Schweinen in der Altstadt zu verbieten. Doch die Bürger dachten offensichtlich nicht daran, diese Verfügungen ernst zu nehmen. Sie versteckten die Tiere nachts in Kellern und trieben sie tagsüber auf die Straße, wo sie Nahrung suchten und in Abfällen aus Küchen und Werkräumen fanden. Auf die Straßen gelangte alles mögliche, das Blut des geschlachteten Viehs, der Dung aus den Ställen, das warme Kühlwasser der Branntweinbrenner und anderes. Schieterhagen lautete bezeichnenderweise der drastische Name einer Straße (heute Teil der Badstüberstraße). In der mittelniederdeutschen Sprache bedeutete das Bestimmungswort auch Schmutz und Dreck. Vorgänge der Straßenreinigung, nicht zuletzt von menschlichen Exkrementen, weil vor allem in den Armeleutequartieren Abortanlagen fehlten, füllen dicke Aktenbände.

Über den Umfang der Viehhaltung liegen aus den frühen Jahrhunderten keine genauen Zahlenangaben vor. Quellen des 17. und 18. Jahrhunderts gestatten indes

90 Renaissance-Giebel an der Badenstraße

91 Hof des Hauses Badenstraße 44

92 Giebelhäuser des Barock an der Mönchstraße

Rückschlüsse auf die mittelalterliche Situation. So unterhielt der Fuhrmann Pogge im 18. Jahrhundert einen Stall von immerhin 30 Pferden. Die erste exakte Viehzählung erfolgte 1817. Danach wurden für die Stralsunder Altstadt, das heißt für den Bereich innerhalb der Mauer, noch 538 Pferde und 678 Rinder vermeldet.

Behalten wir die Wohngebäude im Blick, gilt es festzustellen, daß sie oft den Besitzer wechselten. Die Häuser dienten in zahlreichen Fällen zur Anlage, Sicherung und Vermehrung des Handelskapitals reicher Städtebürger. Sie erwarben, veräußerten, *beliehen,* vermieteten sie. Auf diese Weise entwickelte sich ein äußerst lebhafter Kapitalmarkt. Testamente vermerken massenhaft Renten, nach unseren Begriffen: Hypotheken. Durch den Grundrentenerwerb regelten die Testatoren meistens Fragen der Versorgung von Alten, Witwen, Kindern und Verwandten. Sie konnten es, denn sie verfügten nicht selten, wie wir erwähnten, über erstaunliche Besitzungen. Johann von der Beck befand zu Beginn des 15. Jahrhunderts über eigene Häuser an der Baden-, Heilgeist- und Langenstraße und außerdem über fünf Buden. Johann Hoghedorp wußte 1339 von einem Hof mit Kohlgarten und einer Badestube in Trelleborg als Eigentum zu berichten und erließ in seinem Testament den Bewohnern eines Stralsunder Eckhauses sowie von Buden und Kellern einen Teilbetrag der Mieten. Diese Beispiele lassen sich beliebig fortsetzen. Großkaufleute waren es zumeist, die ihr Geld auf diese Weise gewinnbringend anlegten. Daß auch Handwerksmeister und Krämer zuweilen zu beträchtlichem Wohlstand gelangten, ist bekannt.[21] So verfügte der Kistenmacher Clawese Tewes 1415 über nicht weniger als sechs Buden, und Krämer Hans Leneke teilte 1480 mit, daß er Einkünfte aus mehreren Buden in Anspruch nehmen könne.

Wie fand man sich im mittelalterlichen Stralsund zurecht, vor allem wenn man als Fremder hierher kam? Die Stadt war in vier Quartiere geteilt, und alle Straßen hatten Namen. Sie standen zwar nicht auf Schildern zu lesen, wie wir es heute als Selbstverständlichkeit gewohnt sind. Die Stadtbewohner kannten sie, das genügte. Die Namen wurden keineswegs durch die Obrigkeit festgesetzt, nicht etwa durch Ratsbeschluß bestätigt. Sie wuchsen sozusagen aus dem Volk heraus. Der Volksmund gab den Örtlichkeiten ihre Bezeichnungen. Da sich ehemals auf den Straßen in stärkerem Maße das öffentliche Leben abspielte, erzählen die Namen oft mehr von der Geschichte der Stadt als die Bauwerke, und bisweilen ist ein Straßenname das einzige erhaltene Zeugnis, das über längst vergangene Zeiten unterrichtet. So gesehen, bieten die alten Straßenbezeichnungen bedeutungsvolle kulturgeschichtliche Quellen. Bei einer Betrachtung und Wertung der bereits aus den Anfängen der Stadtentwicklung überlieferten Bezeichnungen lassen sich unschwer verschiedene Namengruppen ausmachen. Neben solchen, in denen Familiennamen erscheinen wie in Semlower-, Knieper-, Külp-, Baden-, Franken- und Tribseerstraße stehen andere, die vom

21 Fritze, Konrad, Am Wendepunkt der Hanse. Berlin 1967, S. 135.

Zusammenwohnen und -leben der Handwerker künden. Weitere weisen auf städtische und gewerbliche Anlagen, so die Fähr- und Mühlenstraße, oder bringen sakrale Tatbestände ins Blickfeld wie die Mönch- und Papenstraße. Zum Verständnis der mit Familiennamen gebildeten Straßenbezeichnungen, zu denen vom gegenwärtigen Befund noch Ossenreyer- und Ravensbergerstraße, Bielken- und Lobshagen zu zählen sind, sollten wir daran denken, daß sie nicht zum Ruhm bedeutender Persönlichkeiten geprägt wurden. Das Motiv einer Ehrung oder Auszeichnung war dem Mittelalter völlig fremd. Wir werden uns den Vorgang der Benennung doch wohl so vorzustellen haben, daß sich der Name schlicht und einfach auf ein an der Straße gelegenes, besonders herausragendes Haus, möglicherweise das Eckhaus des Anwohners bezog. In dem Besitztum der betreffenden Familie oder Person sah man gewissermaßen das natürliche Kennzeichen der Straße.[22]

Die Orientierung in der Stadt dürfte dem unkundigen Gast ab und an erhebliche Schwierigkeiten bereitet haben, dies um so mehr, als Hausnummern überhaupt nicht vorhanden waren. Man versuchte freilich, dem Übelstand zu begegnen und verlieh kleinen Bezirken besondere Namen. Für Abschnitte der Mönchstraße zum Beispiel sind die Bezeichnungen Hakstraße, Kettenstraße und *Vegevur* (Fegefeuer) nachzuweisen. Orientierungshilfen vermittelte ferner die Kennzeichnung einzelner Gebäude. Handwerkssymbole in Form von Aushängen an Buden und Familienwappen auf den sogenannten Beischlägen vor den Hauseingängen waren das eine, Namen von Wohngebäuden das andere. Dabei entdecken wir Benennungen von Grundstükken nach den Lokalgegebenheiten. Das Haus, genannt *kule* (Vertiefung) ist schon 1313 urkundlich belegt, der *vule Hof* 1405. Zu dem zweiten Namen gehören Bezeichnungen wie *uppe dem meshove* und *up dem falde* (Mistplätze). Sie führen in jene Gruppe von Benennungen, die bezeichnend für die derbe, ungeschminkte Ausdrucksweise des mittelalterlichen Menschen sind und erläutern zugleich die Beschaffenheit des Stadtgeländes. Das Wort *vul* bedeutete ursprünglich auch »vor Fäulnis stinkend«, »schmutzig« und erinnert wieder an den infolge mangelnder Straßenreinigung außerordentlich schlechten Zustand der Straßen. Das Haus *zack* (urkundlich erwähnt 1392) lag an einer Sackgasse, das zum *schild* (1398) auf einem Platz, dessen schildartige Gestalt noch heute an der Gabelung Fähr- und Schillstraße deutlich erkennbar ist. Andere Hausbezeichnungen gehen auf bauliche Besonderheiten, auf Bauart, Baustoff und Färbung der Gebäude zurück. Von einem *withof* (weißen Hof), ist 1337, von dem *gronehof* (grünen Hof) 1411 die Rede. Mit dem »Blauen Krug« liegt bereits ein Wirtshausname vor, ebenso mit »Rostocker Herberge« (1541), vielleicht auch mit »Ribnitzer Heide« (1469) und sicher mit »Drei Kronen« (1519). Oft genügte es, Häuser nach dem Besitzer zu benennen. *Krosehuseken* (1562) und *Stratzborg* (1574) sind Beispiele dafür. In den 1476 erwähnten acht

22 Koeppen, Hans, Die Straßennamen in Stralsund. Greifswalder Staatsexamensarbeit (Ms.) 1938, S. 22ff.

93 Wangelstein (Beischlag) vor Haus Fährstraße 22

94 Semlowerstraße und Semlowertor (Lithographie 19. Jahrhundert)

Buden, genannt *de wilden buden,* braucht es nicht unbedingt turbulent zugegangen zu sein. Sie hatten ihren Namen lediglich nach dem Eigentümer, nämlich nach Arnd Wilde, erhalten.

Auf diese Weise gelang es, sich in Stralsund wenigstens einigermaßen zurechtzufinden – jedenfalls am Tage. Nachts war die Stadt in dunkle Finsternis gehüllt. Wer in den Straßen nicht umherirren wollte, mußte selber für Helligkeit sorgen. Er bediente sich der Fackel oder besser der Laterne.

Die Wohnkultur

Das, was uns heute in der Ausstattung der Wohnungen selbstverständlich erscheint, fehlte in den Räumen des mittelalterlichen Stadtbewohners. Vergeblich würde man nach Schränken und Kommoden, nach Tischen und Sesseln Umschau halten. Das Mobiliar beschränkte sich auf einfache Truhen, auf Kisten oder Laden.[23] Hundertfach tauchen sie in Testamenten auf. Sie bargen als Universalmöbel des Bürgerhauses schlechthin die gesamte bewegliche Habe an Kleidung, Wäsche, Hausgerät, Geld, Schmucksachen usw. Die Truhe stand auf der Diele, in der *dörnse,* in der Kammer, ersetzte gegebenenfalls auch den Stuhl oder diente, wie es mehrmals mitgeteilt wird, als *votkyste* (Fußbank). Einen Tisch als Möbel in unserem Sinne scheint es anfangs überhaupt nicht gegeben zu haben. In den Testamenten, die das Erbgut bis in letzte Kleinigkeiten, fast möchte man sagen, bis in Belanglosigkeiten, aufzählen, ist von ihm niemals die Rede. Speisen und Getränke gelangten auf ein Brett, auf die Tafel, die man auf zwei Holzböcke legte. Nach beendeter Mahlzeit wurde die Tafel »aufgehoben«, das heißt, Brett und Böcke zur Seite gestellt. Die für unsere Begriffe ungewöhnliche Verfahrensweise hatte zweifellos Gründe, für die wir in der Raumbegrenzung der Häuser eine Erklärung finden. Die Diele war, wie wir sahen, Wirtschaftszone. Hier wäre ein festes Tischmöbel ebenso hinderlich gewesen wie in den engen Seitenkammern und den schmalen Kemladen.

Auch die Betten haben wir uns lediglich als einfache Kästen vorzustellen. Man hielt sie kaum für erwähnenswert. Wenn Vermächtnisse sie aufführen, handelte es sich nicht um die hölzernen Gestelle, sondern vielmehr um die Kissenberge darauf, auch um kostbare Überdecken (Laken) und den nicht minder wertvollen Bettvorhang. Ein zugezogener Vorhang schloß das Bett gegen den Raum ab, bildete dadurch ein eigenes kleines Gemach. Teile der Bettstatt sind wiederholt genau beschrieben. Im Jahre 1359 bestimmte Johann Karkowe für seine Tochter Taleken außer Kleidern, Wäsche, Hand- und Badetüchern zwei Betten und zwölf Kissen. Geze von Rügen verfügte

23 Appuhn, Horst u. Jürgen Wittstock, Mittelalterliche Hausmöbel in Norddeutschland. In: Aus dem Alltag der mittelalterlichen Stadt, Bremen 1983, S. 43ff.

95 Diele im Hause Frankenstraße 28

96 Spätmittelalterliche Truhe

97 Fensterpfosten

98 Pokal aus Silber

1381 über ein Paar Laken, *genäht mit hohler Naht,* und Johann von Revele 1390 über zwei Paar Schlaflaken mit hohlen Nähten. Schlicht und einfach wie die Bettstellen und Tischbretter nahmen sich in den mittelalterlichen Stuben die Sitzgelegenheiten aus. Simple Blockstühle und die mit den Wänden fest verbundenen Bänke waren dies.

Doch die möbelarme Ausstattung der Wohnräume darf keinesfalls zu der Annahme verleiten, daß sich die Bürger gewollt in bescheidener, in dürftiger Häuslichkeit bewegt, sich darin womöglich wohlgefühlt hätten. Der Wortlaut zahlreicher Testamente läßt eher das Gegenteil vermuten. In nicht wenigen Stralsunder Häusern, im privaten Wohnbereich, entfaltete sich ein beträchtlicher Luxus. Er trat vor allem bei Textilien und im Tafelgeschirr in Erscheinung. Textile Behänge schmückten die Wände und boten zugleich Schutz vor Kälte und Feuchtigkeit. Nicht nur grüne und weiße, sondern auch *goldene* Decken, Wandbehänge mit Goldstickerei, werden erwähnt. Das gleiche trifft für die immer wieder genannten Stuhl- und Bankkissen sowie für Bankbezüge zu. Hans Kummerows *guldener poel* (Bankpfühl) und vier *goldene* Kissen von 1447 sind Beispiele dafür. Stoffe fehlten auch in der Ausstattung von Behausungen der minder bemittelten Bevölkerungsschichten nicht. Im Jahre 1350 stiftete Gerburg Wedekin den Armen vier weiße und graue Laken zum Beziehen ihrer Bänke.

Die primitiv aufgebaute Tafel wurde in Häusern des wohlhabenden Bürgertums durch das aufgelegte, mit Seiden- oder Hohlstickerei verzierte Tuch zu einem Prunktisch. Wenn die Testatoren ihre besten Tafeltücher nennen, vermag man etwas von der Eleganz der Tischkultur jener Zeit zu ahnen. Die gedeckte Tafel bildete ein Paradestück. Es war schon erstaunlich, was an Zinn, Silber und auch vergoldeten Gegenständen darauf kam. Clawes Molre läßt uns 1529 wissen, daß er nur einen Teil seines Tafelgeschmeides anderen übereignete. Dazu gehörten immerhin zwei *stope* (Becher), zwei silberne Schalen, vier silberne Gabeln und sechs silberne Löffel. Kannen, Becher, Gabeln, große und kleine Löffel, Salzfäßchen, Leuchter – alles aus echtem, massivem Silber – sind nicht selten in Testamenten als Besitz reicher Stadtbewohner zu finden. Als besondere Wertobjekte galten silberne Schalen, die oft genannt und mit denen zumeist die nächsten Angehörigen und auch Geistliche bedacht worden sind. Ernst Havert legte 1454 offensichtlich Wert darauf, von den Silberschalen, die er den drei Stralsunder Pfarrkirchen stiftete, die für St. Marien bestimmte als silberne Schale mit goldenen Blumen beschrieben zu sehen. Hans Ghyse vermachte 1472 derselben Kirche eine silberne vergoldete Schale von 23 Lot. Andere vermerkten ausdrücklich, daß ihre Schalen gestempelt seien, und dies bedeutet, daß sie mit dem Familienwappen verziert waren. Im Tafelgeschmeide, wie das wertvolle Tischgeschirr in der schriftlichen Überlieferung generell bezeichnet ist, entdeckt man hin und wieder besondere Gegenstände. So verfügten Cort Schunemann 1480 über einen *silbernen Mann von zwei Lot,* Geseke Krudes 1499 über ihren *Engel von elf Lot,* Hans Keding über den Leuchter auf dem *Schiff mit Rädern* und Envolt Tzermer 1414 über sein *Schiffchen.*

Es ist freilich nicht anzunehmen, daß die sehr beachtlichen Werte des Edelmetallgeschirrs, zu denen im 14. Jahrhundert noch selten, danach mehr und mehr kostbare Gläser zu zählen sind, tagaus, tagein auf die Tafel gelangten. Sie dürften – jedenfalls in dem Umfang – für Feier- und Festlichkeiten bestimmt gewesen sein. Doch sie waren vorhanden, für den repräsentativen Gebrauch vorgesehen, waren so etwas wie ein Statussymbol und dokumentierten in Qualität und Quantität das Sozialprestige des Eigentümers.

Dabei gilt es erneut und nachdrücklich an das unterschiedliche Sozialgefüge der mittelalterlichen Stadtbevölkerung zu erinnern. Der Haushalt vieler Stralsunder, der Tagelöhner und Handwerksgesellen zum Beispiel, sah ganz gewiß anders aus. Auch dort gab es schlichte Tischbretter und einfache Truhen. Der Hausrat jedoch bestand hauptsächlich aus Holz und Ton, das eine oder andere Stück möglicherweise aus

99 Weinkanne aus Silber

100 Fayence

Metall. Handwerker der Stadt stellten diese Gegenstände her: Bechermacher die hölzernen Trink- und Schenkgefäße, Drechsler die Dosen, Schalen und Löffel, Töpfer die Tongefäße. Daß Töpfer in Stralsund tätig waren, ist eine Tatsache, über die uns mittelalterliche Stadtbucheintragungen nicht im unklaren lassen. Ihre Erzeugnisse wurden in den Haushaltungen allenthalben benutzt – zum Kochen, zur Bevorratung kleiner Lebensmittelmengen und als Trinkgeschirr. Überall dort, wo heutzutage im Altstadtgebiet der Boden bewegt wird, kommen Tonscherben vergangener Jahrhunderte zutage. Bei Bauarbeiten am Johanniskloster während der Jahre 1981 bis 1983 und bei Ausschachtungen an der Mauerstraße 1985 gelangten Keramikfunde massenhaft an die Oberfläche. Die sachkundige Hand des Fachwissenschaftlers vermochte es, Teile der grautonigen Irdenware zu einem Ganzen zusammenzufügen – Kugeltöpfe, Stiel- und Henkelgrapen (Kochgefäße), bauchige Kannen und Krüge. Das waren Dinge der mittelalterlichen Küche. Mit den dreifüßigen Keramikgrapen, wie sie im Bereich der ehemaligen städtischen Armenanstalt von St. Johannis zum Vorschein kamen, wurde das Essen zubereitet. Im Haushalt begüterter Familien verwandte man statt dessen Gefäße und Geräte aus Metall, aus Kupfer, Messing oder Bronze. Diese Gegenstände hatten einen erheblichen Materialwert. Testamente verraten es. Kessel zum Erwärmen des Wassers sind es zunächst, über die Nachrichten vorliegen. Sie hingen an verstellbaren Haken über dem gemauerten Herd oder standen mit dem Dreifuß darauf. In den Küchen befanden sich diese Gefäße mitunter reihenweise. So vermachte Longus Petrus seinen Erben gleich mehrere Kessel, große und kleine, einen aus Messing und einen anderen mit dem Dreifuß. Gerwin Gadebusch bestimmte 1366 für die Mutter zwei kupferne Kessel. Hans Hazendorp überließ 1389 seinen Kindern sieben Messingkessel und die Hälfte seiner Braupfanne. Die Gerätschaften zur Biergewinnung gehörten bekanntlich zum Inventar zahlreicher Stralsunder Bürgerhäuser. Letztwillige Verfügungen unterrichten uns darüber, daß in einzelnen Fällen mehrere Familien an Nutzung und Gewinn von Braupfannen und Gärkesseln beteiligt waren.

Während Geräte und Gefäße aus Ton, Eisen, Kupfer, Messing und Bronze vorwiegend in der Küche Verwendung fanden, war in den Wohnungen reicher Stralsunder Hausrat aus Zinn der Tafel vorbehalten. Die Speisen, Getreide und Milchprodukte, Obst, Gemüse und Fleisch wurden tagtäglich auf flachen und tiefen Schüsseln aufgetragen. Die uns unentbehrlichen Teller waren damals unbekannt. Testamente erwähnen sie jedenfalls mit keiner Silbe. Ihre Stelle nahmen bis weit ins 16. Jahrhundert hinein runde oder eckige, zumeist hölzerne »Plättchen« (dünne Platten mit Wulsten) ein. Gewürze standen in kleinen Gefäßen bereit. Elf zinnerne Salznäpfchen wußte 1499 Geseke Krudes als Erbgut aufzuzählen.

Auch das Trinkgeschirr war großenteils aus Zinn hergestellt. In Krügen, Kannen, darunter sogenannte Schenkelkannen, und *stope*, das waren Becher mit und ohne Deckel, wurden die Getränke – Wasser, Bier, Milch und Wein angeboten. Französischer Wein und auch Rebensaft aus Rheingegenden gelangten nachweislich bereits zu

101 Ausstattung einer Handwerkerwerkstatt im Kulturhistorischen Museum an der Böttcherstraße

102 Keramikfunde aus dem Johanniskloster

Beginn des 14. Jahrhunderts auf die Tafel wohlhabender Bürger. Mit Wein empfing, bewirtete man die Gäste, erfreute Freunde und Gönner. Als Heinrich Pleet 1382 über sein Hab und Gut verfügte, bewilligte er den drei Vollstreckern seines Vermächtnisses soviel Wein, *wie man für zwei Mark kaufen konnte*. Die Qualität des Weines schien freilich zuweilen Wünsche offen zu lassen. Als der sundische Bürgermeister Ketel am 12. Februar 1565 Gesandte des Herzogs von Mecklenburg bis spät abends in seinem Haus zu Gast hatte, beklagten sie sich über den *suren* (sauren) Rheinwein. Ketels Amtskollege Nikolaus Gentzkow ließ daraufhin rasch einen anderen aus dem Ratskeller herbeischaffen, *die en bet schmeckede as die vorige* (der ihnen besser als der vorige mundete).

Das Küchengeschirr brachte man auf die an der Wand befestigten Borde. Testamente erläutern dies. So verfügten unter anderen Peter Wytte 1504 über das, *was auf dem großen Kannenbord steht* und Margarete 1518 über acht Weinkannen auf der oberen Reihe der Borde. Schränke waren, wie wir wissen, zunächst nicht vorhanden. Den ersten Hinweis auf ein *spint* (Schrank) liefert ein Urkundenpergament aus dem Jahre 1351, den zweiten ein anderes von 1403. Diese Schreine waren weder für die Aufnahme von Töpfen und Schüsseln noch von Wäsche und Kleidern bestimmt; sie beherbergten vielmehr Bücher und Kleinodien. Mehrmals wird mitgeteilt, daß sich darin das Geschmeide (wertvoller Schmuck) befand. Erst seit dem 16. Jahrhundert kamen hier neben den Truhen Schränke zur Aufbewahrung von Gegenständen des täglichen Gebrauchs auf.

Die Erwärmung der Räume erfolgte anfangs durch offene Feuerstellen, durch Kamine. Ob in Stralsund eine Unterflurbeheizung mit Holzkohle vorhanden war, wie sie für andere Städte bezeugt ist, ließ sich nicht feststellen. Mobile Wärmequellen, Becken und Pfannen aus Metall oder Keramik, gehörten hingegen zur Ausstattung der Wohnungen. Pfannen, mit glühender Holzkohle gefüllt, brachten Wärme in unheizbare Zimmer. Wenn Hans Spantekow 1443 seine größte Feuerpfanne veräußerte, ist anzunehmen, daß in seinem Hause mehrere Geräte dieser Art vorhanden waren. Kachelöfen tauchen erst später auf. So vermachte Peter Vischer 1554 seinen Brüdern, *die syn amt bruken willen* (die in seinem Beruf tätig sein wollen), alle Formen, die man zur Herstellung der Öfen benötigte. Interessante Kachelfunde aus dem 16. Jahrhundert wurden jüngst an der Mauerstraße zutage gefördert.

Die große Lucht an der Rückseite der Diele sorgte tagsüber für die Belichtung des Raumes. Glas galt lange als ein auserlesener Luxus, den sich nur die reichsten Bürger gestatten konnten. Sie ließen mit der teuren Importware zunächst auch wohl lediglich die Oberlichte verglasen, die restlichen Öffnungen mit heimischem Material, mit dünngegerbter Haut und geöltem Pergament, verschließen. Als sich im 15. Jahrhundert in Norddeutschland die Glasfabrikation entwickelte und in waldreichen Gegenden Glashütten ihre Tätigkeit aufnahmen, ging man dazu über, die Fenster der Schauseite des Hauses zur Straße im ganzen mit »Butzenscheiben« zu versehen. Die armen Stadtbewohner verwandten anstelle des kostspieligen Glases Schweinsblasen.

103 Stralsunder Ofenkacheln nach Ausgrabungen von 1985

In ihren dürftigen Behausungen erfüllten abends das Herdfeuer und dann der Kienspan die Funktion der Beleuchtung. Die wohlhabenden Hausbesitzer bedienten sich der Talg- und Wachskerzen in Tisch-, Wand- und Deckenleuchtern.

Gestaltung und Ausstattung der Wohnräume lassen die Unterscheidungskriterien in der Sozialabstufung der Bevölkerung deutlich genug hervortreten. Neben dem textilen Wandschmuck, den mehr oder weniger prächtigen Behängen, besaßen bemittelte Bürger weitere Kunstgegenstände. Heinrich Dumman bedachte seinen Sohn Mathias 1494 nicht nur mit einem Drittel seines Schiffes, nicht allein mit Malz, Bier und Kleidern, mit silbernen Löffeln und einem goldenen Ring, sondern auch mit

104 Schmiedeeiserner Ofen

105 Fayence-Ofen

dem *Jurgen* (St. Georgsbild). Gerd Brockmolre erläuterte 1509 bis ins einzelne die Herstellung einer *tafel* (Bild), für die er 200 Rheinische Gulden ausgab. Die Passion des Herrn sollte darin geschnitten und die Passion des heiligen Bartholomäus darauf gemalt sein. Nikolaus Gentzkow erwarb 1563 ein Gemälde von einem Holländer. Der Bürgermeister hatte 1560 sein Wohnhaus an der Fischerstraße, der heutigen Schillstraße, gegen ein anderes an der Breitschmiedstraße (Teil der Mühlenstraße) eingetauscht und unverzüglich begonnen, es um- und auszubauen. Er ließ eine Wendeltreppe aus Stein errichten, die Fenster zur Straßenseite verglasen und darin sein Familienwappen einfügen, Kachelöfen im Keller und der oberen *dörnse* setzen, den mit einem Löwenkopf verzierten Türklopfer anbringen, für die große Lucht bestes Eichenholz verwenden und das Dach mit *averstenen*, mit Ziegeln in Form der sogenannten Mönche und Nonnen, decken. Als Fußbodenbelag wählte er *astraken*, das waren glasierte und unglasierte Fliesen aus gebranntem Ton. Gentzkow beschaffte für die Zimmer 600 Stück aus Dänemark und 1000 Stück aus Stettin, für die Diele zwei Fuhren *grobe astraken* vom Nikolai-Ziegelhof. Auf die Gestaltung eines Kamins legte der Hausherr besonderen Wert. Dazu verhandelte er mit keinem Geringeren als *Meister Statio von Lübeck*, jenem Statius von Düren, dessen kunstvolle Terrakotten wir heute noch am Portal des Hauses Jakobiturmstraße 32 und am Gebäude Alter

106 Gemalte Wandtapeten im Hause Ossenreyerstraße 1

Markt 9 bewundern können. Die *Bildsteine* waren auf dem Wasserweg in die Sundstadt gelangt. *Sniddecker* (Holzschnitzer) fertigten ihm ein mit Fliederholz verkleidetes Lesepult und einen mit Leder bezogenen Stuhl, *de sick umdreihen leth* (der sich drehen ließ). Metallene Knöpfe zum Schmuck eines anderen Stuhles lieferte ein Messingschmied. Ein Wohnraum war zugleich das Musikzimmer. *Dat hackebreth,* ein mit Drahtseiten bespanntes Instrument, das mit Hämmerchen angeschlagen wurde, verehrte ihm der deutsche Schulmeister. Voller Stolz blickte Gentzkow auf das blinkende und glitzernde *wantsmide* (Wandschmuck) und auf das funkelnagelneue Hausgerät an Gefäßen, das er bei einem Kannenmacher am Alten Markt erstanden hatte.

Die Wohnraumgestaltung der nachmittelalterlichen Jahrhunderte wird in den Schausammlungen des Kulturhistorischen Museums eindrucksvoll veranschaulicht. Auch die von dem bekannten Künstler des Barock, Philipp Hackert, im Hause Ossenreyerstraße 1 gemalten Tapeten gehören in diesen thematischen Umkreis.

Kleidung und Schmuck

Standesunterschiede äußerten sich mehr noch als im häuslichen Bereich in der Kleidung und im Schmuck der Stadtbewohner. In Testamenten wird dies besonders sinnfällig. In über 1000 Stralsunder Vermächtnissen des Mittelalters wird vor uns ein farbiges Bild entrollt, werden die Garderobe der Männer und Frauen, Erscheinungen der gotischen Mode, Vermögen und Prunk wohlhabender Bürger veranschaulicht. Kleidung und Schmuck waren bemerkenswerte Besitztümer. Deshalb erscheinen sie in den meisten letztwilligen Verfügungen. In den Gewändern und dem sogenannten Geschmeide spiegelt sich zugleich der Rang und die wirtschaftliche Stellung der bedeutenden Seehandelsstadt wider. Die sundischen Kaufleute und Schiffer sahen, erlebten die für sie erreichbare Welt, beobachteten, wie man sich anderswo kleidete, schmückte, brachten Tuche aus West- und Pelze aus Osteuropa in die Heimatstadt, erwarben auf auswärtigen Märkten Gold und Silber und ließen es da und dort, auch von Stralsunder Handwerkern, kunstgerecht verarbeiten.

In den Testamenten sind die Kleidungsstücke oftmals genau beschrieben. Für Männer war der kurze Rock, die bis zum Knie reichende *toga* (Tunika), charakteristisch. Dazu kamen knöchellange Hosen, worunter man mehr oder weniger enge, aus Stoff genähte, auch gewirkte Strümpfe verstand. Der *Zuben* (Schaube), ein offen getragenes, weites, mit bequemen Ärmeln und breitem Schulterkragen ausgestattetes, knie- und wadenlanges Obergewand gehörte zur bürgerlichen Kleidung. Eine runde, kugelige Kappe als Kopfbedeckung, Halbstiefel oder Schnabelschuhe vervollständigten den Anzug der Männer. Die Frauen trugen außer Kleidern im allgemeinen zwei Tuniken. Testamente erwähnen demzufolge nicht selten Unterröcke. Während die Damen der oberen Bevölkerungsschicht in den Wohnräumen weiße Hauben bevorzugten, verhüllten ärmere Frauen Haare, Hals und Nacken mit Kopftüchern. Außerhalb des Hauses legten Männer und Frauen den Hoiken an. Das darf wörtlich genommen werden; denn der weite, kreisförmig geschnittene, vorne durch Knopfverschluß zusammengehaltene Mantel wurde einfach über die Schulter gelegt.[24] Beide bedienten sich außerdem des *kogel* (Gugel), einer Kapuze, die Schutz gegen Wind und Wetter gewährte und über den Rücken zurückgeschlagen werden konnte.

Die wohlhabenden Stralsunder begnügten sich keinesfalls mit Stoffen, die über heimische Webstühle gegangen waren. Die Tuche stammten vielmehr aus fernen Gegenden, aus Irland, England, Schottland, aus Leyden, Brügge und Amsterdam. Dies wurde stets mit offensichtlichem Stolz bekundet. Die Farbskala der Kleider, Röcke, Hosen, Mäntel reichte von weiß über grau, grün, braun, gelb, rot, blau, schwarz bis zu bunten Lösungen. Im Jahre 1356 vermachte beispielsweise Ghese ihrer

24 Jaacks, Gisela, Städtische Kleidung im Mittelalter. In: Aus dem Alltag der mittelalterlichen Stadt, Bremen 1983, S. 219ff.

107 Stralsunder Terrakotta mit Darstellung eines Bürgers in Zeittracht

Mutter einen braunen und einen weißen Rock sowie einen braunen Mantel, ihrer Schwester einen grauen Rock und grauen Mantel, der Tochter Gheseke rote, der Tochter Grete irische Kleider und der Magd schließlich einen roten Unterrock von grobem Tuch.

In den Truhen reicher Stralsunderinnen häuften sich die Kleidungsstücke in erstaunlichem Umfang. Hebele Hoveners vermochte 1350 von ihrem textilen Besitz nicht weniger als vier Kleider, sechs Röcke, einen Unterrock, einen Pelz und eine *stola* (langes Frauengewand) abzugeben. Und sie unterließ es nicht, die Gegenstände näher zu erläutern. So erhielten Nonnen in Bergen ein gefüttertes Kleid und einen scharlachroten Unterrock, Geseke, die Tochter Schellhorns, die bessere silberbestickte *stola,* die eine Magd einen scharlachfarbenen Rock, die andere ein gefüttertes irisches Kleid, die Frau des Heinrich von Stubben eine Tunika mit buntem Futter, die des Hermann von Lutzow ein buntes Kleid und deren Töchter braune gefütterte Kleider. Wobbe van der Dame bestimmte 1376 über die Vergabe von irischen Kleidern, von einem weißen englischen Rock, einer braunen Toga und sogar von drei Pelzen. Neben den englischen und irischen Röcken sind schottische, leydensche und brüggesche genannt. Von Stoffen aus feiner Wolle, von Hermelin schockweise, von roten und grünen Hoiken, gelben und halbledernen Hosen, von großen unterfütterten Frauenröcken mit Kapuze, schwarzen gefütterten Delfter Röcken, von roten seidenen Kleidern und leydenschen Kappen ist ferner die Rede.

Die Mode des mittelalterlichen Bürgers erfuhr freilich hier wie anderwärts mannigfache Wandlungen. Es kamen nicht nur neue Kleidungsstücke hinzu, die Joppe, das

108 Terrakotta mit Darstellung einer Frau in Zeittracht

aus Leder gefertigte Wams zum Beispiel und später Spanische Kappen. Die schlichten Gewänder, wie sie zu Beginn des 14. Jahrhunderts beschrieben sind, veränderten sich. Geze von Ruyen besaß 1381 einen großen zweifaltigen Rock von weißer Farbe und Tilschen Lubben ein flügelärmeliges Kleid. Wichtiger noch war anderes. Wenn anfangs die Kleider den Körper sorgsam verhüllt hatten, legte man nun auf die Betonung der Körperformen Wert. Gürtel um das Kleid der Frau ließen die Brust deutlich hervortreten. Heinrich Butzekow vermerkte 1384 ausdrücklich, daß alle Kleider seiner Gattin ihr *to eren live geschnitten* (ihr auf den Leib geschneidert) seien. Große Ausschnitte im enganliegenden Obergewand erregten immer wieder den Argwohn der Priester. Sie bezeichneten die Ausschnitte als Teufelsfenster.[25]

In ihrer Festtagskleidung entwickelten die wohlhabenden Stralsunderinnen einen fast grenzenlosen Pomp, der nicht nur in hohen zuckerhutförmigen Kopfbedeckungen und in seidenen Schleiern, sondern vor allem in dem kostbaren Gewandgeschmeide einen Ausdruck fand. Mit Gold, Silber und Perlen wurde die Kleidung benäht, bestickt und durchwirkt. Mäntel mit goldenen Borten waren auf Stralsunds Straßen keine Seltenheit. Einen *Wamst* mit Silberwerk hatte Mathias Berndes zu vergeben. Gewänder – Kleider, Röcke, Mäntel – mit dem dazugehörigen Geschmeide heißt es in zahlreichen Vermächtnissen. Das waren Schnallen, Spangen, Broschen, Fibeln – zumeist samt und sonders aus echtem Silber oder purem Gold gefertigt.

25 Schildhauer, Johannes, Die Hanse. Geschichte und Kultur. Leipzig 1984, S. 75.

109 Bildnis einer hansestädtischen Frau in Zeittracht (Holzschnitt 1568)

Katharina Wend stiftete 1492 der Jakobikirche ihr rotes Kleid mit der silbernen Schnalle, Heyleken Nerwische 1351 ihrer Muhme 18 Paar *mowenspangen* (Kleiderspangen), Ratsherr Heinrich von Unna 1396 seiner Tochter die goldene Brosche mit dem Löwen und Thidemann Goldehove 1358 seiner Nichte außer silbernen Schalen und Ringen eine goldene Fibel.

Es ist wiederholt und mit Recht von Modetorheiten jener Zeit gesprochen worden. Man ließ die Kleidung schlitzen, um die kostbaren Futterstoffe zu zeigen. Die Schlitze wurden dann durch Edelmetallknöpfe geschlossen. Wie wären ansonsten die wiederholt als beachtliches Erbgut erwähnten Knöpfe anders zu verstehen? Ratsdiener Clawes Suhm verfügte 1499 über die Knöpfe, *die auf dem Rock seiner Frau sitzen.* Geseke Krudes stiftete im selben Jahr 25 silberne Knöpfe zum Bau der Stadt. Metke Dolsken bestimmte 1504 ihre besten Knöpfe für das Katharinenkloster, und Arnd Hintze schenkte 1539 dem Gert Boye acht vergoldete Mantelknöpfe.

Das Übermaß des Schmucks dehnte sich auch auf die Kopfbedeckung aus. *Stiftepeel* lautete die mittelniederdeutsche Bezeichnung für das *hovetgeschmyde* (Hauptgeschmeide), für den Kopfputz, der, wie es Bertram Sonneberg bekundet, meistens mit Perlen besetzt gewesen ist. Peter Halesten vererbte 1474 nicht allein einen Perlenkopfschmuck, sondern gleich einen Perlenkragen dazu.

Die reichen Stralsunder trieben mit der Kleidung eine nahezu unwahrscheinliche Verschwendung. Und darin standen die Männer den Frauen keineswegs nach. Von besonderem Gewicht scheinen die Gürtel, die beide trugen oder richtiger: besaßen, gewesen zu sein. Testamente führen sie als Wert- und Schauobjekte hundertfach auf. Der Gürtel hielt sich in der Mode übrigens viel länger als er gebraucht wurde. Man band ihn nicht mehr um die Taille, sondern tiefer um die Hüften. Er hatte nichts mehr zu gürten, da die Kleidung viel zu fest, zu anliegend saß, um seiner zu bedürfen. Aber man verzichtete nicht auf ihn, weil er zur Entfaltung des Prunks eine willkommene Gelegenheit bot. Von diesen silbernen und goldenen Zierstücken befanden sich oft mehrere im Hause. Wir entnehmen dies den letztwilligen Verfügungen, nämlich dann, wenn der beste Gürtel an den Mann, die Frau, an Kirchen und Klöster gelangen sollte. Von Johann Koldehove wird 1349 vermeldet, daß er allein sechs dieser Putzgegenstände sein eigen nannte.

Neben dem übertriebenen Kleiderschmuck trat der des Körpers nicht in den Hintergrund. Mit Ringen, Armbändern und Ketten präsentierten die Städtebürger, koste es, was es wolle, ihre Sonderstellung. Der Luxus nahm zu und erreichte, was das Tragen von Schmucksachen betrifft, im 15. und 16. Jahrhundert den Höhepunkt. Als die Mutter Nikolaus Gentzkows 1560 ihre mit besticktem Samt ausgelegte kleine Lade öffnete, konnte sie vor den Augen der Gäste des Hauses einen umfangreichen Schmuck ausbreiten. Eine prächtige Kette von zehn Lot Gold und drei goldene Ringe stammten aus der Werkstatt eines Güstrower Goldschmieds, eine andere Kette mit einem ungarischen Goldgulden als Anhänger hatte der Bürgermeister für 10 Taler erstanden. Weitere goldene Ketten und Ringe, ein silbernes Gehänge und schließlich drei Messer in einer Scheide mit Silber beschlagen kamen aus der Truhe zum

110 Stralsunder Ofenkacheln

Vorschein. Schon im 14. Jahrhundert waren Stralsunder in der Lage und willens, alle Finger ihrer Hände mit goldenen Ringen zu bestecken. Acht Ringe dieses Edelmetalls sind 1349 im Testament des Bürgers Gerhard von Anendorp genannt. Wir erfahren von goldenen Ringen, in die *blutsteen* (kostbare Minerale), Saphire, Smaragde, einhörnige Hirsche oder Hörner gefaßt waren.

Goldene und silberne Ketten mit auserlesenen Anhängern gehörten zu den Selbstverständlichkeiten des Körperschmucks. Wenn Peter Schutte allein einer Verwandten sieben Stück *smyde* (Geschmeide) vererbte, ahnen wir vielleicht, welcher Wert sich dahinter verbarg. Der Preis für diese Schmucksachen ging nach heutigen Preisen zweifellos in die zigtausende Mark. Die Bürgermeister und Ratsherren standen in dem, was sie anderen überließen, weit an erster Stelle. Albrecht Gildehusen konnte es sich leisten, seiner Frau Kleider und Schmuck im Wert von 800 Mark zu vermachen.

Wenn die Testamente dies alles besonders sinnfällig ausweisen, muß wieder gefragt werden, wer denn überhaupt ein Testament verfassen konnte. Während die patrizische Oberschicht, die Mittelschicht der Kaufleute und die Handwerker aus diesen Quellen sprechen, schweigen die Menschen der Unterschicht fast gänzlich. Wie kleideten oder schmückten sie sich? Wir wissen darüber viel zu wenig. Nur indirekt erfährt man dies und das. Die Reichen gedachten ihres Seelenheils wegen mancher armer Stadtbewohner. Daß man für deren Kleidung nicht die besten Stoffe wählte, versteht sich fast von selber. Der eine bestimmte für sie zehn *Anklamsche Laken,* der andere vier *Ellen Wismarsches Grau,* ein weiterer vier Laken gebleichter Leinwand für Hemden und so fort. Wenn sich unter diesen Gütern einmal ein Pelz befand, dann war er mit Katzenfellen gefüttert. Erstaunlich hoch will uns die Anzahl der Schuhe erscheinen, mit denen man Arme versorgte. Johann Scherer vermachte ihnen 1360 außer grauen und weißen Tuchen 30 Paar, Heinrich Mertenshagen acht Jahre später ebensoviel und Herman Cruse 1387 neben groben Laken sogar 100 Paar. Daß diese Schuhe freilich anders aussahen als die der patrizischen Kaufleute, ist eine Tatsache, die keiner Begründung bedarf. Deren Schnabelschuhe wurden immer länger, so daß den Trägern nichts weiter übrig blieb, als die Spitzen mit Wolle auszustopfen. Die Redewendung »auf großem Fuß leben« stammt daher.

Die weniger bemittelten Bevölkerungskreise strebten auch danach, sich möglichst auffällig zu kleiden und einen bescheidenen Schmuck anzulegen. Anders sind jedenfalls nicht die Kleiderordnungen zu begreifen, durch die die Obrigkeit einen übertriebenen Luxus einzuschränken trachtete. Die älteste Stralsunder Ordnung liegt in der damals üblichen plattdeutschen Sprache aus dem Jahre 1570 vor. In der Präambel ist schwarz auf weiß zu lesen, daß sich jeder seinem Stand entsprechend zu verhalten habe. Darauf kam es hauptsächlich an. Den privilegierten Bürgern des ersten Standes wurde alles mögliche zugestanden, den anderen viel verboten. Zu Beginn heißt es, alle sollen sich gefälligst der *uthlendischen kleidungen, sonderlik der langen turckeschen ane kragen rocke, der dobbelden manteln, der unschmidigen dick uthgestoppeden Wammersen und groten ungehurten wolcken gentzlich henferner thoentholden* (der ausländischen Kleidung, insbesondere der langen kragenlosen türkischen Röcke, der goldbestickten Mäntel, der steifen, dick ausgestopften Wämse und der übermäßig großen »gepufften« Kragen fernerhin gänzlich enthalten). Die Stralsunder wurden ermuntert, binnen vier Wochen nach Veröffentlichung der Ordnung ihre Kleidung zu verändern, und zwar dergestalt, daß auf die langen Röcke deutsche Kragen zu setzen, die starke Ausstopfung aus den Joppen zu entfernen und anstatt großer Halskrausen schlichte Kragen zu verwenden seien. Wenn indes den Bürgermeistern, Räten, Doktoren, Ratsverwandten und anderen angesehenen Geschlechtern das Tragen von Röcken mit Marderfellen, von Kleidern aus *zindeldort* (Seidenstoff), Atlas, Damast, feiner Leinwand, von Mänteln aus Samt *unbenamen* (unbenommen) war, hatten die Bürger des *middelstandes* auf Perlen und goldene Ketten, auf alles *stipwerk* (Stickerei) zu verzichten, hatten ihre Röcke bestenfalls mit Wolfs- oder Fuchsfellen zu füttern. Den Handwerkern erlaubte es der Rat, bei den Röcken Lämmerfelle als Futterstoff zu verwenden, untersagte ihnen jedoch das Tragen jeglichen Samt- und Seidengewandes.

Die Dienstmädchen traf die Ordnung des Jahres 1570 besonders hart. Sie waren angehalten, die Fransen von ihrer kurzen Frauentracht zu schneiden, ihre Kleider unbestickt und unverbrämt zu tragen, auch den Pelzbesatz von ihren Unterröcken zu entfernen und tunlichst die seidenen Bänder abzulegen. Sie sollten stattdessen das Haar mit einem schwarzen Band zusammenhalten oder besser noch, die *flechten umb den kop binden.* Schließlich wurde ihnen dringend geraten, die samtartigen Pantoffeln anderen zu überlassen und dafür dauerhafte Lederschuhe zu tragen.

Die größten Sorgen bereitete den Stadtvätern das Verhalten der jungen Bürgerschaft. Die Stralsunder Jugend hatte im 16. Jahrhundert ausländische Modetrends wahrgenommen, hatte sich fremde, türkische, polnische und französische Muster zu eigen gemacht und damit, wie es hieß, gegen jeden sittlichen Anstand verstoßen. Diesem Unwesen galt es zu begegnen. Nachdem die Schulmeister nachdrücklich an ihre Vorbildwirkung erinnert worden sind, erhielten die städtischen Handwerker einen Denkzettel. Alle Goldschmiede, Schneider, Perlenstricker, Bunt- und Grauwerkmacher wurden energisch aufgefordert, die Ordnung künftig strikt zu beachten. Andernfalls hätten sie mit dem Verlust der Amtsgerechtigkeit und mit weiteren erheblichen Strafen zu rechnen.

Die Kleiderordnung von 1570, die die Verschwendungssucht eindämmen und mehr noch die sozialen Schichten der Stadtbevölkerung voneinander abgrenzen sollte, hat anscheinend niemand ernst genommen. Bürgermeister und Rat sahen sich deshalb veranlaßt, sie wiederholt zu *revidieren* (erneuern) und brachten sie im Abstand von wenigen Jahren im Druck heraus. Dessenungeachtet mußte die Stadtobrigkeit 1649 einigermaßen resigniert die *betrübliche Erfahrung* registrieren, daß *in negst verwichener Zeit das Widrige über alles Verhofften, mit häufigen Exemplaren sattsam erwiesen, die leidige Hoffart fast in allen verbotenen Stücken übermäßig zugenommen hat.*

111 Hansestädtische Magd (Holzschnitt 1568)

Auch die folgende Ermahnung bewirkte so gut wie nichts: *Sollte sich jemand gelüsten lassen, hiewider zu handeln und darüber betroffen werden, daß er Zobeln, Kammertuch* (feinste Leinwand), *köstliche Leinen, seiden Schier* (Schleier) *oder Knüspel* (Spitzen) *an der Kleidung ... gebrauchet, soll ihm solches ohne Ansehen der Personen an Orten, da er getroffen wird, abgenommen – da er etwa entginge – aus seinem Hause solches abgeholet werden.*

Diese volltönigen Beteuerungen wurden freilich in den nächsten Passagen sogleich eingeschränkt. Männer und Frauen des ersten Standes konnten sich dem, was die genannten Verbotsartikel aussagten, weitestgehend bedienen. Sie durften sich nach wie vor kleiden, wie es ihnen beliebte.

Die Reglements spiegeln die Entwicklung der Tracht deutlich wider. Der Rat befleißigte sich, sie ständig zu spezifizieren. Das *Weibsvolk* vor allem hatte sich vielerlei zu enthalten, der ärgerlichen Neuerungen und fremder Modelle hauptsächlich, der langen bestickten holländischen Röcke, auch der aufgestickten Schlafpelze, des Überflusses und der Üppigkeit an Zobeln, Bändern und Spitzen bei den *Muffen* (Hüllen zum Wärmen der Hände) und der ähnlich ausgeputzten Kopfbedeckungen. Die eindringliche Ermahnung an Frauen und Jungfrauen, ihren Hals nicht durch weit ausgeschnittene Kleider zu entblößen und die Arme keinesfalls unbedeckt zu belassen, durfte hier ebenso wenig fehlen, wie das Verbot des Anlegens von Perlenarmbändern, von Halsketten und allerlei Ohrengehängen. Die Aufmerksamkeit der Gesetzeshüter richtete sich zudem auf die Haartracht der *Frauenzimmer,* bei der weder das gelegte noch gekräuselte Haar, noch die an den Ohren weit herunterhängenden Locken statthaft gewesen sind.

Das alles betraf, wie mehrmals erwähnt, die Personen des zweiten und dritten Standes. Um sich bei ihnen den notwendigen Respekt zu verschaffen, wurden Strafen verkündet, die alle Gesetzesübertreter (Verbrecher nannte man sie in den Ordnungen) zu erwarten hatten, die gegen die festgeschriebenen Regeln verstießen. Im Jahre 1685 betrug das Strafmaß 10 bis 30 Reichsmark.

Im 17. und 18. Jahrhundert meldeten sich mehr und mehr Bürger zu Wort, bekundeten ihren Unwillen, protestierten gegen die Vorrechte einzelner und verlangten nachdrücklich Veränderungen der durch den Rat verabschiedeten Kleiderordnungen. Von den Handwerkern machten sich die Altermänner der sogenannten Viergewerke, die Angehörigen der Bäcker-, Schneider-, Schuster- und Schmiedeinnung, zu Wortführern der Stadtbewohner des zweiten und dritten Grades. *Querulanten* nannte sie der Stadtschreiber und notierte in den Protokollen nichts anderes als die Ablehnung ihrer Forderungen. Da ergriffen die Frauen des *2. Grades* kurzentschlossen die Initiative, wandten sich mit einem Schreiben vom 27. Februar 1731 an die Landesmutter, an die *Allerdurchläuchtigste großmächtigste* Königin in Stockholm und nannten die Mißstände ohne Umschweife beim Namen. Ihre Attacke richtete sich gegen die privilegierten *Kaufmannsweiber,* von denen sie glaubten, daß sie bei der durch den hiesigen Magistrat und die Kaufleute verfaßten Kleiderordnung des Jahres 1729 *zum Teil mit auf dem Ratsstuhl gesessen hätten, um sich zum Beybehalt ihres*

112 Die Fährstraße (19. Jahrhundert)

Hofstaates zu sorgen. Die Kaufmannsfrauen, so lautet es weiter, *welche doch eben so wohl als wir nur bürgerlichen Standes sind, nehmen sich aus, als wenn sie die vornehmsten von adligen, freyherrlichen und gräflichen Familien wären, unterscheiden sich in ihrer Kleidung so von uns, daß wir bei ihnen und jedermann, insbesondere bei den Fremden, zum Gelächter und Spectakel dienen.* Die Unterzeichnenden des Briefes an die Königin von Schweden gingen noch einen Schritt weiter. Sie schilderten eingehend die Stralsunder Verhältnisse und stellten fest, daß das, *was man hier ihrem Geschlecht und Stand abfordert, dergleichen anderen Frauen wohl in keinem Theil der Welt zugemutet werden dürfte.*

Das Familienleben

Die private Sphäre des mittelalterlichen Stadtbewohners fand in dem amtlichen Schriftgut der städtischen Behörde kaum einen Niederschlag. Wir sind zumindest für das 14. und 15. Jahrhundert erneut auf Aussagen der Bürgertestamente angewiesen. Sie zeugen wie keine andere Quellengattung aus jener Zeit vom Familienbewußtsein der Bevölkerung.[26] Für das 16. Jahrhundert dürfen indes die überlieferten Chroniken nicht übersehen werden. Drei Bürgermeister kommen darin zu Wort. Nikolaus Gentzkow und Franz Wessel lernten wir bereits kennen. Der dritte, Bartholomäus Sastrow (1520–1603), erlangte literarischen Ruhm. Er hatte in seinen jungen Jahren die Welt gesehen, hatte als Schreiber bei Juristen in Speyer und in der Kanzlei des pommerschen Herzogs zu Stettin gearbeitet, als dessen Sekretär (1547/48) am Reichstag in Augsburg teilgenommen und als Geschäftsträger das Herzogshaus beim Reichskammergericht in Speyer vertreten. Im Alter von 75 Jahren griff er zum Federkiel und schrieb den »Lauff des gantzen Lebens« nieder. In seiner Autobiographie, die als eine der frühesten deutschsprachigen Aufzeichnungen dieser Art national und international gewürdigt wird, spiegeln sich zugleich die privaten Verhältnisse von Menschen des 16. Jahrhunderts wider.

Zunächst gilt es festzustellen, daß die Familien in den Stralsunder Häusern des Mittelalters größer waren als heutzutage. Vier Generationen lebten meistens unter einem Dach. Testatoren bedachten nicht nur die Ehepartner und Kinder, sondern auch Eltern und Enkel. In den Dokumenten erscheinen überdies oftmals die Witwer und Witwen verstorbener Töchter und Söhne sowie entferntere Verwandte – Tanten, Onkel und Vettern. Es spricht zweifellos für einen ausgesprochenen Familiensinn, wenn auch sie, die Angehörigen der Sippe, bei der Vergabe von Hab und Gut nicht unberücksichtigt blieben. Die familiären Bindungen führten somit über die Klein-

26 Schildhauer, Johannes, Zur Lebensweise und Kultur der hansestädtischen Bevölkerung auf Grundlage der Stralsunder Bürgertestamente. In: Wiss. Zeitschrift der Ernst-Moritz-Arndt-Universität Greifswald, Gesellschafts- und Sprachwissenschaftliche Reihe 30, 1981, S. 3.

113 Bürgerhaus Frankenstraße 28

114 Bürgermeister Nikolaus Gentzkow (zeitgenössisches Ölbild)

oder Kernfamilie (Eltern, Kinder) hinaus. Sie erstreckten sich ebenfalls auf Personen, die weitab von Stralsund lebten. Heinrich von Bard sicherte 1347 dem Sohn seines Bruders einen Geldbetrag zu, wenn er *aus der Ferne gesund nach Hause heimkehrt.* Die in der *Fremde,* bei Dundee, geborene Margarete Tendels erinnerte 1560 bei der Aufteilung ihrer Erbschaft an Verwandte in Schottland.

In der Familie nahm der Ehemann und Vater die führende Stellung ein. Er hatte sozusagen die Hausgewalt, bemühte sich um die Existenz seiner Angehörigen, sorgte für die Ausbildung der Kinder und verfügte über das Vermögen der Frau. Dies war jedenfalls die Regel. Doch dabei gab es Einschränkungen. Das, was die Frau als Brautschatz (Mitgift) in die Ehe gebracht hatte, stand ihr rechtlich zu. Es findet sich kaum ein Testament, in dem dies in Frage gestellt wurde.

Das Leben in der mittelalterlichen Stadt vollzog sich ohnehin weitgehend nach festgelegten Normen. Das begann schon bei der Eheschließung. Der Abschluß eines Verlöbnisses war in erster Linie Sache der Eltern, der Familie, und nicht der unmittelbar Beteiligten. Die Braut insbesondere hatte dabei kaum mitzureden. Sie heiratete nicht, sie wurde verheiratet. Hans von Revele ließ 1349 verlauten, daß er seine Tochter mit Hannes von Minden verlobt habe. Die gleiche Formulierung entdeckt man in anderen Vermächtnissen. Auch bei Zweitehen lagen die Verhältnisse so ähnlich. Es wurden Eheverträge geschlossen. Als Rechtsanliegen sind sie in den Stadtbüchern vermerkt worden. Unter den Eintragungen im »Liber memorialis« von

115 Bürgermeister Franz Wessel (zeitgenössische Lithographie)

1426 ist zu lesen, daß Kerstina, die Witwe des Johann Velgast, von Freunden verheiratet worden sei.

Ab und an entzog sich der Vater bei der Eheschließung der ihm zustehenden Entscheidung und überließ sie, wie Lutbert Thevin im Jahre 1374, seiner Frau. Und wenn sie die Tochter Wendele *nach dem Rat der Freundschaft an den Mann gebracht hat,* wie es wörtlich heißt, dann soll sie die Hälfte des Truhen- und Bettgewandes erhalten.

Von einer Neigungs- oder Liebesheirat in unserem Sinne konnte damals doch wohl in den seltensten Fällen die Rede sein. Wirtschaftliche Interessen standen hierbei vorab auf dem Spiel. *Geld komme zu Geld,* lautete die Devise. Die ausführliche Erläuterung des Brautschatzes zeigt es an. Bei den reichen Stralsunder Familien handelte es sich um Geldbeträge bis in die tausende Mark, ferner um Kleider, Hausrat, Gold, Silber, auch um Haus- und Grundbesitz. Bei den Ratsfamilien kam noch ein Gesichtspunkt hinzu. Sie verheirateten mit Bedacht ihre Kinder untereinander, um auf diese Weise ihre politische Machtstellung in der Stadt zu festigen. Bis weit über das Mittelalter hinaus verfolgten sie strikt dieses Ziel. Noch im Jahre 1800 waren nicht weniger als 70 Prozent aller Ratsherren miteinander versippt.[27]

27 Pooth, Peter, Mitglieder des Stralsunder Rats 1800–1933. In: Pommersche Jahrb., Bd. 38, 1939, S. 86.

Hat die Jugend vor Jahrhunderten auf das Recht der Selbstbestimmung leichten Herzens verzichtet, hat sie die von anderen gewollte Ehe als Zwang, als Opfer empfunden? Testamente und Stadtbücher schweigen darüber. In den Chroniken klingt freilich das eine oder andere an. Nikolaus Gentzkow entwickelte 1562 zusammen mit dem Mitbürgermeister Klinckow den Heiratsplan für seinen Sohn Johannes, der den Beruf eines Apothekers erlernt hatte. Vater Gentzkow beabsichtigte, ihn mit der Witwe des Apothekers Velgenhouwer zu verheiraten, der wenige Monate zuvor verstorben war. Der Grund ist einleuchtend. Der Sohn sollte auf diesem Weg unbeschwert in den Besitz der Apotheke gelangen. Während der wochenlangen Verhandlungen überraschte Johannes, der nicht das Geringste von dem Plan ahnte, den Vater mit der Mitteilung, daß er zu heiraten gedenke mit der Bitte, ihm zur Ehe mit einer anderen behilflich zu sein. Jetzt erst sah sich der alte Gentzkow gezwungen, dem Sohn seinen Heiratsplan zu eröffnen. Johannes fügte sich daraufhin stillschweigend den Wünschen des Vaters. Auch Johan, der Bruder Bartholomäus Sastrows, entsprach dem Willen seiner Eltern. Er hatte im Alter von 29 Jahren in Eßlingen ein *schones, zuchtiges, freundliches Mägdlein* kennen und lieben gelernt. Alle Voraussetzungen für die standesgemäße Heirat schienen erfüllt zu sein. Geburt, Herkommen, Freundschaft, Aussteuer, diese *Dinge waren guth und richtig gefunden.* Doch seine Eltern haben *abgeschlagen.* Bartholomäus sah danach seinen Bruder Johan *nie recht frolik.* Als nach geraumer Zeit Vater und Mutter Sastrow doch die Ehe gestatteten, war es zu spät. Die Jungfrau war inzwischen von einem reichen Straßburger Goldschmied geheiratet worden. *Das hat dann Johan so gegrämt, daß er im Angesicht gar ungestalt geworden,* wie es Bartholomäus mitfühlend bemerkte. Am Widerstand der Eltern war das Glück des jungen Mannes zerbrochen.

Da die Heirat seinerzeit einem Geschäftsabschluß glich, bemühten sich die Eltern und Verwandten um die Sicherung des ausreichenden Brautschatzes. Damit die Töchter gut heiraten können, wie es mehrmals lautet, begann man die Höhe der Mitgift bereits im Kindesalter der Mädchen zu bestimmen. Sie wurden oft früh verheiratet, die Tochter Franz Wessels mit 15 Jahren. Auch das Dienstpersonal konnte in dieser Beziehung mannigfacher Fürsorge teilhaftig werden. Bürger Werner von Sost und Frau Kunigunde überließen 1356 ihrer Magd Ghese alles Hausgerät und die *Utensilien, damit sie sich so besser verheiraten könne.* Und Hartmut Wegher war 1374 bereit, seiner Magd Taleken eine Bude in Skanör zu übereignen, mit der sie *einen Mann ehelichen kann.*

In zahlreichen letztwilligen Verfügungen wird von dem Ehemann Vorsorge getroffen für den Fall, daß sich nach seinem Tod die Frau wieder verheiratet. So vermachte Heinrich Schele 1377 seiner Frau Anneken, *wenn sie erneut heiratet,* den silbernen Schmuck und ein halbes Haus an der Fährstraße. Ratsherr Gerlich Badyseren war 1386 in der Lage, seiner Frau Greteken unter diesen Umständen neben allem Geschmeide den Betrag von 1400 Mark in Aussicht zu stellen. Sein Kollege Heinrich Quekel vermochte sich 1428 indes bescheidener zu verhalten und billigte seiner Frau außer Geschmeide, außer Betten und Kleidern 200 Mark zu. Und Heinrich Badysern wünschte, daß seine Frau später in dem von ihr bewohnten Haus bleiben solle.

Damit wird unsere Aufmerksamkeit auf das Zusammenleben der Partner gerichtet. Ungeachtet der Tatsache, daß die Ehe meistens durch eine mehr oder weniger ausgeprägte Zwangsheirat der Brautleute zustande kam, scheinen viele Ehen immerhin einigermaßen harmonisch verlaufen zu sein. Nach dem Wortlaut der Testamente ist dies jedenfalls anzunehmen. Wenn Johann Kunow 1358 seiner Frau zu dem, was sie in die Ehe brachte, noch 100 Mark hinzufügte, so tat er dies, wie es ausdrücklich vermerkt ist, *aus Liebe und Freundschaft.* Johann Volmershusen bekundete 1389, daß ihn seine Frau Ghese stets geliebt und er ihr für alles Gute zu danken habe. Die eine, nämlich Ghese, bat 1356 den Schwager, ihren Mann nicht *zu verdrießen,* da er genug für sie und die Kinder leistete; der andere, Heinrich Vetter, bedankte sich 1427 bei seiner Frau Katharineken für die Mühe, die sie mit ihm hatte. Auch Clawes Oesemund wußte sich 1520 bei seiner Frau Ilsebe für alle erwiesene Freundschaft und Liebe zu bedanken. Else Steen ließ 1548 wissen, daß ihr Mann Tonniges ihr *wie kein Freund auf Erden zugetan* gewesen sei, denn er hätte sie vier Jahre lang auf ihrem Krankenbett gepflegt. Johann und Ursel Berkman bedachten sich 1512 mit ihrem Erbgut wechselseitig und bedankten sich für gegenseitige Liebe und Freundschaft. Für gute Behandlung sowohl in Krankheit wie in Gesundheit bedankten sich 1541 auch Hermann und Katharina Derekow und teilten ihren verfügbaren Besitz.

Dem Haushalt der wohlhabenden Familien gehörten zumeist familienfremde Personen an – Mägde, Köchinnen, Diener und Knechte. In vielen Testamenten wird deutlich, wie sie mit der Herrschaft verbunden waren, wie sich zwischen ihnen ein persönliches Vertrauensverhältnis entwickelt hatte. Witwen setzten ihren Mägden zum Dank für gute Pflege zuweilen beträchtliche Legate aus, so Hezeke Vrowendorp, die ihre Magd 1441 bei der Vergabe ihrer Güter unter allen Erben an erster Stelle rangieren ließ. Oft erscheinen mehrere Hilfskräfte. Dietrich Kennesse bedachte 1390 nicht nur die Magd und zwei Knechte, sondern stattete auch seinen Schreiber mit einem grünen Rock und einem rotgefütterten Mantel aus. Clawes Molre verfuhr 1529 seinen Knechten gegenüber ungewöhnlich großzügig. Der erste erhielt einen *Klepper* (Pferd), zehn Gulden, einen grauen Reitrock sowie Gewänder zu Joppe und Hose; der zweite den weißen *Klepper* mit Zubehör und zwei Gulden und der dritte einen kleinen *Klepper* nebst zwei Gulden.

Die engen Beziehungen zwischen der Herrschaft und den ihr Untergebenen geben freilich zum Nachdenken Anlaß. Beschränkte sich die Dienstleistung des Personals tatsächlich immer auf die Arbeit in Wohnraum, Küche und Stall? Diese Frage scheint jedenfalls in jenen Fällen berechtigt, in denen Mägde und Köchinnen gegenüber den Ehefrauen bevorteilt, die Ehefrauen als *ungehorsame, bose weiber* bezeichnet und auch Kinder unverheirateter Mägde bei der Verteilung von Gütern berücksichtigt wurden. Ratsherr Gerd Blome hatte mit seiner Magd zwei uneheliche Kinder. Aus Sorge um sein Seelenheil, wie er verlauten ließ, heiratete er schließlich das Dienstmäd chen und bat 1470 seine Kinder aus erster Ehe, der Dorteken und ihren, das heißt auch seinen Kindern, *günstig zu bleiben.* Der Stralsunder Bürgermeister Bartholomäus Sastrow heiratete kurz nach dem Tod seiner Frau zum großen Ärger seiner Familienangehörigen die Dienstmagd. Sastrow war damals 78 Jahre alt. Bei den Amtskollegen rief diese unstandesgemäße Bindung einen Sturm der Entrüstung hervor. Um die aufgebrachten Ratsverwandten zu beschwichtigen, führte er zur Begründung dieser Heirat folgende Argumente ins Feld: *erstlich wegen der Aushaltung; zum anderen, daß ich ein schwacher Mann, kurzen Odems bin und dazu catarrum suffocativum habe, also notwendig jemand im Bette haben muß, damit, wenn der mir auf die Brust fällt, ich nicht davon ersticke.* An mangelndem Selbstbewußtsein litt der alte Sastrow wahrlich keinesfalls, denn im dritten Punkt fügt er unverhohlen hinzu: *Ich befinde mich von Gott mit solcher Stärke des Leibes begabet, daß ich füglich noch wohl im Ehestand leben kann.*

Über lockere Eheverhältnisse berichten die Testamente stets dann, wenn der Bürger einer Jungfrau, *die bei ihm ist,* dies und das übereignete. Hans Wessel vermachte 1487 seiner *Freundin* zu der erstaunlichen Summe von 100 Mark noch fünf Grapen, Kannen, Betten und anderes. Daß auch die Ehefrauen ihren Männern längst nicht immer hold gewesen sind, ist eine Tatsache, die man der schriftlichen Überlieferung entnehmen kann. Geseke von Anklam zum Beispiel bedachte 1353 nicht nur ihren nach Schonen segelnden Ehepartner, sondern gleichermaßen ihren *Gastfreund.*

Nur einmal konnte ein Fall von Bigamie ermittelt werden. Er wurde ruchbar, als die Eheleute Bohn 1492 mit Joachim Bobbin in Streit gerieten, *weil dieser Bobbin sich die Tochter Bohns zur Ehe geben ließ und verschwieg, daß er eine andere legitime Ehefrau hatte und deshalb schimpflicherweise Briefe vom Rat der Stadt Lübeck erhalten habe,* schrieb der Stadtschreiber mit seinem Federkiel auf das Pergamentblatt des »Liber memorialis«. Die Doppelehe stand unter hoher Strafe und gelangte sofort an das städtische Gericht. Vor dem Rat wurden auch die sehr seltenen Ehescheidungen verhandelt. Da die Ehe als unauflösliches Sakrament galt, bereitete eine Trennung der Partner die größten Schwierigkeiten. Man befahl sie ins Rathaus und redete ihnen gehörig ins Gewissen. Eine 1347 protokollierte Vermahnung hat diesen Wortlaut: *Der Schlächter Reimer wird bei Strafe seines Halses verurteilt, seine Frau, die er vor den Ratsherren geheiratet hat, auf Lebenszeit als seine rechte Ehefrau zu halten, sie niemals zu verlassen oder von ihr fortzugehen, sondern mit ihr zu leben, wie ein rechter Mann mit seiner Ehefrau zu leben pflegt.*

Wenn Ehekrisen zur Sprache kamen, wurden sie zumeist begründet. Gerd Gherdesson bestimmte 1616 für seine Tochter Lutteken 100 Mark, für seine Frau Clareken hingegen lediglich 10 Mark, weil er durch *ihren Ungehorsam großen Schaden und großes Ungemach erfahren habe.* Luca Franz widerrief 1498 alle bisherigen Testamente und hatte für sein *ungehorsames Weib* zu dem, was sie früher in Anspruch nehmen konnte, ganze acht Schillinge bereit, denn als Brautschatz bekam er keinen Scherf von ihr, und das Tuch, das er von ihr erhielt, *hatte sie in seiner Abwesenheit*

116 Schnitzerei auf einer Chorschranke in St. Nikolai, Teufel am Ehebett

117 Schnitzerei auf einer Chorschranke in St. Nikolai, Teufel beim Ehekrach

wieder weggetragen. Heinrich Hewberg beklagte sich 1538 bitter über seine *ungehorsame* Frau, die ihn in seiner Krankheit verlassen hatte. Und Else Hasse war 1582 sehr besorgt um allen Streit, der wegen der mit ihren vorigen drei Männern erworbenen Güter entstehen könne. Ihr erster Mann hätte ihr *viel Herzeleid zugefügt, sich eines rohen und wilden Lebens befleißigt und wohl an 200 Mark verschwendet.*

Die Vergabe der Erbschaft verlief nicht immer glimpflich. Man versteht den Ärger und Gram eines Hans Pustow, dem 1512 seine Schwester und deren Kinder die Spinde und das Kontor erbrochen hatten. Leonhard Weber berichtete 1591, daß er von seinem Schwager den Betrag von 200 Mark erst auf dem Rechtsweg erstreiten mußte. Heinrich Blome enterbte 1585 seinen Schwiegersohn, der ihn *schlecht behandelte, ihn noch im hohen Alter vors Gericht bringen wollte und seine Frau mutwilligerweise nach Kurland ins Elend führte.* Kaspar Sastrow schloß 1580 sein Testament kurz und bündig mit dieser Formulierung: *Zanken sich die Erben um die Erbschaft, sollen sie nichts haben.* Doch es konnte auch anders sein. Clawes Abelken war 1515 offensichtlich gerne willens, seiner Stieftochter Abelken nicht nur eine Urkunde auf 100 Mark auszustellen, sondern sie auch mit einer silbernen Schnalle zu beehren, *weil sie sich so freundlich mit ihm wegen des mütterlichen Erbes verglichen hat.*

Problematische Auseinandersetzungen bei Eheleuten beschränken sich jedoch auf Einzelerscheinungen. In den meisten Testamenten tritt weniger Trennendes, sondern mehr Gemeinsames hervor. Oft bekundeten Männer, daß sie ihre Verfügungen mit Willen und Einverständnis ihrer Ehefrauen trafen. Wenn Frauen allein ein Testament verfaßten, konnten sie dies nur unter Nennung von zwei Vormündern. Dennoch: wir kennen Beispiele, in denen vor Jahrhunderten Frauen eine besondere Stellung im Bereich der Familie zu behaupten wußten. So begegnet uns die Gattin des Bürgermeisters Gentzkow als eine durchaus resolute Dame. Sie betrieb um die Mitte des 16. Jahrhunderts den schwunghaften Kornhandel des Hauses, reiste zum Einkauf des Getreides in rügensche Dörfer und nach Ribnitz, verhandelte mit Adligen und Bauern, mit Kaufleuten aus Rostock und Flensburg, aus Holland, Norwegen und anderswoher und verwaltete auf eigene Rechnung selbständig das Geschäft. Mehr noch: sie trat ihrem Ehemann in finanziellen Fragen energisch entgegen. Wir entnehmen dies den Tagebuchaufzeichnungen Gentzkows, in denen es lautet: *dede mine vrow eine predigt von etliken dingen, die mir sehr unwahr wern* (erhielt ich durch meine Frau eine deftige Predigt, die mir äußerst ungelegen schien). Dörthie Gentzkow veranstaltete selbstbewußt lukrative Festlichkeiten, lud 1558 in das Gartenhaus außerhalb der Stadtmauer 33 Frauen, 28 Jungfrauen, dazu Knechte, Jungen und Mägde *tho eten und drinken* (zum Essen und Trinken), zu einem großen Picknick, ein. Das Mahl war offenbar so ergiebig, daß der Ehemann sich tagsdarauf mit seinem *volk* in den Garten begab und *vortherden die avergebleven brossemen* (und verzehrten die übriggebliebenen Speisen). Im Jahre 1561 bat Dörthie nach der glücklichen Geburt eines Kindes ihrer Tochter Freundinnen ins Haus. Dabei waren beide Wohnräume *voller Frauen ohne die, die sich im Kemladen befanden.*

Frauen waren in der Lage, ihren Ehemännern mancherlei Güter zu übereignen. Schon 1353 vermachte Margarete Schele ihrem Mann einen Hof im Dorf Pütte mit Haus, Wiesen, Weiden und Fischereigeräten, Booten und Netzen, ferner Betten, Kissen, Laken und einen Codex. Frauen der mittleren und unteren Bevölkerungskreise nahmen auch aktiv an Handel und Gewerbe teil. Testamente bestätigen es. Als der *bootmaker* Went 1356 über sein Hab und Gut verfügte, bemerkte er, daß er alles zusammen mit seiner Ehefrau in gemeinsamer schwerer Arbeit geschaffen habe. In der mittelalterlichen Stadt übten Frauen selbständig Berufe aus. Bei Hermann Wittes Vermächtnis über Geld, Hausgerät und Handwerkszeug blieb seine »Meisterin« nicht unberücksichtigt. Hans Randow mußte 1415 zugeben, daß bei der Heirat sein ganzer Besitz nicht 10 Mark wert gewesen sei, seine Frau ihn aber gekleidet und beköstigt habe, und demzufolge erhalten soll, was sie beide *in sure* (in saurer) Arbeit erwirtschaftet hätten. So ähnlich äußerten sich andere. Heinrich Kulebeke bekundete 1487, daß er nichts anderes in die Ehe gebracht habe als einen Garten, den er für 90 Mark zur Bezahlung seiner Schulden verkaufen mußte. Und Henning Schewe fühlte sich verpflichtet, seiner Frau Metteken alles zuzugestehen, weil er sich bei der Eheschließung wie ein *bloßer Knecht* vorgekommen sei.

Überblicken wir die mittelalterlichen Testamente im ganzen, dann dokumentieren sie bei den wohlhabenden Stralsundern ebenso wie bei den minder bemittelten Bürgern, bei Männern und Frauen, überwiegend ein ausgesprochenes Familienbewußtsein. Am stärksten traten liebevolle Gefühle gegenüber Kindern und Enkeln in Erscheinung. Schon den Ungeborenen galt eine rührende Fürsorge. Wenn das zu erwartende Kind ein Mädchen ist, soll sie teilhaftig werden der 200 Mark, vermerkte 1389 Johann von Hoerne. Das Kind, *mit dem die Frau geht, soll mit redlicher Leibzucht versorgt* werden, wünschte 1447 Hans Kummerow. Und Wendelborn Waseghe überließ 1471 viel seiner Frau Katharineken und dem Kind, *mit dem sie geht.*

Um das Leben der Nachkommen war man bei der hohen Kindersterblichkeit jener Jahrhunderte stets in großer Sorge. Hingebungsvoll vermachte der Böttcher Johann Lange 1354 seiner Tochter 30 Mark und alle Betten *zum Nutzen ihres schwachen Körpers.* Immer wieder wünschten die Väter, *da se scolen tosamende sitten* (daß die Kinder bei der Mutter bleiben), und genauso bemühten sie sich um eine gute Ausbildung der Kinder und Enkel. Der Kistenmacher Clawes Pewes war 1415 beispielsweise sehr darauf bedacht, daß seine Frau den ältesten Sohn in die Schule schickt, damit er Priester wird. Auch der Handwerker Clawes Bysschop erstrebte 1421 das gleiche und gab dazu sein halbes Holz, das Werkzeug, Hausgerät, Kleider und zwei silberne Messer her. Das Bemühen um die Bildung der Kinder erstreckte sich auch auf die nächsten Verwandten. Bürgermeister Karsten Sarnow ermöglichte 1390 dem Sohn seiner Schwester für vier Jahre den Besuch der Schule, stattete ihn mit Kleidung und Schuhen aus und beschaffte ihm die nötigen Bücher. Ratsdiener Heinrich Eckow übergab 1469 seinem Neffen 50 Mark, *damit er in der Schule etwas lerne* und war willens, ihm weitere 100 Gulden zukommen zu lassen, wenn er Priester wird.

118 Ehepaar beim Spaziergang durch das Kniepertor (Lithographie 19. Jahrhundert)

Die Enkel und Enkelinnen befanden sich nicht selten in besonderer Gunst der Großeltern. Sie wurden mehrmals mit den größten Geldbeträgen, auch mit kostbarem Schmuck, mit Spangen, silbernen Schnallen und Bechern versorgt. Im Testament der Bürgerin Adelheyd Cransch sind Kirchen und Klöster, Bruderschaften und Priester, Arme und Kranke bedacht worden. Doch alles, was die Empfänger zusammen erhielten, steht in keinem Verhältnis zu dem, dessen sich ihr Tochterkind Katherineken erfreuen durfte. Kleider- und Mantelspangen, das gesamte Tafelgeschmeide und 200 Mark waren für sie bestimmt.

Die Väter trafen viele Male Vorsorge zur Erziehung der Kinder. Heinrich Schele legte es seiner Frau 1377 besonders ans Herz, für den Fall, daß sie nach seinem Tod unverheiratet bleibt, mit den Vollstreckern des Testaments die Kinder zu erziehen und *deren Nutzen zu bedenken.* Heinrich Iseren übergab 1514 seiner Halbschwester einen Teil der Erbschaft mit der ausdrücklichen Verpflichtung, für seinen Sohn Heinrich zu sorgen. Befürchtung, Beunruhigung erfüllten wohl jene Väter, die sich ihren Söhnen in besonderer Weise zuwandten. Werner Cruse wollte 1353 seinem Sohn nur dann die Hälfte des Besitzes abtreten, *wenn er der Mutter gehorsam ist.* Buden in Drakör und in Stralsund, sechs silberne Löffel, vier Messingkessel und 300 Mark wurden Jacob Laurenssen in Aussicht gestellt, wenn er sich *als gehorsamer Sohn* führt. Falls sich der junge Gregor Lappelan (1477) *wol regeret* und der Sohn des Heinrich Scharff (1484)

119 Blick über den Strelasund (19. Jahrhundert)

120 Pfarrkirche St. Jakobi und Böttcherstraße im 19. Jahrhundert

sich befleißigt, *eyn gut man* zu werden, nur dann sind ihnen finanzielle Mittel zugesagt. Um die Wahrung des häuslichen Friedens war Hans von Reval bekümmert, als er seinem Schwiegersohn zu dem, was er ihm bereits gegeben hatte, noch 300 Mark hinzufügte, *auf daß eine ewige Freundschaft zwischen diesem und seinem Sohn Hermann bestehe.*

Wie die Kinder über ihre Eltern dachten, wissen wir nicht. Gelegentlich läßt sich indes aus den Testamenten ein kritisches Verhalten der jüngeren zur älteren Generation ablesen, nämlich dann, wenn von ungehorsamen Söhnen, wie bei Gert Krämer (1487) und Thomas Junge (1525) die Rede ist. Jochim Massant war 1528 über seinen undankbaren und ungehorsamen Sohn Nikolaus erbost, der sich in der Kartause Marienehe in einen vermeintlich geistlichen Stand begeben, sein eigenes Testament gemacht habe und der Aufforderung, ihm in seiner Krankheit behilflich zu sein, nicht nachgekommen sei. Und Heinrich Sonnenberg erinnerte sich 1564 offenbar ungern seines verstorbenen Sohnes Jochen, *der studierend halber in Wittenberg, Magdeburg und Rostock viel vertan und in Amsterdam, wo er sich in der Kaufmannschaft übte, 200 Gulden zum Nachteil seines Bruders Sabel verbracht habe.*

Feste und Feiern

Man suchte und fand in der mittelalterlichen Stadt genügend Gründe und Gelegenheiten zum Feiern. Schriftliche Quellen berichten darüber. In der Familie waren es das sogenannte Kindelbier (Taufe), der *thoslach* (Verlobung) und die Hochzeit, bei den Handwerksämtern die Gesellen- und Meisterkösten und für die Bevölkerung im ganzen der Mairitt, das Vogelschießen, der Jahrmarkttrubel und anderes.

Auch die armen Stadtbewohner bemühten sich, auf diese Weise Licht in das Dunkel ihres Daseins zu bringen, den für sie grauen Alltag zumindest ein wenig zu erhellen. Die Stadtobrigkeit erließ für Feste und Feiern Verordnungen und war dabei genauso wie bei den Kleiderordnungen sehr darauf bedacht, die Unterschiede im Sozialgefüge deutlich genug herauszustellen. Die Reichen konnten auch bei familiären Festlichkeiten besondere Vorrechte für sich verbuchen. So durften sie beispielsweise Hochzeiten zwei Tage und länger feiern. Den Armen war dies lediglich für einen Tag, und zwar nur bis zum Abend gestattet. Entsprechend der sozialen Gliederung der Bürgerschaft in Ratsgeschlechter, *Doctores* und Kaufleute einerseits, in Kramer und Handwerksmeister, Handwerksgesellen und Tagelöhner andererseits, war alles reglementiert – die Anzahl der Gäste und Gerichte, die Arte der Getränke und der Musik.

Dennoch: Verlobungen und Hochzeiten bildeten seit eh und je für die einen wie für die anderen Höhepunkte im Laufe des Lebens und wurden gefeiert, früher mehr wohl noch und auch anders als heutzutage.

Die Verlobung stellte im Mittelalter bereits einen Rechtsakt dar, der öffentlich

121 Heilgeiststraße mit Kütertor

122 Barock-Taufe in St. Marien

ausgeführt werden mußte. Alle heimlichen Verlöbnisse ohne den Rat, das Wissen und den Willen der Eltern, Vormünder und Verwandten waren verboten und ungültig. So ist es jedenfalls in der Stralsunder Ordnung von 1540 nachzulesen. Junge Leute durften überhaupt nicht auf den Gedanken kommen, sich heimlich zu verbinden. Die Verlobung hatte gefälligst in Gegenwart von Zeugen an einem öffentlichen Ort stattzufinden – in der Kirche, im Rathaus, seit dem 16. Jahrhundert auch in Wohnhäusern angesehener Bürger. Einer der nächsten Angehörigen des Paares vollzog sie. Als sich Bartholomäus Sastrow 1551 in Greifswald verlobte, wurde ihm seine Braut durch deren Vater *zugeschlagen.* Das trug sich im Beichthaus des Franziskanerklosters zu. Anna Mollers, die Magd des sundischen Bürgermeisters Nikolaus Gentzkow, erhielt 1563 ihren Bräutigam aus der Hand ihres Vaterbruders in *biwesende veler lude van borgern und statdienern* (im Beisein von vielen Leuten, von Bürgern und Stadtdienern). Und als sich im selben Jahr der schon genannte Johann Gentzkow mit der Witwe des verstorbenen Apothekers Velgenhower verlobte, waren nicht weniger als elf Zeugen zugegen. Das Verlöbnis wurde wie die Eheschließung vertraglich geregelt. So übernahmen im Fall des Johann Gentzkow einzelne Zeugen die Bürgschaft dafür,

123 Pokal und Weinbecher aus Silber

daß der soeben formulierte Vertrag in allen Punkten strikt befolgt werde. An den *Zuschlag* schloß sich unmittelbar ein Umtrunk an. Gentzkow berichtete, daß bei ihm *schir 3 stövekens wins darauwer uthgedruncken* wurden. Bei anderen Stralsundern kam zum *Rinsk wien* (Rheinwein) noch Bier hinzu. Außerdem erfolgte hier schon zumeist der Austausch von Geschenken. Dabei erfahren wir Näheres über Gaben, die wohl mehr symbolischen Charakter hatten. Mit Schuh und Hemd beschenkten sich die Brautleute wechselseitig, wie es bereits im Stralsunder Stadtbuch von 1310 vermerkt ist. Bei den goldenen Ringen unterschied man damals zwischen Verlöbnis- und Trauringen, wobei die ersten durchaus mit wertvollen Steinen besetzt sein konnten. Den Abschluß der Verlobung bildete abends das Festmahl. Dabei galt es von vornherein, amtliche Verlautbarungen tunlichst genauestens zu beachten. Andernfalls drohte die Behörde mit empfindlichen Strafen. Zunächst war die Anzahl der Gäste festgelegt. Bei den Vornehmen konnten zwei Tische mit je zehn Personen besetzt sein, bei Kramern und Handwerksmeistern nur halbsoviel, bei Dienstboten noch weniger. Bei den ersten ließ die Ordnung drei Gerichte zu, und zwar zwei mit großem und gutem Braten und ein kleineres von Hühnern, Tauben und dergleichen, wie es hieß, dazu Wein und Bier. *Maltidt und dantze* konnten sich hier bis 11 Uhr in der Nacht erstrecken. Bei den anderen durfte bestenfalls ein Braten sowie Sundisch oder Barther Bier angeboten und die Feier ohne Spiel und Tanz lediglich bis 10 Uhr abends ausgedehnt werden.

Über die Verlobung hatte sich hierzulande überdies ein besonderer Brauch entwickelt. Gemeint ist das »Steinstehen«. Sastrow beschreibt es in seiner Autobiographie, und auch Ernst Moritz Arndt wußte davon zu berichten. In den »Erinnerungen aus dem äußeren Leben« heißt es: *Es lag im Mittelalter in der alten herrlichen Stadt Stralsund auf dem alten Markt ein sogenannter Breiter Stein, unweit einer anderen Stand- und Schaustelle, dort Kak, anderswo Pranger genannt. Dieser Breite Stein hatte weiland gedient wie jetzt die Kanzel zu allerlei feierlichen Ausrufungen und Verkündigungen... Verlöbnisse wurden dort verkündigt, Verlobte stellten sich in Feierkleidern dahin und ließen unter Pauken- und Trompetenschall ihre Namen erklingen, und so jedermänniglich zu Einwand auffordern.*

Was geschah in der Zwischenzeit, während der Wochen und Monate zwischen *thoslach* und Hochzeit? Sie war nicht zuletzt mit dem Beschaffen des Brautschatzes ausgefüllt. Auch dabei schrieb die Obrigkeit für jeden Stand den Umfang der Aussteuer vor. Wenn der Stralsunder Rat 1729 bestimmte, daß die Töchter des ersten Standes nicht mehr als drei Kleider, nämlich ein Braut- oder Festkleid, ein Sonntagskleid und ein tägliches Kleid sowie drei Stand Betten und Leinenzeug im Wert bis zu 500 Reichstalern erhalten sollten, so mutet uns dies verhältnismäßig bescheiden an. Man muß dabei freilich bedenken, daß damals auch die jungen Männer eine Aussteuer mit in die Ehe brachten. Die stralsundische Ordnung von 1729 nennt dazu für die jungen Herren des 1. Grades immerhin zwei Stand Betten und Leinenzeug im Wert von 400 Talern. Doch diese Verfügungen sind indessen seinerzeit und früher immer wieder umgangen oder überschritten worden. Im Jahre 1358 stattete der Bürger Thidemann Coldehove die Tochter seiner Schwester nicht nur mit einem Bett aus, sondern hatte mehr für sie bereit: sechs silberne Löffel, eine silberne Schale, drei silberne Ringe, eine goldene Fibel, einen Pelz, ein Gefäß, einen Mörser mit Stoßer und weitere Utensilien. Der heiratsfähigen Jungfrauen wird in den Testamenten des öfteren im besonderen gedacht. So vermachte Herman Krumme 1497 seiner Tochter ein Bett mit Laken, ferner Grapen, Schüsseln, fünf Goldgulden und einen Brautumhang.

Vor der Hochzeit hatten die Brautleute gewisse bürgerliche Pflichten zu erfüllen. Der Bräutigam mußte, sofern er noch nicht Bürger der Stadt war, in Begleitung eines anderen, des Vaters oder Schwiegervaters, eines Freundes oder Amtsgenossen, im Rathaus erscheinen und auf der Kammer das Bürgerrecht erwerben. Dabei hatte er bis zum 17. Jahrhundert, solange die militärische Verteidigung der Stadt ausschließlich das Anliegen der Bürgerschaft gewesen ist, sich unter Eid zu verpflichten, im Besitz eigener Waffen zu sein. Erst dann durfte der Pfarrer die Brautleute vom Predigtstuhl *affkündigen.*

Die Gäste wurden wenige Tage vor dem großen Ereignis durch das Umbitten, das meistens zwei Personen besorgten, zur Hochzeit geladen. Und vor der Hochzeit fand das sogenannte *Bruthbad* (Brautbad) statt – ein Brauch, den Bürgermeister Nikolaus Gentzkow in seinem Tagesbuch 1559 so beschrieb: *badede unse bruet Trine Krusen mit 3 jungfrowen und 4 vruwen ere bruthbad voraff; darna badede die brudegam mit minem sone und Hinrico Mettej etc.*

War es nun endlich soweit, waren alle erforderlichen Vorbereitungen für den großen Festtag der Eheschließung getroffen, konnte die Hochzeit beginnen. Amtliche

124 Spielleute des späten Mittelalters (Holzschnitt 1568)

Hochzeitsordnungen unterrichten darüber bis ins einzelne. Die älteste liegt bereits aus dem Jahre 1310 vor, und sie vermittelt äußerst interessante Einblicke in die bürgerlichen Sitten und Neigungen jener Zeit. Wenn der Rat darin verordnete, daß kein Bürger mehr Gäste als zu 60 Schüsseln einladen soll, dann bedeutet dies, daß sich 120 Leute um die Tafel versammeln konnten. Bei diesen festlichen Gelegenheiten pflegten stets zwei Personen aus einer Schüssel zu essen. In Lübeck waren gar 80 Schüsseln, das heißt, eine Gesellschaft von 160 Personen, gestattet.[28] Vier Gänge waren in Stralsund damals das erlaubte Maximum. Es gehört wahrhaftig nicht viel Phantasie dazu, sich die Mengen der Speisen vorzustellen, die 120 Gäste mit mittelalterlichem Appetit vertilgten. Über die Getränke konnte offensichtlich in unbeschränkter Freiheit verfügt werden. Die Hochzeitsordnung von 1310 schweigt sich jedenfalls darüber aus. Festgelegt war dagegen die Anzahl der Musiker. Sechs Spielleute durften getrost ihre Kunst darbieten. Alles andere unterlag gesetzlichen Verfügungen – Art und Umfang der Geschenke zum Beispiel. Um schließlich sicher zu sein, daß die Vorschriften befolgt wurden, befahl der Stralsunder Rat bei Strafe von 30 Mark Silber (39 Taler) den neuvermählten Ehemann mit einem Verwandten aufs Rathaus. Dort

28 Fock, Otto, Rügensch-Pommersche Geschichten aus sieben Jahrhunderten. Bd. 2. Leipzig 1865, S. 102.

hatte er zu schwören, daß die Bestimmungen der Verordnung auch eingehalten worden sind.

Wir kennen die Kleidertracht der mittelalterlichen Stralsunderinnen und Stralsunder. Die Hochzeit bot allemal Gelegenheit, sich hier, und zwar vor allem beim Gang in die Kirche, in vollem Prunk, mit prächtigen Kleidern und kostbarem Geschmeide, öffentlich zur Schau zu stellen. Sagenhafte Schilderungen der Chronisten verraten es. Als sich beispielsweise Bürgermeistersohn Wulf Wulflam gegen Ende des 14. Jahrhunderts verheiratete, war zudem von seinem Wohnhaus über den Alten Markt bis hin zur Nikolaikirche ein Läufer von englischem Tuch gelegt. Bis ins 17. Jahrhundert begab man sich in zwei Zügen ins Gotteshaus. Während sich die männlichen Gäste im Gebäude des Bräutigams versammelten, kamen die Frauen und Mädchen im Brauthaus zusammen und erhielten einen *drunk Rinschen Wines.* Unter dem Geläut der kleinen Glocke bewegten sich die von Spielleuten begleiteten Gruppen in die Kirche, wo sie getrennt in verschiedenen Gestühlen Platz nahmen. Die Trauung verlief fast so, wie sie aus späteren Zeiten bekannt ist. Nachdem das Brautpaar für die Armen geopfert hatte, zog man gemeinsam in großem *treck* ins Hochzeitshaus. Dort erfolgte ehemals zuerst die *besettinge am ehebedde* (das Niederlassen auf dem Ehebett), so ähnlich, wie es von Königs- und Fürstenhochzeiten überliefert ist. Dieser Brauch ist für Stralsund oftmals bezeugt. Im Statut der sundischen Schifferkompanie von 1488 lautet es: *wenn eyn schipper efte broder nympt ene husfrowe to der ee, so schal he den brodere gheven ene tunne bers; dar vore schalen ene de brodere volghen to der karken unde wedder to hus und helpen ene to bedde bringhen na wanlyker wise ... Unde de ene to bedde bringhen, de schalen de tunne bers utdrinken.* In unserm heutigen Deutsch: Wenn sich ein Schiffer oder Amtsbruder eine Frau zur Ehe nimmt, dann soll er seinem Amtsbruder eine Tonne Bier spendieren. Doch zuvor sollen einzelne Amtsbrüder dem Bräutigam in die Kirche und hinterher in sein Haus folgen und helfen, ihn nach üblicher Weise zu Bette zu bringen. Und diejenigen, die ihn zu Bett gebracht haben, sollen die Tonne austrinken.

Nach Vollzug dieses symbolischen Aktes begann das Festmahl, das möglichst nicht länger als drei Stunden dauern sollte. Was man dabei auftrug, läßt sich ahnen, wenn wir das Aussteuer-Verzeichnis der Stralsunderin Maria Brogkmeier von 1615 einsehen. Danach wurden für die Hochzeit geschlachtet: 1 Ochse, 6 Hammel, 4 Lämmer, 19 Hühner und 20 Gänse, die vorher gemästet waren. Dazu kamen außer Brot, Butter, Gurken, Nüssen, Äpfeln, Kuchen, Zucker und Kaneel (Zimt), 5 Käse im Gesamtgewicht von 37 Pfund, 21 ½ Pfund Speck, 4 Scheffel Hafergrütze, 12 Pfund Rosinen, je ein Pfund Pfeffer und Ingwer und 8 Lot Nelken. An Getränken schließlich wurden benötigt 20 *stöveken win* und 2 *pott bostert* sowie 6 Tonnen Barther und 1 ½ Tonnen Sundisch Bier.[29] Bei diesen erstaunlichen Mengen an Speisen und Getränken muß man

29 Adler, Fritz, Alte Verlobungs- und Hochzeitsbräuche in vorpommerschen Städten. In: Baltische Studien NF, Bd. 44, 1957, S. 102.

125 Festliches Fayence-Geschirr

freilich berücksichtigen, daß neben der Bewirtung der eigentlichen Hochzeitsgäste oft auch Ungeladene zu versorgen waren. In seinem Testament bestimmte der Bürger Herder von Riga schon 1345, daß bei den vier Hochzeiten seiner Kinder auch den Armen Feigen, Rosinen und andere Erquickungen gereicht werden sollen.

Wann die Mahlzeit geendigt, heißt es in der Stralsunder Hochzeitsordnung von 1685, *kan nach gehaltenem Gebethe ein Geistlich Dancklied gespielet und gesungen werden, wobei aber ein jeder erinnert seyn soll, sich der Nüchternheit zu befleissigen und für Vollsauffen zu hüten, damit so wohl das Beten als Singen mit guter Andacht ohne Ärgernüß verrichtet werden könne.* Danach durfte zum Tanz aufgespielt werden. Auch dazu waren für die verschiedenen Stände immer nur bestimmte Instrumente zugelassen. Auf Hochzeiten des ersten Standes konnten allerhand Instrumente erklingen, auf denen des zweiten lediglich Geigen und Blockpfeifen. Und was das Tanzen betraf, so ordnete der Stralsunder Rat 1570 an, *darin men sick tuchtig, schamhaftig vnd in geberden vnergerlick betogen vnd alles vntemliken vordreien, lopens vnd küselndes metigen schall* (sich dabei züchtig, schamhaft und in den Gebärden ohne Ärger zu betragen und man sich aller unziemlichen Verrenkungen, im Laufen und schnellen Herumwälzen zu mäßigen habe).

Die mittelalterlichen Giebelhäuser der Kaufleute mit ihrer geräumigen Diele sowie mit dem im ersten Stock zur Straße gelegenen Saal boten für große Hochzeitsgesellschaften im allgemeinen genügend Raum. Reichten die Räumlichkeiten des Hochzeitshauses dennoch nicht aus, gestattete der Rat in seiner »Ordnung« von 1570 auch die Nutzung von öffentlichen Gebäuden. Das waren in Stralsund der Artushof am Alten Markt, das Niehus, nämlich das ehemalige Rathaus der Neustadt auf dem Neuen Markt, und das Haus der Brauerkompanie an der Heilgeiststraße.

Um diese Zeit kam ein bisher nicht gekannter Brauch auf: die Anfertigung von Glückwunschgedichten durch Verwandte und Freunde. Bürger des ersten und zweiten Standes ließen sie meistens drucken. Ihr literarischer Wert, ihre kulturhistori sche Bedeutung, ist zweifellos gering. Lediglich die plattdeutschen Hochzeitsgedichte dürften als bemerkenswerte Sprachdenkmale zu betrachten sein. In dem Gedicht zur Eheschließung des Albert Buchow mit Anna Wevitzer 1661 lautet es:

Verdoin de Frugens nich /
offt iß der Frugen Rhat /
So gott und beter mit
als den der Mann gefath.

(Verachte nicht die Frauen, denn oft ist deren Rat so gut und besser als der des Mannes!)

Das, was wir hier bei Hochzeiten beobachten, trat viel mehr noch bei Beerdigungen in Erscheinung. Hundertfach sind die seit dem Ende des 16. Jahrhunderts entstandenen Stralsunder Trauer-Carmen und Leichenpredigten in Druckschriften überliefert. In weitschweifigen Trosttexten werden in den Predigten Charakter und Verdienste

126 Kirchenruine von St. Johannis mit Nachbildung von Ernst Barlachs »Pieta«

des Verstorbenen zumeist in ruhmredigen Worten über Gebühr gepriesen. Freunde und Verwandte verfaßten Gedichte und sandten sie den Hinterbliebenen ins Trauerhaus.

Begräbnisse waren schon im Mittelalter gewichtige familiäre Feiern. Die Stadtobrigkeit überwachte sie, erließ Ordnungen, *wornach sich derselben gesammte Bürgere nach Unterscheid der Stände zu verhalten habe.* Standesgemäß wurden Tote zu Grabe getragen und bestattet, und standesgemäß wurde ihrer gedacht. Schon zu Lebzeiten traf man Voraussetzungen für die spätere würdige Beisetzung. Der Bürger Heinrich Sasse vermachte 1420 seiner Frau Tilzeken 350 Mark mit der Aufforderung, dafür 30 Seelenmessen lesen zu lassen, dieweil sein Leichnahm über der Erde steht. Die Särge wurden ehemals mit Schildern aus Silber und Messing geschmückt. Handwerker bevorzugten dabei in der künstlerischen Gestaltung zumeist Symbole ihres Berufs. Das Sargschild des Amts der Stralsunder Schiffbauer von 1623 ist ein Beispiel dafür.

Der Totenkult nahm – wie wir sahen – vor Jahrhunderten zuweilen Formen an, die uns heute völlig unverständlich erscheinen. So befahl Franz Wessel während einer Erkrankung im Jahre 1549 seiner Frau, für ihn einen Sarg anfertigen zu lassen. Das tat sie. Und der Bürgermeister, der sich bald wieder bester Gesundheit erfreute, ließ ihn zur Mahnung an den Tod in seiner Schlafkammer *negest dem bedde* an die Decke

127 Sargschild der Schiffszimmerer

128 Grabplatte des Bürgermeisters Klinckow und Frau in St. Nikolai

hängen. Dort verblieb er bis zu seinem Lebensende – 21 Jahre lang. Wessel hatte zudem, wie es der Chronist vermerkte, mit *siner eigen Handt eine Zeddel geschrewen* und in die Totenlade geworfen, auf dem unter anderem zu lesen war:

De tydt löpt we water darhen,
Unse jar schwygendes dar van.
Wy können unse dage nicht upholden,
als men perde mit thömen kan auerwolden.

(Die Zeit läuft wie Wasser dahin, unsere Jahre schwingen davon. Wir können unsere Tage nicht aufhalten, wie man Pferde mit Zäumen überwältigen kann).

Bei Begräbnisfeiern wird von riesigen Prozessionen berichtet, an denen über 700 Personen teilnahmen. Wir wollen es Franz Wessel glauben, wenn er feststellte, daß im 16. Jahrhundert die Beerdigung eines Angehörigen der oberen und mittleren Bevölkerungsschicht Gelder in Höhe von mehreren hundert Mark verschlang.

Die Bestattung vollzog sich in der Regel nach festen Riten. Verfügungen einzelner Korporationen unterrichten uns darüber. Im Statut der Stralsunder Schifferkompanie von 1488 wird darauf hingewiesen, daß sich kein Kompanieangehöriger zu gut dünke, den Verstorbenen *zur kule* zu tragen, und es unbrüderlich sei, zu erwägen, ob der Heimgegangene arm oder reich, ob es Frau oder Mann sei, ob er innerhalb oder außerhalb der Stadt begraben werde. Vielmehr soll aus jedem Haus eine Person folgen, *andernfalls by broke enes punt wasses* (bei Strafe eines Pfundes Wachs). Der Artikel 16 des Statuts endet mit dieser Formulierung: *da vor schal me den broderen gheven ene tunne bers tor zeligher dechtenisse, unde de tunne beres scholen de broders vort utdrynken, de em navolget hebben to grave* (zum seeligen Gedächtnis des Verstorbenen soll man den Brüdern eine Tonne Bier stiften, und die Brüder, die dem Toten bis zum Grab gefolgt sind, sollen die Tonne unverzüglich austrinken).

Nach dem Begräbnis versammelte man sich einst zum kräftigen Leichenschmaus. Es verlautet, daß durch das reichliche Essen und Trinken fast soviel Unkosten wie bei Hochzeiten entstanden. Dem galt es gegen Ende des Mittelalters Einhalt zu gebieten. Und der *Ehrenfeste Rath* der Stadt Stralsund verbot deshalb kurzerhand alle *Gastereyen nach gehaltendem Begräbnuß* und drohte denjenigen mit handfesten Strafen, die diese Ordnung mißachteten. Lediglich kleine Gruppen, Vater und Mutter, Schwester und Bruder *nebst den Frembden,* sollten 1685 zur Mahlzeit gebeten und nicht mehr Gerichte als bei anderen Ausrichtungen zugelassen sind, *aufgesetzet und gespeiset werden.* Über die familiären Feiern hinaus pflegte man im alten Stralsund weit, breit und laut genug verschiedenartige Geselligkeiten. Bis ins 17. Jahrhundert hinein gestaltete sich das sogenannte Maigrafenreiten zu einem wahren Volksfest. Die ganze Stadt war bei der »Begrüßung und Einholung des Frühlings« auf den Beinen. Der Ausritt morgens ins westlich der Stadt gelegene Hainholz glich einer Heerschau.

129 Schiffsmodell im Festraum der Stralsunder Schiffer-Compagnie

»Ratsherren und Alterleute sprengten in stattlichen Wämsen und Kollern oder in blinkender Stahlrüstung heran, von ihren Knechten und Handpferden, alles zum Gepränge wohl ausstaffiert, gefolgt. Sodann kamen die Bürger aus den Ämtern und Zünften mit Harnischen und Pickelhauben angetan und mit Schwertern, Lanzen und Zündröhren gewappnet, soviel ihrer nur Pferde hatten oder bekommen konnten.« Als alle beisammen waren, setzte sich der Zug in Bewegung. Drei Stadtdiener ritten ihm voran, begleitet von Trommlern, Pfeifern und Heerpaukern. Im Jahre 1564 ritten nach Nikolaus Gentzkow *unse burger und junge gesellen wol in die 200 starck im rohen harniske in den mey.* Der Maigraf empfing draußen den von Birkengrün geflochtenen Kranz. Nach Wettjagen und Zweikämpfen rückten alle in die Stadt zurück, wo im

Artushof die *Meygreffsköste,* das große Mahl, *der Ermüdeten harrete.* Musik und Tanz mit Frauen und Jungfrauen bis spät in die Nacht oder bis zum hellen Morgen beschloß das *verherrlichte Fest.*[30]

Besondere Daten im Jahresablauf wurden außerdem mit Essen und Trinken, oft mit ausgiebigen Gelagen, begangen. Der Michaelistag (29. September) und der Martinstag (11. November) gehörten dazu. Gentzkow unterließ es nie, die Vorgänge um das Martinsfest seinem Tagebuch anzuvertrauen. 1559 notierte er: *hield ick mit minem volck S. Martins auend bet vmd rj hor; hedde wy mehr mosts kriegen konnen, wy hedden noch wol ein par stunde lenger geseten. Wy hedden drierlei spelude, auerst die chur kreg dat meist, den he bleff by vns vnd spelde wol 6 oder 7 dentze. Wolf Eggert bracht darto 8 grot vnd 4 klene vagel* (feierte ich mit meinen Leuten bis 11 Uhr den Martins-Abend; hätten wir noch mehr Most [ungegorenen Wein] erhalten können, wären wir noch ein paar Stunden länger zusammen gewesen. Wir hatten dabei drei verschiedene Spielleute, aber der Kur, das heißt der Stadtmusiker, bekam das meiste, denn er blieb bei uns und spielte zu sechs oder sieben Tänzen auf. Eggert brachte dazu acht große und vier kleine Vögel [wahrscheinlich Gänse und Enten]). Ein Jahr später ging es bei dem alten Gentzkow, als er erneut den Martinsabend mit seinem *volck* feierte, offensichtlich zu hoch her. Der Trunk artete zu einem Besäufnis aus, so schlimm, daß der Bürgermeister während des folgenden Tages *up der benck liggen mußt.*

Uraltes Brauchtum wie das Fest der Sonnenwende waren im 16. Jahrhundert hierzulande durchaus noch lebendig. Gentzkow beschrieb es 1559 so: *held ick mit minem volck S. Johans to lichten, und Jochen Gronow makede uns mit siner symphonien vrolick* (fröhlich).

Doch in jenem Jahrhundert erfuhren diese Feste und Feierlichkeiten ganz erhebliche Einschränkungen.[31] Die protestantische Kirche trat auf den Plan, sah nicht allein im Maigrafenritt und in den Sonnenwendfeiern ein *godtloses, Heidensches, Unordentliches wesen.* Sie richtete ihren Zorn zugleich gegen andere volkstümliche Bräuche. Bürgermeister Franz Wessel eiferte als glühender Vertreter der neuen Lehre gegen alles mögliche, so gegen das althergebrachte »Herd-Abbacken« zum Jahreswechsel. *Up nyejars auendt,* wetterte er, *booken alle minschen dadt nyejhar, dadt de meiste deell de gantze nacht auer dartho gefreten, geschwogenn, undt so mit frowden dull unde vull int nye jhar geghan* (am Neujahrsabend backten alle Bürger den Herdkuchen in einem Umfang, daß sie meistens die ganze Nacht davon fraßen, dabei schwelgten und so mit Freuden toll und voll ins neue Jahr hineingingen).

Mehr noch als dies wurde der alte Fastnachtstrubel energisch bekämpft. Die Kirche

30 Sundine. Jg. 1828, Teil 2, S. 28.

31 Adler, Fritz, Bekämpfung des volkstümlichen Brauchtums in Stralsund in der zweiten Hälfte des 16. Jahrhunderts. In: Monatsblätter der Gesellschaft für pommersche Geschichte und Altertumskunde, 1935, S. 165 ff.

130 Stralsunder Vogelschießen (Lithographie 19. Jahrhundert)

tat, wie es Gentzkow 1564 berichtete, diejenigen in den Bann, die *vastelawend gegangen* waren. Und der Rat Stralsunds gebot 1587, sich aller Mummereien und Tarnspiele zu enthalten, das Fastnachtsgeschwärm und rohes, gottloses, wildes Leben ebenso einzustellen wie das Laufen von einem Haus ins andere und Geld, Mettwürste und anderes einzusammeln. Das Fastnachtstreiben hatte zu Beginn des 16. Jahrhunderts freilich Formen angenommen, die bedenklich stimmten. Der Chronist Johann Berckmann wußte zu vermelden, daß im Winter 1516 und zu *Fastelawend* in Stralsund und Greifswald zusammen nicht weniger als 20 Menschen erschlagen worden sind.

Dennoch: so oft die städtische Obrigkeit ihre Bürger ermahnte, dementsprechende Edikte erließ, so lautstark die Kirche das »heidnische, teuflische Wesen mit der Fastnacht« anprangerte, die Stralsunder ließen sich auch in den folgenden Jahrhunderten ihren *Fastelawend* nicht nehmen.

So ähnlich überdauerte auch ein Stadtereignis die Zeiten. Gemeint ist das Vogelschießen. Die Vogelstange oder wie es im Mittelalter hieß, der *Papagoienbohm,* befand sich außerhalb der Befestigungsmauer. Den ältesten Hinweis darauf liefert uns der soeben genannte Berckmann mit dem Chronistenvermerk: *Anno 1451 do lethen de Herrn vam Sunde eine busse* (Büchse) *gehten* (gießen) ... *und wardt gegathen under dem papgoyenbohme.* Mit »Papagei« bezeichnete man ursprünglich den aus Holz geschnitzten und mit bunten Federn geschmückten Vogel. Anfangs wurde mit der Armbrust, später mit dem »Zündrohr« nach ihm geschossen. Der *Ehrbare Rath* verabschiedete Schützenordnungen und die Bürger vereinten sich in Schützenbruderschaften. Sie zogen mit Trompetenschall auf die Vogelwiese der Kniepervorstadt, wo auf dem mit »Linden und anderen Lustbäumen bepflanzten Platz Zelte aufgeschlagen, Tische und Bänke angeschafft, das benötigte Getränk nebst dem Trinkgeschirr vorhanden waren«. So oft der Vogel getroffen wird, verlautet es, soll die Trommel gerührt, wenn ein Stück vom Vogel herunterfällt, mit Trompeten geblasen werden. Das Vogelschießen war genauso wie das Maigrafenreiten ein Fest der gesamten Stadtbevölkerung, und die Stralsunder feierten es bis ins 20. Jahrhundert.

Musik und Theater

Wenn vom mittelalterlichen Musizieren die Rede ist, gilt es den Spielmann zu nennen. Alle Bemühungen, ihn in schriftlichen Quellen des 13. Jahrhunderts aufzuspüren, sind freilich vergeblich. Über sein Leben und Wirken schweigen sich Urkunden und Stadtbücher aus. Wir wollen dies Verschweigen nicht dem Schreiber in der städtischen Kanzlei als Unterlassungssünde, als boshaftes Unterfangen, anlasten, sondern vielmehr bedenken, daß in den urkundenden und amtsbuchführenden Stellen hauptsächlich Rechtsgegenstände zur Sprache kamen. Der Spielmann aber war rechtlos, stand anfangs außerhalb jeder Rechtsordnung. Das böse Sprichwort »Spielleute und Lumpen wachsen auf einem Stumpen«[32] könnte aus dem Mund eines selbstbewußten Städtebürgers stammen, und es besagt, daß diese Menschen an ihrem jämmerlichen Dasein, das ihnen tatsächlich beschert war, selbst schuld seien. Die Stadt verweigerte ihnen zunächst den Erwerb des Bürgerrechts, die Kirche die Zulassung zur Kommunion. Beide verachteten sie, bekämpften sie gar. Und dennoch: sie wollten oder konnten auf ihre Tätigkeit keinesfalls verzichten. Bei allen Vergnügungen der mittelalterlichen Gesellschaft war der Spielmann unentbehrlich. Er musizierte bei festlichen Ratsbegebenheiten, auf Familienfeiern und in Schenken.

Nach der ältesten Stralsunder Hochzeitsordnung von 1310 waren zur Unterhaltung des Brautpaares und der Gäste – wie wir sahen – sechs Spielleute zugelassen. Kamen mehr, so lautet es, sollen sie nichts haben. Dies bedeutet, daß damals in den Mauern der Stadt mehr Musikanten zur Verfügung standen.

Diejenigen, die nicht als fahrende Leute von Land zu Land, von Stadt zu Stadt

32 Gülke, Peter, Mönche, Bürger, Minnesänger. Leipzig 1975, S. 128.

131 Spielleute des späten Mittelalters (Holzschnitt 1568)

zogen, die einen städtischen Aufenthalt hier anstrebten, vereinten sich in Gilden (Zünften) oder auch in Bruderschaften. Stralsunder Bürger, so 1371 Johann Pape von Dorpen, bedachten sie ab und an in Testamenten. Die mittelalterlichen *spellude* hatten Hilfe bitter nötig. Sie befanden sich auf der untersten Stufe der Stadtbevölkerung. Ihr Beruf galt ebenso wie der des Scharfrichters als unehrlich, verächtlich. Kein Wunder, daß die ehrgeizige Bürgermeisterfamilie der Wulflams bei der gegen Ende des 14. Jahrhunderts mit fürstlichem Gepränge gefeierten Hochzeit des Sohnes Wulf die hiesigen Musiker unberücksichtigt ließ und statt dessen auswärtige, aus dem pommerschen Herzogshaus, heranholte.

Ganz allmählich veränderte, verbesserte sich der soziale Status des Spielmannes, vor allem desjenigen, der in städtische Dienste aufrückte. Das Einstellungsdatum des ersten Stadtmusikers, des Stadt- oder Kunstpfeifers, kennen wir nicht. Soviel ist gewiß, er war nun mit seinen Gesellen für die öffentliche Musikpflege – von der Festmusik über die Tanzmusik bis zur Tafelmusik – zuständig. Wenn in der schriftlichen Überlieferung des 16. Jahrhunderts ferner der *Stadtkur* auftaucht, bleibt zu fragen, ob unter dieser Berufsbezeichnung zugleich der Stadtmusiker zu verstehen ist. Für das 17. Jahrhundert hingegen sind die Verhältnisse klar. Beide waren jetzt städtische Angestellte mit offensichtlich unterschiedlichen Aufgaben. Die Ein- oder Abgrenzung ihrer Belange scheint einigermaßen schwierig gewesen zu sein; denn beide befehdeten sich oft genug, bezichtigten sich wechselseitig des Eindringens in den Broterwerb. Der eine gönnte dem anderen weder dies noch das – das einträgliche Musizieren auf Hochzeiten, das Spielen in den Kirchen und bei anderen Gelegenheiten. Im Jahrhundert zuvor war das Betätigungsfeld des Kuren, an dessen Wohnsitz bis in unsere Tage der Straßenname Kurhof erinnert, festumrissen worden. Es lag auf dem Turm von St. Nicolai. Dort hatte er nachts ins Horn zu stoßen, hatte in friedlichen Zeiten den Ablauf der Stunden akustisch bekanntzugeben, bei Ausbruch von Feuer die Bürger zu alarmieren und im Krieg das Herannahen des Feindes zu verkünden. Doch sein Amt auf der Turmhöhe genügte ihm nicht. Er stieg hinunter, bewegte sich inmitten des städtischen Treibens und musizierte allenthalben frisch und munter. *Wy hedden drierlei spelude, awerst die cuhr kreg dat meist, den he bleff by uns und spelde wol 6 oder 7 dentze* (wir hatten dreierlei Spielleute, aber der Kur bekam den größten Lohn; denn er blieb bei uns und spielte zu sechs oder sieben Tänzen auf), heißt es 1559 bei Nikolaus Gentzkow. Dreierlei Spielleute bedeutet wohl auch, daß die Musikanten mit verschiedenen Instrumenten aufzuwarten vermochten. Bei dem alten Gentzkow erscheinen im Jahrzehnt seiner Chronik (1558–1567) der *sackpiper* (Dudelsackpfeifer), der *zinckenbleser* (Bläser eines trompetenartigen hölzernen Instruments) und die *videler* (Geigenspieler).

Daß es bei dem betagten Bürgermeister hoch herging, erfuhren wir bereits. Nach einem Ausflug, den er 1559 auf zwei Wagen mit seiner Familie, mit Freunden, Knechten und Mägden in das nahegelegene Dorf Prohn unternahm und dort bis acht Uhr abends rechte *vrolick* (fröhlich) war, ließ er auf der Rückfahrt den *sackpiper* aufsteigen, der zu Hause *bet um 12 in die nacht spelen* mußte. Die Mitternachtsstunde wurde 1560 bei einem Gartenfest noch überschritten, das er mit seinem *volk* und mit Gästen veranstaltete, und die *nien vedeler* (die neuen Geiger) zum Tanz aufspielten. Und als im selben Jahr sein Prenzlauer Bürgermeisterkollege Mattheus Wietenheim bei ihm einkehrte, bat er *up den awend die fidelers uht dem Heinholte* zu sich, *um enen frölick tomaken.* Fröhlich hatte ihn und sein *volk* auch am 25. Juni 1559 der Organist Jochem Gronow mit *siner symphonien* gemacht. Die wohlhabenden Stadtbewohner konnten sich den Luxus dieser Belustigungen leisten, und die Spielleute kamen allein wegen des bescheidenen Lohnes gerne zu ihnen. Anläßlich des sogenannten Neujahrsbackens 1562 erhielten sie von Gentzkow ihr *deputat.* Und hocherfreut durften sie sein, als sie 1565 nach ihrem Auftreten in der Wohnung des Doktors Khetel von den Gästen des Hauses, den mecklenburgischen Gesandten, zwei Taler zusätzlich, sozusagen als Trinkgeld, empfingen.

Instrumentalmusik erklang im mittelalterlichen Stralsund jahraus, jahrein. Mit Pauken und Trompeten oder Posaunen wurden Verlöbnisse am Stein auf dem Alten Markt verkündet. Trommler, Pfeifer und berittene Heerpauker zogen dem Maigrafen und dessen Gefolge voraus ins Hainholz. Kein Vogelschießen verlief ohne die Anwesenheit von Trommlern. Zu Höhepunkten im Leben des Stadtmusikanten, und das will heißen, zu Möglichkeiten eines guten Verdienstes, gestalteten sich indessen die Hochzeitsfeiern. Doch allzu hohe Erwartungen der Spielleute erfüllten sich dabei keineswegs in jedem Fall. Sie waren, wie wir wissen, strengstens reglementiert. Wenn die Musikanten es beispielsweise wagten, den Wünschen des Brautpaares zu entsprechen und noch einen Tanz *to spelen, nachdem die Glocke 12* geschlagen hat, sollten sie ihres Lohnes verlustig sein. Das schrieb jedenfalls die Stralsunder Hochzeitsordnung von 1570 vor.

Die genannte Ordnung gewährt mancherlei Einsichten in die Musikkultur jener Zeit. Mit *grotem spel* werden die Brautleute des ersten Standes in die Kirche geleitet. Sobald sie den sakralen Raum betreten, wird *georgelt und figuriret* (im Gegensatz zu einstimmiger Musik figural = kontrapunktisch, kunstvoll musiziert). Unter dem »großen Spiel« sind Trompeten und Pauken, Hörner und Trommeln zu verstehen, unter dem »kleinen« oder »stillen« Flöten und Geigen.[33] Das Geigenkonzert fand seinerzeit längst nicht bei jedermann volle Zustimmung. Als der Pommernherzog Philipp I. 1555 auf einer Inspektionsreise acht polnische Geiger mit sich führte, die, wie es Bartholomäus Sastrow berichtet, kunstreich genug spielten und wohl zu hören waren, lautete das Urteil der auf dem Platz umstehenden Zuhörer aus der Bevölkerung schlicht und einfach: *Die Sundischen hebben beter Piper als de Furst; idt is man Brüderie* (die Stralsunder haben bessere Spielleute als der Herzog, dessen Musik ist ein unbedeutendes Ding). Sie lobten Herzog Bogislaw, der vorher mit Trommlern und Kesselpaukern erschienen war, die ins Feld zu dröhnen vermochten.

Wenn wir von den Anfängen des mittelalterlichen Musizierens berichten und dabei von den armen Spielleuten wenig Rühmliches zu vermelden wissen, gilt es jedoch, auf eine Ausnahme zu verweisen. Die betrifft die Kirchenmusik. Sie gelangte hier genauso wie in anderen Hansestädten zweifellos zu einer bemerkenswerten Blüte. Man braucht sich nur die zahlreichen Notenhandschriften im hiesigen Archiv und der Archivbibliothek zu vergegenwärtigen, die in den nachreformatorischen Jahren als Einbandmaterial für Bücher verwandt wurden, um eine Vorstellung vom reichhaltigen Singen und Musizieren im sakralen Bereich zu gewinnen. Diese Pergamentblätter stammen ausnahmslos aus den Stralsunder Kirchen und Klöstern.

Glanzvolle Prozessionen sind von figuraler Musik begleitet worden. In der »singenden Messe« erklang der mehrstimmige Choral, so anläßlich aller hohen Festtage des Kirchenjahres. Bei der Christvesper *was dar solck singendt, klingendt,* berichtet Franz Wessel, *etlike junge Sänger* standen auf der Orgelempore, andere auf dem *predigtstole* (Kanzel), wieder andere im Turm, und weitere *achter dem chore.* Auch wenn Wessel bei der Schilderung des katholischen Gottesdienstes zu Übertreibungen neigte, wenn es dem eifrigen Verfechter der neuen Lehre darauf ankam, seinen Hörern und Lesern die Auswüchse, Verflachungen, Verzerrungen jeglicher Handlungen im sakralen Raum der katholischen Kirche drastisch vor Augen zu führen, entnehmen

33 Engel, Hans, Musik und Musikleben in Greifswalds Vergangenheit. Greifswald 1929, S. 6.

wir dessenungeachtet seiner Charakteristik mancherlei Einzelheiten über das kirchliche Singen und Musizieren, über das *spelen der orgelen,* über die Mitwirkung von städtischen Spielleuten und anderes.

Bei einem Blick auf die Anfänge der Kirchenmusik sollten wir die Glocken nicht völlig außer acht lassen. Sie verdienen als die ältesten Zeugen des Musiklebens unsere Aufmerksamkeit. Der Bau von St. Nikolai war längst noch nicht vollendet, als zum ersten Mal eine Glocke ertönte. Das können wir mit Gewißheit sagen; denn das älteste Stadtbuch überliefert aus den Jahren 1280 und 1281 Nachrichten von ihr. Man hatte sie zunächst in einen freistehenden »Stuhl« gehängt. Die Glocken der drei Pfarrkirchen spielten im Leben der gesamten mittelalterlichen Stadtbevölkerung eine gewichtige Rolle. Und die Bürger bemühten sich um ihre Vergrößerung, Erweiterung, Vervollständigung. So bestimmte Johan von Saale 1357 einen Geldbetrag für mehrere Glocken der Marienkirche. Aus dem Jahre 1520 liegen Testamente vor, in denen es unter anderem lautet: *Falls die Vorsteher von St. Nikolai neue Glocken gießen lassen wollen, erhalten sie dazu sechs Grapen.*

132 Notenblatt des 14. Jahrhunderts

133 Glocken im Turm der Marienkirche

Wissenschaftler der Musikforschung stellten sicher zu Recht fest, daß das Läuten im Mittelalter eine Kunst gewesen ist. Die Kirchen führten Geläutebücher, in denen die Anlässe und die dafür auf das feinste unterschiedenen Läutearten verzeichnet waren. Oftmals wünschten Testatoren bei Beerdigungen und bei anderen Gelegenheiten, wie bereits erwähnt, dieses oder jenes Geläut, meistens das mit der großen Glocke. Diejenigen, die sie zum Erklingen brachten, waren offensichtlich bekannte Leute, so bekannt, daß sie die Schreiber des ältesten und des zweiten Stadtbuches mit Namen und Adresse nannten. Der *campanarius* (Glöckner) Willeke von 1278 und 1279 gehörte dazu wie seine Berufs*cumpane* Heinrich aus den Jahren 1334 und und 1339.

Orgeln in den Stralsunder Gotteshäusern sind bereits für das 14. Jahrhundert bezeugt. Wie sahen sie aus? Hatten sie neben dem Manual das um diese Zeit schon erfundene Pedal? Wir wissen es nicht. Mit dem Testament des Heinrich Lemhus von 1368 erhalten wir den frühesten Hinweis auf ihre Existenz in St. Nikolai. Darin werden 24 Mark Rente zu einer ständigen Vikarie auf den Altar unter der Orgel bestimmt. Wenn Heinrich Hofmeister einen armen Priester zu dem Altar *uppe de lutken orgelen* (auf der kleinen Orgel) von St. Jakobi mit 8 Mark bedenkt, darf man das Vorhandensein einer zweiten, größeren vermuten. Um ein kleines, einfaches, wahrscheinlich tragbares Instrument handelt es sich zweifellos, das Hans Kurlebeke 1446 besaß und das nach seinem Tod an eine arme Kirche gelangen sollte. Zwölf Jahre später wird ein Organist der Heilgeistkirche erwähnt. Ob um die Wende vom 15. zum 16. Jahrhundert ein Neubau oder lediglich die Reparatur der Orgel von St. Marien mehrere Testatoren zur Hergabe von großen zinnernen Kannen veranlaßte, ist eine Frage, die sich nicht eindeutig beantworten läßt. Im Jahre 1571 stiftete Jochim Müller indes 30 Mark ausdrücklich zur Erbauung einer neuen Orgel der Kirche.

Mit diesem Datum bewegen wir uns bereits im Reformationszeitalter. Bei den gravierenden Veränderungen, die nun im Kirchenwesen eintraten, bei der Neuordnung des Gottesdienstes vollzog sich die Umgestaltung der Liturgie keineswegs von heute auf morgen. Die Menschen des 16. Jahrhunderts waren anscheinend nicht sogleich bereit, auf den gewaltigen Formenreichtum der liturgisch-künstlerischen Gestaltung des Ehemaligen zu verzichten, nicht bereit, das Alte radikal zu stürzen und Neues an seine Stelle zu rücken. *Wenn die Zeremonien und lateinischen Gesänge das Wesentliche nicht berühren, warum sollen wir uns ihrer zum Schmucke nicht bedienen, solange sie nicht Gottes Wort widersprechen?* sagten die einen, *warum nicht des Sonntags eine Sequentia singen, auf das die alten, herrlichen Gesänge nicht gänzlich verloren gehen?* die anderen. Neuartiges hielt jetzt seinen Einzug in die Gotteshäuser. Das war das deutsche Kirchenlied. Es wurde nicht nur von den Pastoren und der Gemeinde, sondern vor allem durch die der evangelischen Kirche verpflichteten Chöre aus Stralsunds Schulen gepflegt.

Um 1600 begann man zudem die Orgel als das Instrument der Instrumente, als Königin aller Klangwerkzeuge zu erkennen. 1599 vollendete der aus den Niederlanden stammende und zu den bedeutendsten Orgelbauern seiner Zeit gehörende Nikolaus Maaß eine große Orgel der Nikolaikirche. Von ihm ist bekannt, daß er sich danach als *Hoforgelmacher* König Christians IV. von Dänemark in Kopenhagen niederließ und dort 1615 verstarb. An den Instrumenten der Sundstadt wirkten Künstler von Rang und Namen. Und sie spielten nicht nur, sie komponierten auch. Der Schulmann und Kantor Eucharius Hoffmann, der Stücke in Noten setzte und ein Lehrbuch für die Jugend, einen Band mit 24 Motetten, verfaßte, gehört noch in das 16. Jahrhundert. Im 17. Jahrhundert machten zunächst Moritz Belitz und Philipp Caden, beide Schüler des berühmten Samuel Scheidt, sowie Johann Martin Rubert mit den in Stralsund veröffentlichten »Arien« von sich reden. Sodann gilt es Caspar Movius zu nennen, von dem die »Hymnodia sacra« 1639 zu Rostock im Druck erschien. Ein anderer überragte jedoch diese vier an Können und Fähigkeiten bei weitem: Johann Vierdanck (geb. um 1605, gest. 1646 in Stralsund). Er war als Kapellknabe unter Heinrich Schütz in Dresden aufgewachsen, hatte sich als Instrumentalist in den Hofkapellen der Elbestadt und in Güstrow betätigt, sich in Lübeck und Kopenhagen aufgehalten und kam 1634 nach Stralsund als Organist an St. Marien.

Vier große Kompositionssammlungen, darin die »Capricci, Canzoni und Sonaten«, bilden das Hauptwerk seines reichen und vielseitigen Schaffens.[34] Die Tatsache, daß einzelne Stücke mehrfach, auch noch nach seinem Tod, neu aufgelegt wurden, spricht für die Beliebtheit des Meisters in seiner und der folgenden Zeit.

Knapp eineinhalb Jahrzehnte nach Vierdancks Tod erhielt die Marienkirche eine neue Orgel. Ihr Erbauer war kein geringerer als Friedrich Stellwagen (gestorben um 1660), von dem schon Zeitgenossen zu verkünden wußten, daß sein Ruhm in der ganzen Welt bekannt sei.[35] Das Instrument, seine letzte Leistung, ist nach wechselvoller Geschichte, auch nach einer Auslagerung im Zweiten Weltkrieg, erfreulicherweise größtenteils erhalten geblieben. Sie hat 4000 Pfeifen, drei Manuale sowie das Pedalwerk und wird heute aus guten Gründen zu den wertvollsten und schönsten Barockorgeln im gesamten Nord- und Ostseeraum gezählt.[36]

Doch wir wollen nach unserer gedrängten Überschau über die Kirchenmusik nicht die Stadtmusik aus den Augen verlieren. Beide waren ohnehin eng miteinander verflochten. Das geht auch aus den Einstellungsverträgen hervor, so zum Beispiel aus dem von 1642: *Wir Bürgermeister und Raht der Stadt Stralsund uhrkunden und bezeugen hiemit, nachdem durch Absterben des ehrbaren und kunstreichen Boldewin Hoyels des Directoris stelle bey der instrumental Music erloschen, und da dieselben wieder besetzt werden sollen ... so bestellen wir hiemit Friedrich Sultzen zum Directoren der instrumental Music bey dieser Stadt, dergestalt und also, das er mit noch vier persohnen in der Kirche bey der vocalmusik oder auf der Orgel ... der Ordenung gemeß aufwarten solle ...* Sultzen wechselte zusammen mit seinem Sohn, dem *Violinisten* Adrian, von Güstrow nach Stralsund über. Dort hatten beide in der herzoglichen Hofkapelle musiziert, derselben übrigens, in der auch Johann Vierdanck tätig war.

Die Stadt am Strelasund schien im 17. und 18. Jahrhundert auf viele *Musici* eine besondere Anziehungskraft ausgeübt zu haben. Es häuften sich die Schreiben, in denen die dem Rat ganz untertänigsten Künstler von überallher ihre Dienste anboten. Ein *Musicus instrumentalis* bewarb sich nach dem anderen um freie Stellen. Einzelne kehrten Stralsund freilich bald wieder den Rücken, so Johann Wilhelm Hertel, der mit seiner in der Königlichen Bibliothek zu Brüssel aufbewahrten Selbstbiographie ein anschauliches Bild des Stralsunder Musiklebens im 18. Jahrhundert entwarf. Hertel war mit Carl Philipp Emanuel Bach, mit Graun, Quantz und anderen Größen Berlins

34 Müller Willibert, Stralsunds liturgisch-musikalische Reformationsarbeit von der Einführung der evangelischen Lehre (1525) bis zum Ende des Dreißigjährigen Krieges. In: Baltische Studien NF, Bd. 30, 1928, S. 1 ff.

35 Prost, Dietrich W., Die Orgeln in der Pfarrkirche St. Nikolai und in den Kirchen der Klöster und Hospitäler zu Stralsund. In: Greifswald-Stralsunder Jahrbuch, Bd. 13/14, 1982, S. 205 ff.

36 Ders., Die Stellwagen-Orgel in der Marienkirche zu Stralsund. In: Greifswald-Stralsunder Jahrbuch, Bd. 6, 1966, S. 230 ff.

134 Blick auf die Stellwagen-Orgel in St. Marien

sowie mit Telemann in Hamburg persönlich bekannt, musizierte in Strelitz und avancierte zum Hofkomponisten von Schwerin. Im Jahre 1759 trat er sein Amt in Stralsund an und wurde mit viel Achtung, Höflichkeit und Güte aufgenommen. Der gute Hertel brauchte sich nicht zu beklagen, fand willkommene Aufnahme in den Häusern reicher Städter und von Begüterten auf dem Lande und erfreute sich mit seiner Musik in den Sälen des schwedischen Generalgouverneurs an der Badenstraße und im Rathaus besonderer Beliebtheit. Dessenungeachtet währte sein Aufenthalt hier nicht lange. Was veranlaßte ihn zum schnellen Weggang? In den Akten heißt es, daß er kaum einigermaßen befriedigend die Orgel *schlagen* konnte. In seiner Biographie führte er mehrere Gründe an, wie den Mangel an gutem Trinkwasser, der seiner Gesundheit abträglich schien.

Die Stadtmusikanten waren seinerzeit hierzulande – jedenfalls im allgemeinen – wahrlich nicht auf Rosen gebettet. Ihre von wirtschaftlicher Not und Lebensangst gekennzeichneten Eingaben an den Magistrat füllen dicke Aktenbände.

Erst das 19. Jahrhundert brachte die Wende. Bald nach 1800 gelangten auch anspruchsvolle Werke in das Programm des städtischen Musikgeschehens, so Joseph Haydens Oratorium »Die sieben Worte des Erlösers am Kreuz«. Verfolgt man das Konzertleben allein nach Presseberichten, dann könnte Stralsund fast den Ruf einer besonders musischen Stadt für sich beanspruchen. Solisten des In- und Auslandes gastierten hier. Die in aller Welt gefeierte italienische Sängerin Angelica Catalani gehörte dazu und der Balladenkomponist Carl Loewe, der durch den Vortrag eigener Kompositionen mit seiner strahlenden Tenorstimme bei den Stralsundern größtes Entzücken hervorrief, – nicht zu vergessen die berühmte Pianistin Clara Wieck, die Stücke ihres Gatten Robert Schumann zu Gehör brachte. Von einem epochemachenden Ereignis wurde sogar gesprochen, als der russische Klaviervirtuose und Komponist Anton Rubienstein den Konzertsaal verlassen hatte.

Jetzt entstanden auch mehrere Gesangvereine, und die sangesfreudigen Stralsunder wetteiferten in niveauvollen Darbietungen mit Bläsern und Streichern. Im 18. Jahrhundert hatte sich der tüchtige Organist von St. Nikolai, Christoph Raupach, noch bitterlich über die Mißachtung der Singechöre bei Hochzeiten beschwert, hatte sich in einem Schreiben vom 4. November 1737 an die *Wohlgebohrenen, Vesten, Hoch- und Wohlgelahrten, Hoch- und Wohlweisen, Hochgeneigten und Hochgeehrten Herren* des Rates gewandt und demütigst gebeten, es dem hiesigen Kunstpfeifer und dessen Leuten zu verbieten, unter der *Copulation* und über der Mahlzeit auf Instrumenten zu spielen. *Die ordentliche Vocal-Musik müßte sonst künftig Gefahr laufen, auf Hochzeiten gäntzlich in Verfall zu kommen.*

Wir erwähnten die älteste Stralsunder Hochzeitsordnung von 1310. Sie bringt uns die erste Nachricht von den Spielleuten. Der lateinkundige Stadtschreiber bezeichnete sie mit der Vokabel *ioculatores.* Dies Wort bedeutet eben auch Spaßmacher, Gaukler. Und in der Tat, die damals zumeist fahrenden Gesellen musizierten nicht nur auf verschiedenen Instrumenten, sie ergötzten ihr Publikum zugleich mit lockeren

135 Ältester Stralsunder Theaterzettel (18. Jahrhundert)

Mit Erlaubniß einer hohen Obrigkeit/
Wird heute von denen anwesenden
Hoch-Fürstl. Baaden-Durlachischen Hoch-Teutschen
Hoff-Comödianten/
mit ihren grossen Italiänischen Marionetten vorgestellet
werden:
Eine gewiß sehens-würdige gantz neue Haupt-Action, genannt:
Die remarquable Glücks- und Unglücks-Probe/
Des
Alexanders Danielowitz Für-
sten von Mentzikopff/
Eines grossen Favoriten/Cabinets-Ministers
und Generalen
Petri I. Czaaren von Moscau/
Glorwürdigsten Andenckens/
Nunmehro aber von den höchsten Stuffen seiner erlangten Hoheit/
bis in den tiefsten Abgrund des Unglücks gestürtzten veritablen Belisary,
Mit
Hans Wurst/ ein lustiger Pasteten-Junge/ und kurtzweiliger Wild-Schütz in Siberien.
Wann diese Haupt-Action vorbey/ wird eine recht lustige Nach-Comödie den Beschluß machen.

NB. Die Person gibt in einer warmen Stube, auff den ersten Platz 8. Schilling, auff den andern 6. Schilling, auff den dritten 4. Schilling.

Der Schau-Platz ist auff der Brauer-Compagnie, und wird präcise um 4. Uhr angefangen.

Berichten aus nahen und fernen Städten und Ländern. An Unterhaltungsstoff mangelte es ihnen ganz gewiß nicht. Sie hatten genügend Erfahrungen im Umgang mit Vogelfreien, den entlaufenen Klerikern, Landstreichern, Dirnen, Bettlern, und gaben sie zum besten. Ihr Auftreten läßt fast an frühe Theatervorstellungen denken.

Zu theatralischen Veranstaltungen kam es offensichtlich in den katholischen Gottesdiensten, die der mehrmals genannte Franz Wessel in grellen Farben beschrieb. Knaben hatten sich in Frauengewänder verkleidet, führten Hunde, Schafe, stinkende Ziegenböcke ins Gotteshaus, trieben allerlei Allotria, zerschlugen auf Grabsteinen die mit Erbsen gefüllten Schweins- und Rinderblasen, daß es *so laut bollerte, wie wenn ein Rohr abgeschossen würde. Dazu wurde gedantzet, gesprungen und so geschicket, oft se mit legion der duuell beseten werenn* (als wenn sie von einer Legion Teufel besessen wären).

Doch wir nähern uns nun allmählich dem echten Theater. Quellen des 16. Jahrhunderts berichten darüber. Die »Tragedie van deme Daniel« und »De Tragedien von Susannen« gingen zwar nicht über die Bretter einer Bühne, sondern vielmehr über das Pflaster des Alten Marktes. Schülergruppen von der St. Jakobi-Schule (1553) und vom Gymnasium (1584) gaben jene Vorstellungen. Den Beginn der eigentlichen Stralsunder Theatergeschichte müssen wir indessen in die ersten Jahrzehnte des 18. Jahrhunderts verlegen. Und hier dürfte gleich eine damals berühmte Schauspielgesellschaft den Auftakt gebildet haben: die Gruppe des Prinzipals Christian Spiegelberg. Noch kurz vor deren Auftreten in Stralsund (1720) hatte Caroline Neuber, jene Frau, die der deutschen Schauspielkunst neue Wege weisen sollte, der Truppe angehört. Die Gesellschaft brachte unter anderem Stücke von Molière und spielte im Haus der Brauer- und Mälzerkompanie, einem geräumigen Gebäude an der Heilgeiststraße. Die Spiegelbergs waren übrigens die ersten deutschen Schauspieler, die sich mit ihren Darbietungen ins Ausland wagten – Norwegen, Dänemark, Schweden bereisten – und dabei seltsame Abenteuer erlebten. Als sie nach tagelanger Irrfahrt auf dem vereisten Großen Belt in ihren Theaterkostümen ans Land gelangten, wußten die erstaunten nordeuropäischen Küstenbewohner nicht, ob sie die wunderbaren Gäste verehren oder fürchten sollten. Alle Frauen der Truppe hatten die Füße erfroren, und einer Schauspielerin mußten sogar Zehen amputiert werden, so daß sie erst nach Monaten wieder – und auch dann nur sitzend – zu spielen vermochte.

Der Name Spiegelberg taucht noch einmal im Stralsunder Theaterleben auf. Die Witwe des Prinzipals, Elisabeth Spiegelberg, die *Königlich-Groß-Britannische und churfürstlich Braunschweigische und Lüneburgische Spezial privilegierte Hof-Atrice,* hatte sich im Anschluß an eine gescheiterte Tournee durch Norwegen mit ihren Komödianten nach Stralsund gerettet und 1734 die Spielerlaubnis erhalten. Auf die Spielerlaubnis kam es an, und sie wurde den auswärtigen Truppen vielmals kurz und bündig verweigert. Unter der Stralsunder Geistlichkeit entfachte 1724 ein Entrüstungssturm, als ein Marionettenspieler gar gemeine *Zoten und Unfläthereien und sogar gotteslästrige Sachen* vorgeführt hatte. Der Rat der Stadt forderte von den Komödianten inständig, nichts andres als was ehrbar und anständig sei, aufzuführen. An Geschmacklosigkeiten fehlte es in jenen Jahren nicht. Als sich der Direktor Carl Friedrich Reibehand 1743 bei einer Tragödie auf der Bühne erstach, und dies einen Zuschauer zu einem Zwischenruf veranlaßte, stand Reibehand wieder auf und erstach sich schnell noch einmal.[37]

Die Stralsunder fanden Gelegenheit, Vorstellungen unterschiedlichster Art und Qualität zu erleben. Neben holländischen Seiltänzern und Akrobaten, neben elenden Gauklern, deren theatralische Darbietungen wir getrost mit Stillschweigen übergehen können, erschienen dort jedoch auch Wandergesellschaften von ausgezeichnetem Ruf. Wir denken dabei an Gastspiele der Truppe des Johann Friedrich Schönemann, der selbst dem Kreis der Neuberin entstammte und vortreffliche Talente, wie den in der deutschen Theatergeschichte des 18. Jahrhunderts namhaften Konrad Ekhof, um sich zu scharen wußte.

Das Jahr 1766 gilt es, besonders zu beachten. In diesem Jahre erhielt die Stadt ihr erstes Theatergebäude. Es stand dort, wo sich heute das Haus Mönchstraße 18 befindet. Ursprünglich sollte der Bau einem anderen Zweck, und zwar der Unterbringung elternloser Kinder dienen. Als das Geld für die geplante Einrichtung fehlte,

37 Ewe, Herbert (wie Anm. 3), S. 193 ff.

entschloß man sich kurzerhand für das Theaterunternehmen in der Annahme, daraus die notwendigen Mittel für die Waisenanstalt zu gewinnen. Das sollte freilich – wie sich allzubald herausstellte – auf einem Irrtum beruhen. Doch wie dem auch gewesen sein mochte – Stralsund hatte sein Theater, hatte es früher als die benachbarten Universitätsstädte Rostock und Greifswald. Und in diesem Komödienhaus mit mehr als 700 Plätzen, das unheizbar und von qualmenden, übelriechenden Tranlampen beleuchtet war, in dem die Türen nur mangelhaft schlossen und eine Ventilation fehlte, das unnumerierte Holzbänke ohne Rückenlehnen hatte und bei dem die Besucher infolge der schmalen Gänge nicht selten eine halbe Stunde nach der Vorstellung warten mußten, bevor sie die Straße erreichen konnten, wurde Theater gespielt mit einem Programm, das uns zu überraschen vermag. Von Schillers Tragödie »Kabale und Liebe«, die schon am 16. März 1785, kaum ein Jahr nach der Mannheimer Uraufführung, auf die Stralsunder Bühne gelangte, bis zu seinem »Wallenstein« gehörten neben den leichten Stücken eines Kotzebue und dessen Zeit- und Artgenossen die Dramen Goethes, Lessings, Shakespeares, Heinrich von Kleists sowie Musikwerke Wolfgang Amadeus Mozarts bis hin zum »Fidelio« Ludwig van Beethovens zum Repertoire. Ein Schauspiel Friedrich von Schillers sollte das Stralsunder Theaterpublikum – und nicht nur dieses – lange in Atem halten. Gemeint sind die »Räuber«. Ein tüchtiger Theaterdirektor, namens Johann Tilly, beabsichtigte das Werk am 26. März 1783 auf die Bretter des Schauspielhauses an der Mönchstraße zu bringen. Alles war vorbereitet, Theaterzettel angeschlagen, Eintrittskarten verkauft, da wurde – kurz vor Beginn der Vorstellung – die Aufführung wegen des *gefährlichen* Inhalts verboten. Anträge der Bürger auf Freigabe des Stückes blieben erfolglos. Auch Versuche des Direktors Tilly, Schillers bedeutenden Erstling 1791 und 1793 in den Spielplan aufzunehmen, scheiterten an der starren Haltung von Regierung und Rat. Da schien die Geduld der Stralsunder am Ende zu sein. Demonstrativ forderten sie am 11. April 1794 die Aufführung des Stückes und gingen auf die Straße. Der durch diese Aktion äußerst beunruhigte *Hochedle Rath* erneuerte bezeichnenderweise das Verbot, weil die *Praesentation des Schauspielstückes seines gantzen Inhalts halber nichts anderes als sehr schädliche Würkungen hervorbringen könne*, auch dann noch, als die schwedische Regierung gegen die Aufführung keine Bedenken mehr anmeldete. Und gegen den Willen von Bürgermeister und Rat, jedoch mit ausdrücklicher Genehmigung der Landesregierung, konnten am 15. Dezember 1799 endlich die »Räuber« aufgeführt werden. Die gefürchteten *Exzesse* blieben aus, und das Werk sollte fortan zu den in Stralsund am meisten gespielten zählen.

Auf und Ab, Hoch und Tief kennzeichneten das Bestehen des Stralsunder Theaters. Glänzende Zeiten brachen immer dann an, wenn Karl Friedrich Graf von Hahn-Neuhaus (1789–1857), eine der originellsten Erscheinungen in der deutschen Theatergeschichte, in das Komödienhaus einzog. Der mecklenburgische Adlige besaß ein riesiges Vermögen und verschwendete es, gab Unsummen für glänzende Ausstattungen her. Er war heute Theaterdirektor und morgen Schauspieler, oft beides in einer

Person und trug übrigens viel zur Verbreitung guter dramatischer Dichtungen und Opern bei. 1815 tauchte er zum ersten Mal in der Sundstadt auf. In den Jahren 1829 gelangten hier durch ihn neue Werke auf die Bühne – Opern Rossinis und Aubers, Kleists »Prinz von Homburg« und Schillers »Verschwörung des Fiesko«. In Carl Maria von Webers »Preciosa« und »Freischütz« begab er sich selber auf die Bretter und verabschiedete sich schließlich mit Mozarts »Enführung aus dem Serail« vom Stralsunder Publikum. Am 12. Januar 1834 beendete das Komödienhaus seine Theatertätigkeit mit Franz Grillparzers »Ahnfrau«.

Inzwischen war ein neues Gebäude am Alten Markt errichtet worden. Es hatte zwei Ränge, vermochte 600 Personen Platz zu bieten und verfügte über Einrichtungen, die Fachleute seinerzeit als vorbildlich bezeichneten, so die Ausleuchtung des Hauses. Das Schauspielhaus hatte als eines der ersten öffentlichen Gebäude den Anschluß an die neue Energiequelle erhalten. Als das Theater zu Beginn der Winterspielzeit 1857 seine Pforten öffnete, beeindruckte die Besucher offenbar weniger die Aufführung des ländlichen Charakterbildes der »Grille«, sondern vielmehr das strahlende Licht im Raum. Das geht jedenfalls aus der Pressekritik hervor, in der es heißt: *Wiederum haben sie gestern ihre Opferflammen angezündet, aber heller, schöner denn je. Es ist nicht mehr gemeines Öl, das uns auf die Köpfe tröpfelt, nein, die Zeiten sind gewesen, es ist eine reinere, edlere Flamme, die uns lodert – es ist Gas. Wer von euch Stralsundern noch nicht bei Gaslicht im Theater gewesen, der gehe hin und sehe das Unerhörte, das Niegeglaubte. Es ist eine solche Helle, das man den Staub auf den Bänken sehen konnte, den man, an eine verrätherische Dunkelheit gewöhnt, nicht abgewischt hatte.*

Gegen Ende des 19. Jahrhunderts mehrten sich allerdings Stimmen, die einen grundlegenden Umbau des Theaters oder ein »Neues Haus« forderten. Die baupolizeiliche Schließung des Gebäudes veranlaßte dann den Rat und das Bürgerschaftliche Kollegium, für den Neubau die notwendigen Summen zu bewilligen. Die Errichtung des neuen Stadttheaters vor dem Kniepertor gehört bereits in das 20. Jahrhundert.

Während des 19. Jahrhunderts erlebten die Stralsunder in ihrem Schauspielhaus am Alten Markt glanzvolle Veranstaltungen. Von Goethes »Faust« und »Egmont« über Schillers »Wallenstein« und »Wilhelm Tell« führt die Titelskala in der Spielplangestaltung bis zu den anspruchsvollen Werken Richard Wagners und Stücken des jungen Gerhart Hauptmann. Tüchtige Direktoren leiteten das Haus, und auf dessen Brettern standen hervorragende Schauspieler. Für einen endete 1891 hier freilich zunächst die Karriere. Das war Eduard von Winterstein. Hören wir, was er selber dazu in seiner Autobiographie »Mein Leben und meine Zeit« zu sagen wußte: *Ich war mit Chorverpflichtung engagiert. Herr du meine Güte! Ich, der kaum eine Volksmelodie richtig singen konnte und kann, mußte in Operetten, ja in Opern im Chor mitsingen! Noch jetzt spüre ich die schrecklichen Qualen, die mir unter dem Kapellmeister der Chor »Sprühe, Flamme!« im »Waffenschmied« bereitete. Aber ich schwindelte mich durch, bei den schweren Stellen hielt ich das Maul und ließ die anderen singen. Doch das Verhängnis nahte. In dem Stück »Unser Doktor« war mir die ehrenvolle Aufgabe*

136 Schauspielhaus (Lithographie 1840)

137 Sommerkonzert in der Chorruine von St. Johannis

zuteil geworden, den zweiten Tenor zu halten. Armer zweiter Tenor! Da ich deine einzige Stütze war, mußtest du zugrunde gehen. Die Melodie war mir ja einigermaßen geläufig, aber Töne zu singen, die nicht zur Melodie gehörten – eher hätte man von mir verlangen können, das Flugzeug zu erfinden, von dem man damals noch nichts ahnte.

Gasthäuser und Herbergen

Die Stadt war kaum einige Jahrzehnte alt, da konnten ihre Bürger in eine *taberna* (Wirtshaus) einkehren. Eine Gaststätte erlangte im mittelalterlichen Stralsund besondere Bedeutung. Das war der *konninges Artus howet.* Artushöfe gab es auch in anderen Hansestädten – in Elbing, Königsberg, Thorn, Riga und anderswo. Zu den schönsten und größten gehörte der von Danzig. Die Bezeichnung des Hofes führt auf den Namen des sagenhaften keltischen Königs Artus zurück, der angeblich im 5. Jahrhundert in Britannien lebte, und der in der englischen, französischen und deutschen Dichtung des Mittelalters, in Sagen und Legenden, lebendig blieb. Den Zeitgenossen war dieser König das Vorbild für Tugend und Ritterlichkeit. Seine legendäre Tafelrunde, die ihn mit seinen Mannen vereinte, galt als Symbol für Harmonie und Gleichheit. Kein Wunder, daß sich auch Städtebürger den Helden zum Patron ihrer Festhäuser wählten.

Der Stralsunder Artushof ist längst von der Bildfläche verschwunden. Ein Stadtbrand des Jahres 1680 vernichtete ihn. Er hatte sich auch über die Stadtgrenzen hinaus eines gewissen Rufes erfreut. So nennt ihn 1530 der Erzbischof Johannes Magnus von Uppsala in gleichem Atemzug mit dem von Danzig: *Es gibt noch zu unserer Zeit sogenannte erlauchte Artushöfe in den wendischen Städten längs des deutschen Meeres z. B. in Danzig und in Stralsund,* heißt es bei ihm, *in welche die vornehmen Bürger zur Gemütserholung, gleichsam wie in eine Schule besserer Sitte sich zu begeben pflegen.*

Der hiesige Artushof befand sich inmitten der Stadt – an der Westseite des Alten Marktes. Es bedurfte nur weniger Schritte, um ihn aus dem Rathaus zu erreichen. Das Datum der Grundsteinlegung kennen wir ebensowenig wie die Anzahl der Innenräume. Wenn man dem pommerschen Geschichtsschreiber Thomas Kantzow glauben kann, dann errichteten die Stralsunder das Gebäude bald nach 1316. An finanziellen Mitteln fehlte es ihnen seinerzeit offenbar keineswegs. 16 000 Mark feines Silber hatten sie nach dem siegreichen Kampf im Hainholz als Lösegeld gefangener Fürsten erhalten. So ganz sicher scheint sich Kantzow, der seine »Pomerania« in der ersten Hälfte des 16. Jahrhunderts schrieb, mit der Meldung freilich nicht gewesen zu sein. In der Chronik lautet es: *man sagt, daß die Sundischen ihr Rathaus* (erweitert) *und den Khönig Arenshoff davon sollen erbauet haben.* Bald danach griff Pastor Jakob Liefert von Steinhagen und Voigdehagen zum Federkiel, schilderte ebenfalls den Krieg der Stralsunder von 1316 und verwies auf eine Einzelheit des Artushofes, auf drei Könige,

138 Stadtzentrum mit Artushof (Modelldetail)

die als Plastiken die Marktseite schmückten. Im Jahre 1435 erscheint der Hof in Eintragungen des »Liber memorialis«, und darin werden die Provisoren (Vorsteher) genannt. Das waren bekannte Bürgermeister und Ratsherren. 1506 vermerkt dasselbe Stadtbuch noch einmal die Existenz dieser Gaststätte. Kurz zuvor, 1499, hatte der Verwalter Heinrich Molre auf vier Blättern die Jahresabrechnung formuliert, und sie ist die einzige Quelle, die uns über den mittelalterlichen sundischen Arthushof Näheres mitzuteilen vermag.[38] Nicht weniger als 2020 Hektoliter, das heißt täglich 555 Liter, Bier sind danach hier *getappet* (gezapft) worden. Aufschlußreich ist die Herkunft des Gerstensaftes. Es gelangte faßweise aus Barth, Tribsees, Pasewalk und Bernau hierher. Genügte den Bürgern ihr eigenes Getränk nicht? Wird damit ein Licht auf die Qualität des heimischen Erzeugnisses geworfen? Dies ist zu fragen, wenn man bedenkt, daß damals die hiesige Brauer- und Mälzerkompanie annähernd 200 Mitglieder zählte, und sie das Bier gewiß nicht nur zum Haustrunk herstellten. In der Rechnungstabelle des Hofes wird Stralsunder Bier jedenfalls an keiner Stelle erwähnt. Die Aufzeichnungen verraten statt dessen anderes. Wohlhabende Bürger versorgten sich hier mit gutem Gebräu für häusliche Feierlichkeiten. So ließen sich 1499 Dok-

38 Reuter, Christian, Mitteilungen aus dem Stralsunder Stadtarchiv. In: Beilage zur Stralsundischen Zeitung, 1897, Nr. 8.

tor Gerber 17 Tonnen, der Gewandhausaltermann Roloff Molre 9, Bürgermeister Schutynck 18 und der Kirchherr Reymar Hane 4 Tonnen Barther und Tribseer Bier in ihre Privatwohnung rollen. Damit ist zugleich jener Personenkreis angedeutet, der im Artushof verkehrte. Von den *vornehmeren* Bürgern hatte der schwedische Erzbischof gesprochen. Und sie, die Bürgermeister und Ratsherren, die Gewandschneider und andere Großkaufleute, fanden sich abends in den Gasträumen zu ihrer *Gemütserholung* ein, hielten den Umtrunk, tätigten Geschäftsabschlüsse, verhandelten Getreide und sundisches Bier, unterhielten sich über Größe, Ladefähigkeit und Geschwindigkeit der Schiffe, tauschten Erfahrungen über den Schiffbau aus, sammelten Informationen über fremde Schiffer und die Fracht, die sie mit sich brachten, plauderten über Politik und betrieben munter den Stadtklatsch. Hier dürfte auch der junge Franz Wessel mit verblüffenden Künsten aufgewartet haben, von denen es hieß, daß er große Humpen auf einen Zug leeren, Gläser zerbeißen, Stücke davon aufessen und aus einer leeren Tonne in die andere springen konnte.

Dem Hauswirt Heinrich Molre verdanken wir ferner Kenntnisse vom Aussehen und der Ausstattung des Stralsunder Artushofes. Bei seiner Rechnungsführung von 1499 brachte er die Kosten für die Instandsetzung und Pflege des Gebäudes fein säuberlich zu Papier. 13 Mark mußten danach für eine neue Lucht in der *dorntze*, dem großen Gastraum, aufgewendet werden. Wir lesen von bunten Glasfenstern, von bebilderten, von schmiedeeisernen Gittern umgebenen Kachelöfen, von weiß gestrichenen und auch holzgetäfelten Wänden, von bemalten Tüchern, die als Wandbehänge dienten, von einem neuen Kronleuchter und einem Marienbild. Bei der Ausschmückung der Räume scheint man nicht mit Gold gespart zu haben. Das geht aus einer Notiz Molres hervor, die die *beterende* (Ausbesserung) eines goldenen Bilderrahmens beschreibt. Und wenn die Anfertigung einer *dor* nicht weniger als 100 Mark kostete, dann werden wir uns darunter eine reich geschnitzte, verzierte Tür vorzustellen haben. Kurzum: der Stralsunder Artushof präsentierte sich nach allem, was wir hier erfahren, in bemerkenswertem Prunk.

Die Stralsunder hatten offensichtlich gewichtige Gründe, ihr Festhaus genau zu diesem Zeitpunkt umfassend zu erneuern, wobei übrigens auch die schon genannten figürlichen Darstellungen der drei Könige renoviert wurden. Im Jahre 1601 galt es, dem jungen Landesherrn, Herzog Philipp Julius von Pommern-Wolgast, zu huldigen. 1541 war hier bereits die Huldigung Philipps I. erfolgt. Der Aufwand zu diesem Akt ließ den Chronisten Johann Berckmann buchstäblich in Harnisch geraten. Der pommersche Herzog war mit *allerherrlichstem blanck* und einem Gefolge auf 350 Pferden eingeritten. Die Bürgermeister Christoffer Lorbehr, Jochim Prutze und Franz Wessel hatten sich beeilt, ihnen mit ihren Jungen – *alle woll uthgeputzet, in rot englisch gekleidet* – zum würdigen Empfang entgegenzureiten. Allein diese *Herrlichkeit* kostete nach Berckmann *mercklich grodt geldtt.* Doch dies war noch das wenigste. Die ganze Gesellschaft wurde mit Wein für 300 Gulden bewirtet. Und was sie nicht austranken, das gossen sie einfach weg – *dat me inn dem wine wadenn muchte* (daß man in dem Weine waten konnte). Dies, obgleich die herzogliche Begleitung, *de hungernden havelude* (die verhungerten Hofleute), ansonsten kaum dünnes Bier zu sich zu nehmen vermochte. Im Hinblick auf das, was tagelang an Ochsen, Schafen, Gänsen und Wildbret *vorterrt* (verzehrt) wurde, blieb dem alten Johann Berckmann nichts weiter übrig, als das Treiben ebenso argwöhnisch zu beobachten, wie die Hergabe vieler silberner Becher und Schalen, die man dem Herzog und der Fürstin, des Kurfürsten von Sachsen Tochter, als Präsent verehrte. Alles zusammen war nicht mit *3000 Gulden auszurichten*, vermerkte der Chronist verbittert, *Dat uthspisent waß so groff* (die Bewirtung ging über jedes erträgliche Maß hinaus).

Das gleiche wiederholte sich bei dem *Huldigungshandel* des Jahres 1601. Wieder waren Weine in den Keller gebracht und zudem Kammerherren zu *ochsen- und fleisch-erkauffung* verordnet worden. Die fürstliche Tafel wurde *uff dem König Artushofe* gehalten, die Küche draußen und die Speisekammer drinnen *uffgeschlagen.* Die Ritter- und Gesindeküche, acht Bretter lang, stand auf dem Marktplatz dicht am Kak und am Brunnen. Für diese Leute hatte man 300 *berckemeyer* (hölzerne Trinkgefäße) aus Anklam herangeschafft. Aber *die kerle,* so berichtete der Zeitgenosse Joachim Lindemann, wollten nicht daraus *sauffen.*

Der Artushof war von Anfang an das zentrale Festhaus der wohlhabenden Bürger. Hier feierten sie große Hochzeiten, vergnügten sich bei Tanzveranstaltungen und verpraßten die Maigrafenköste. Doch das Gebäude sollte überdies im politischen Geschehen eine beachtliche Rolle spielen, im Dreißigjährigen Krieg und danach. So hielt der schwedische König Gustav II. Adolf am Morgen des 10. September 1630 von der Fährbrücke des Hafens her unter Kanonendonner, unter dem Geläut der Kirchenglocken und dem Jubelruf der spalierbildenden Stralsunder seinen Einzug in die Stadt und wurde vor dem Gastquartier des Artushofes mit einem großen Faß Rheinwein, mit einer *Pipe* (etwa 500 Liter) spanischem Wein und mit drei Ochsen willkommen geheißen. Die Sundischen hatten sich auf den Empfang vorbereitet, hatten für 747 Mark drei Last Rostocker Bier, 34 Lämmer und eine Anzahl Ochsen eingekauft.[39] Der König blieb bis zum 21. September jenes Jahres in Stralsund, zog dann mit seiner Streitmacht ins mecklenburgische Land, kehrte am 22. Oktober hierher zurück und verbrachte drei Wochen in dem gastlichen Hof.

Ein knappes halbes Jahrhundert später stand der Artushof erneut im Trubel turbulenter Ereignisse. Die Schweden verteidigten im Oktober 1678 unter ihrem Feldmarschall Otto Wilhelm Graf von Königsmarck das von den Brandenburgern belagerte Stralsund und erlagen den Angriffen. Der Kurfürst Friedrich Wilhelm hatte seine Artillerie von allen Seiten auffahren und die Stadt binnen weniger Stunden in Brand schießen lassen. Ein grauenvolles Elend breitete sich über die Straßenzüge aus.

39 Hacker, Hans-Joachim, Stralsund von 1630 bis 1720. In: Geschichte der Stadt Stralsund, 2. Aufl. Weimar 1985, S. 185.

303 Häuser, 506 Buden und 257 Kellerteile, fast die Hälfte der gesamten städtischen Wohnstätten, sanken neben zahlreichen öffentlichen Gebäuden in Trümmer. Den Schweden wurde ein ehrenvoller Abzug – mit Fahnen und Standarten, mit klingendem Spiel – zuteil. Danach rückten die Brandenburger ein. Und wieder jubelten die Stralsunder. Zugegeben: die schwedische Besatzung hatte ihnen Grund genug zu Enttäuschung, Verärgerung, Mißachtung geliefert. Bei einem Dankgottesdienst in St. Nikolai feierte Superintendent Goßman mit überschwenglichen Worten den neuen *gnädigsten Landesvater und Herrn.* Im Rathaussaal nahm der Kurfürst den Huldigungseid und Handkuß des Rates entgegen, und als er sich am Fenster zeigte, dröhnte zu ihm von der auf dem Marktplatz versammelten Bürgerschaft ein donnerndes Hoch empor. Das Festmahl in drei Räumen des Artushofes war schon angerichtet. Friedrich Wilhelm, seine Gattin und die höheren Offiziere, darunter Feldmarschall Georg von Derfflinger und Prinz von Homburg, konnten Platz nehmen. Die Bürgermeister saßen an der Tafel des Kurfürsten. Es erscheint uns Heutigen fast grotesk, wenn angesichts des unsagbaren Leides, das über die Stadt hereingebrochen war, angesichts der vielen Toten, der immer noch jammernden Verwundeten und des beklagenswerten Verlustes der Behausungen, ein Teilnehmer des Festschmauses dies berichtete: *Es ging sehr heiter her bei diesem Mahl, und es war wohl bemerkbar, daß der Kurfürst und alle Welt zufrieden mit diesem Tage war.*[40]

Kaum zwei Jahre später, am 15. Juni 1680, ging der traditionelle Stralsunder Artushof lichterloh in Flammen auf. Er wurde völlig zerstört und ist nie wieder aufgebaut worden.

Der Artushof war das öffentliche Wirtshaus des privilegierten Bürgertums. Nicht von ungefähr nannte ihn der Volksmund *Junkerhof.* Eine andere Gaststätte hatte sozusagen intimen oder auch exklusiven Charakter und blieb – jedenfalls in den ersten Jahrhunderten der Stadtentwicklung – dem Rat im engeren Sinne vorbehalten. Gemeint ist der Ratskeller, genauer: der Ratsweinkeller. Seine Geschichte führt in die Anfänge Stralsunds zurück. Derjenige, der in dem Gewölbe als Kellermeister amtierte, erlangte die Stellung eines achtbaren städtischen Beamten, und die ihn beaufsichtigten, die Weinherren, waren samt und sonders Ratsangehörige. Auf die Ausstattung des durch eine Wendeltreppe von innen und an der Badenstraße von außen zugänglichen schönen, von schlanken Säulen gestützten Kellergewölbes legte man besonderen Wert. Hier fanden sich die Bürgermeister und Ratsherren nach ihren Sitzungen ein, verhandelten inoffizielle Stadtsachen, bewirteten Gesandte und sprachen den auserlesenen Weinen zu. Man braucht nur Nikolaus Gentzkows Tagebuch anzublättern, um sogleich zu erfahren, wie oft der Bürgermeister in das untere Gemäuer des Rathauses stieg, sich mit seinen *Cumpanen* verständigte, den Traubensaft kostete oder sich von neuen Ratsmitgliedern den Ehrenwein kredenzen ließ.

40 Fock, Otto (wie Anm. 28), Bd. 6, S. 452.

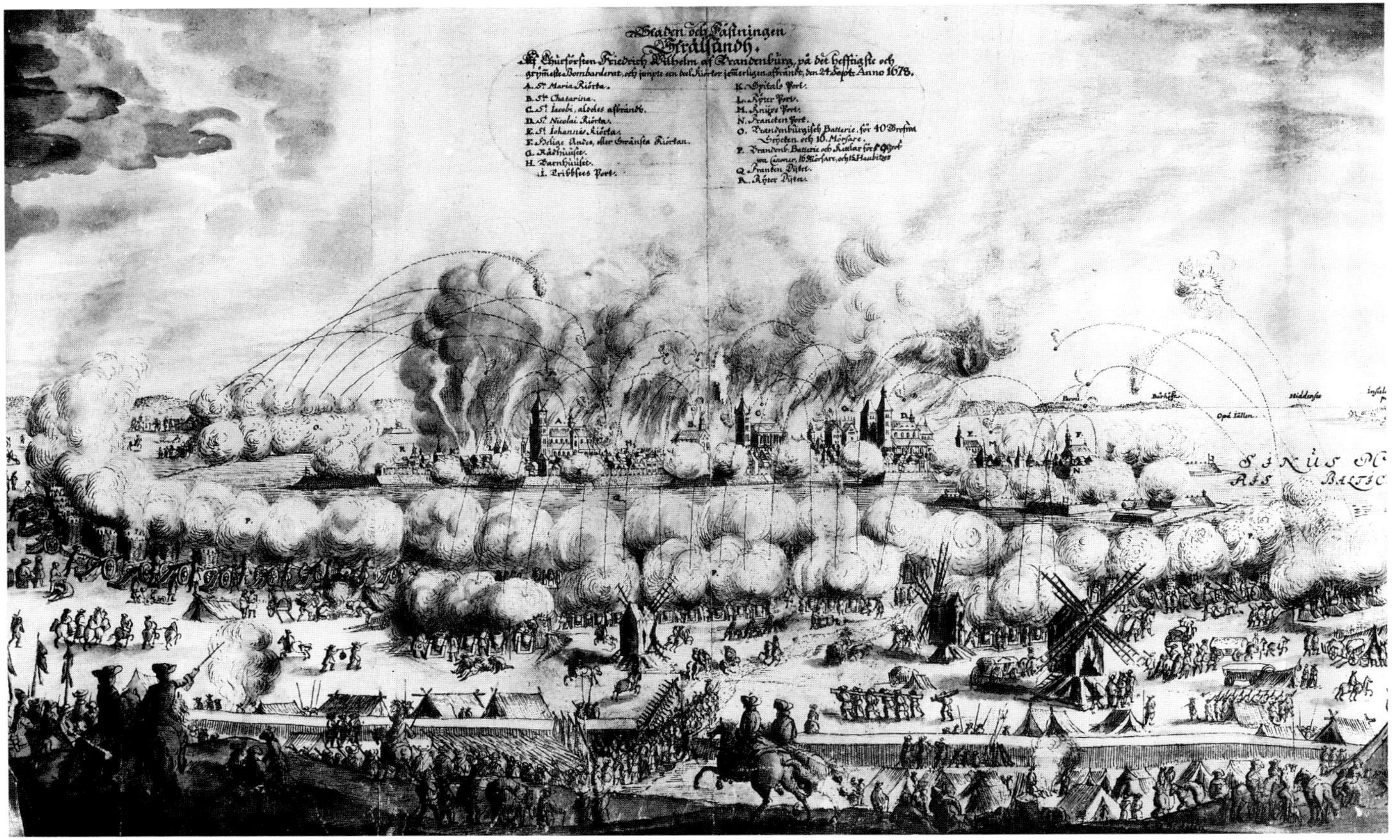

139 Kriegszerstörung von 1678 (zeitgenössische Lithographie)

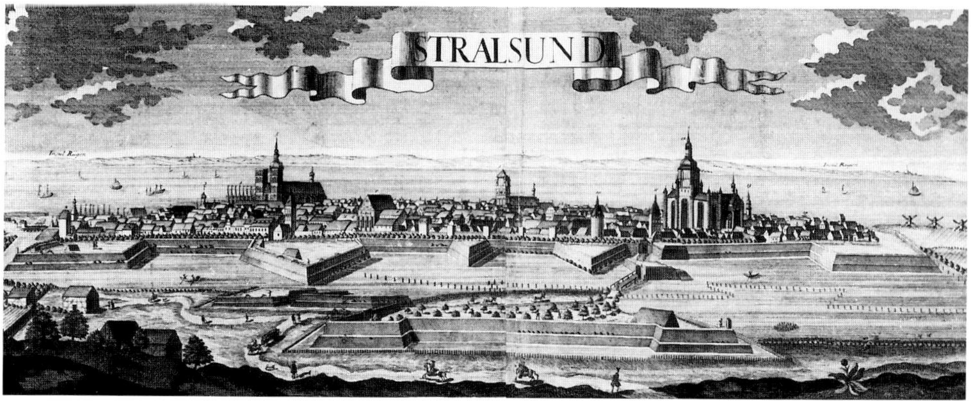

140 Gesamtansicht Stralsunds von 1728

Der Weinkeller war eine städtische Institution. Auf Rechnung des Rates wurde gezecht, gar nicht selten wurden dabei Schulden gemacht. Wenn wir erfahren, daß Franz Wessel 1531 *thor vorsorginge* (zur Bevorratung) *des Wynkellers* die für die damalige Zeit erstaunlich hohe Summe von 600 Mark aus eigener Tasche vorschoß, weil die Stadtkasse dazu nicht in der Lage war, vermag man den Umfang und die Dauer der Gelage zu ahnen. Das Leben und Treiben hinter den verschlossenen Türen des Kellers konnte den Stadtbewohnern nicht verborgen bleiben. Und in dem Augenblick, als die Alleinherrschaft des Rates gebrochen, zumindest erheblich eingeschränkt wurde, trat der Betrieb des Weinkellers ins helle Licht der Öffentlichkeit. Durch rigorosen Eingriff des pommerschen Herzogs Philipp Julius in die städtische Verwaltung kam 1616 der sogenannte Bürgervertrag zustande. In dem gewichtigen Dokument steht unter Articul 21 schwarz auf weiß zu lesen: *Soviel auch den Stadt Weinkeller thut belangen, weil die Bürger in Erfahrung gebracht / daß derselbe bißhero nicht allein nichts profitirt, besonders noch Schulden drauff hafften sollen / welches ihnen befrembdt fürkommen / und dereowegen auch hiebey allerhand Erinnerungen gethan / und daß aller Unrath hinführo besser remediret werden möchte / begehret: Als ist zuforderst für rathsam angesehen und beliebet / daß eine Persohn des Raths zu der Inspection verordnet / und demselben drey Persohnen aus der Bürgerschafft zugeordnet werden sollen / welche drey Persohnen die Administration der Gelder haben / und was jederzeit zu des Kellers Nohtdurfft an Rheinwein / auch allerhand süssen und guten Reinischen Brandtwein vonnöhten / fleißige Vorsorge tragen / und die Nohtdurfft / auf vorgehabten Rath / verschaffen / und zur Hand bringen sollen.*

Dem *Unrat*, das heißt der Schlamperei, galt es ein Ende zu bereiten. Dafür wollten die drei Männer der Bürgervertretung sorgen. In dem Vertragswerk findet sich ein ganzer Katalog von Forderungen. Zunächst waren ein Kellerinventar (das es bislang nicht gab) anzufertigen und die vorhandenen Weine sowie die Schulden genauestens zu verzeichnen. Ferner hatte der Weinschenk einen Eid zu leisten, auf daß er sich so verhielte, wie es einem getreuen *Haußhalter ohne Betrug und Argelist gebühret,* hatte darauf zu achten, daß der Rebensaft nicht mit französischem und Landwein verpanscht und keinesfalls teurer als in den benachbarten Städten verkauft wird. Sodann wurden Töne angeschlagen, die dem *Ehrbaren Rat* der Stadt am Strelasund bisher noch nie zu Ohren gekommen waren, wie *Es soll der Weinschencke hinführo befehligt werden / daß er alle Quartal auf die hohen Feste / mit Anordnung der Inspectorn und Provisorn, einen guten Trunck außprüfe / und denselben sowohl für die Armen / als für die Reichen zum Zapffen gehen lasse / biß er gar ausgezapffet.*

Bis zum Jahre 1757 verblieb der Weinkeller in städtischer Verwaltung. Dann wurde er an Privatpersonen verpachtet. Und sie hatten außer Zahlung des Pachtgeldes den Bürgermeistern und Ratsherren jährlich einmal den aus Rheinwein, Zucker und Gewürzen der Ratsapotheke aufgesetzten »Luttertrank« auszuschenken.

Neben dem Weinkeller existierte schon im 16. Jahrhundert der von den Bierherren beaufsichtige Ratsbierkeller. Gentzkow, der mit seinen *Cumpanen* die Abrechnung für das gezapfte Barther und sundische Bier überprüfte, nahm dafür die gebührende Portion an Geld in Empfang. Von dem Bürgermeister erfahren wir zugleich die Existenz anderer Stralsunder Gaststätten wie den *Pasteten-Krug* und den *Barther Keller.* Diese Einrichtungen standen der gesamten Stadtbevölkerung zur Verfügung. Daß es darin zuweilen rabiat zuging, dürfen wir nicht verschweigen. So wußte Nikolaus Gentzkow vom 10. Oktober 1559 zu berichten, daß bei einem großen Lärm im Bardschen Keller der Zabel Osseborn so schwer im Kopf verwundet wurde, daß er am siebenten Tag danach verstarb.

Der Rat förderte jetzt großzügig die Entwicklung der Gasthäuser, und zwar deshalb, weil sie der Stadt lohnende Gewinne einbrachten. In dem Entwurf eines Bürgervertrages von 1595 erfährt man den triftigen Grund für dies Wohlwollen. Die Weinherren wurden darin angewiesen, für den *Pasewalker Keller* einen Pächter zu suchen, der um eine billige Pension den Betrieb wiederum anzurichten in der Lage sei. Denn, so lautet es, mit dem Ausschank fremder Biere können durch die Stadt-Accise (Biersteuer) die Einkünfte *allhier merklich gebessert* werden. Im Jahre 1624 bewarb sich Hans Schmitt in einem anderen Keller um das Ausschenken von Tribseer Bier. Während des 17. Jahrhunderts öffneten Stralsunder Wirtshäuser allenthalben ihre Türen – am Neuen Markt, in der Böttcher-, Franken-, Kleinschmiedstraße, am Apollonienmarkt und anderwärts. Die Wirte bemühten sich redlich, Gäste auf sich aufmerksam zu machen, sie zum Besuch ihrer Häuser einzuladen. Die Behörde erteilte ihnen 1658 bereitwilligst die Genehmigung zum Anbringen von »Aushängern« an den Gebäuden. Auf diesen Schildern erschien alles mögliche – St. Johannes der Küfer, Kränze, Bäume, goldene Kronen, ferner weiße Pferde, schwarze Adler, Löwen, Bären und anderes Getier. Im 18. Jahrhundert gruppierte sich rings um den Alten Markt eine ganze Anzahl Gaststätten. Auch das historische Wulflamhaus gehörte dazu. Es wechselte mehrmals seinen Namen, hieß einmal »Goldener Hirsch«, dann »Stadt

Hamburg« und schließlich »Goldener Anker«. Das Nebengebäude, Ecke Knieperstraße, durfte den Ruhm für sich verbuchen, im Jahre 1751 die erste Stralsunder Kaffeestube eröffnet zu haben.

Am 6. März 1764 ist dem Herbergierer Behrens die Aushängung eines Schildes mit einem goldenen Löwen vor seinem auf dem Alten Markt belegenen Hause gegen Erlegung der gewöhnlichen Gebühr von 4 Schilling nachgegeben worden, vermerkte der Kanzlist in der Ratsakte. Damit hatte die Geburtsstunde jener Gaststätte, die 200 Jahre lang auch als Hotel landesweit bekannt sein sollte, geschlagen – jenes Gebäudes, das 1984 bedauerlicherweise ohne Rücksicht auf die historische Bautradition neu errichtet wurde, und unter dem alten Namen »Goldener Löwe« als Jugendzentrum dient. Johann Behrens befleißigte sich, sein Haus von Anfang an gediegen auszustatten. 1765 lag er deswegen mit dem Bildhauer Rose im Streit. Und im selben Jahr versteigerte der Kunstmaler Daniel Pelessen hier seine Gemälde. Gäste Stralsunds aus nah und fern, auch von Rang und Namen pflegten sich in diesem Haus am Alten Markt einzuquartieren. Sie priesen den vorzüglichen Blick aus dem Fenster auf das gotische Rathaus und lobten die gute Küche. Hören wir, wie der Berliner Professor für Physik und Naturgeschichte, Friedrich Wadzeck im Juli 1816 das Vorgericht zum Mittagessen schildert: *An der Wirtstafel des goldenen Löwen, an der wir ziemlich billig und doch höchst schmackhaft aßen, trafen wir zuerst die Schwedische Sitte, vor der Suppe etwas Festes zu genießen, was gleichsam den Grund zur Mahlzeit legen soll. An diesem Tage machten Aale, Käse, Butter und Brot den Anfang. Hiezu nimmt derjenige, der sich daran gewöhnt, ein ziemliches Glas starken Brantwein, und dann erst folgt die Suppe, und nach ihr die anderen Speisen mit Wein. Wir unterwarfen uns gern dieser Ordnung, doch aber machte die Gewohnheit die Sache wenigstens befremdend. Man nennt die Vormahlzeit den Anbiß, und er soll in größeren Gesellschaften aus Flundern, feinen Ragouts, Spickaalen, Schinken, Käse und Butter bestehen. Den Frauen gibt man bei solchen Gelegenheiten Spanische und Portugisische schwere Weine, die Männer wählen bis zum höchsten Stande einen scharfen Brantwein. Die eigentlich reine Schwedische Sitte genießt nur Käse und Butter, die deutschen Schweden hatten das übertrieben und fette schwerverdauliche Speisen hinzugefügt.*

In der zweiten Hälfte des 18. Jahrhunderts wimmelte es in der Sundstadt bereits von Gasthäusern. An den Straßenseiten prangten Namen wie »Im Schilde«, »Stadt Greifswald«, »Die weiße Taube«, »Blauer Stern«, »Der rote Fuchs«, »Weißer Schwan«, »Stadt Stockholm«, »In der Hölle«, »Der polnische Krug«, »Im Elephanten«, »Zum kleinen Frankenteich« oder »Der verkehrte Krug«. Die sonderbare Bezeichnung hatte der Wirt für seine am Frankendamm gelegene Kneipe wohl deshalb gewählt, weil sie nicht von der Straße, sondern lediglich von der Rückfront des Gebäudes betreten werden konnte.

In den Wirtshäusern wurde nicht nur gegessen und getrunken, nicht nur allein Bier und Branntwein ausgeschenkt, sondern auch gespielt. Gegen das wüste Treiben des *Hasadierens* (Glücksspiel) schritt der *Ehrbare Rat* energisch ein und hatte damit

141 Gasthaus »Goldener Löwe« am Markt (19. Jahrhundert)

142 Schillstraße im 19. Jahrhundert

143 Hafenkneipen am Fährkanal 1875

144 Der Alte Markt im 19. Jahrhundert

145 Westportal des Rathauses

wenig Erfolg. Die sich ständig wiederholenden Verbotserlasse bestätigen es. Um die Mitte des vorigen Jahrhunderts gab es in der Stadt 17 Gasthöfe und 68 »Schänk- und Speisewirte«. Gegen Ende des Jahrhunderts verzeichnete der »Wohnungs-Anzeiger für den Stadtkreis Stralsund« 7 Hotels, 21 Gasthöfe sowie 99 Schank-, Speise- und Bierwirte.

Zur Versorgung der Stralsunder und Fremden gehörte außerdem das jahrhundertealte Herbergswesen. Ein *hospicium* (Herberge) läßt sich bereits 1278 nachweisen. Auch in den Jahren 1282 und 1284 erscheinen im ältesten Stadtbuch Herbergen. Sie entwickelten sich im Laufe der Zeit mehr und mehr zu Stätten der Handwerker. Fast jedes Amt (Zunft) hatte seine Herberge, mehr noch: einzelne Ämter verfügten über besondere Gesellenherbergen. Sie gewährten seit eh und je den wandernden Gesellen Obdach. Ihr Eintritt erfolgte nach einem strengen Ritual. Erst nachdem sie den *schrifftlicken beweiß* vorlegten, nahmen sie der Herbergsvater und die Herbergsmutter auf. In den Herbergen, zumeist mit Krügen verbunden, spielte sich das gesamte gesellschaftliche Leben der Handwerker ab. Hier versammelten sich die Zunftbrüder, wurden die Vorschriften erörtert, die Morgensprache (Satzungen) verlesen, über die Zulassung zum Amt entschieden, die Lehrlinge freigesprochen, Gesellen in den Stand des Meisters erhoben und anderes mehr.

Daß es bei diesen Veranstaltungen, vorab beim Amtsschmaus der Meisterwerdung keinesfalls immer äußerst friedevoll zuging, ist eine Tatsache, die keiner langatmigen Erklärung bedarf. Bei Regierung, Rat, Gericht und Polizei schwollen die Schriftstücke zu voluminösen Bänden an, in denen den Amtsgenossen schwerste Vergehen angelastet wurden. »Mißbräuche im Handwerk« lauten die Aktentitel. Den Alterleuten wurde dies und jenes ins Stammbuch geschrieben. Um die Eindringlichkeit der Anweisungen zu unterstreichen, ließ man sie auch im Druck erscheinen. Darin lautet es 1735 beispielsweise: *Wie nun dergleichen Zusammenkünfte deren Ämter, Gewerke und Zünfte keine andere Absicht und Endzweck haben sollen, als daß Amts-Vorkommenheiten in gehöriger Sittsamkeit, Ruhe und Zufriedenheit daselbst besprochen, beratschlaget und abgerichtet werden sollen; so wird sämtlichen Ämtern, Gewerken und Zünften auch anbefohlen, bei diesen Zusammenkünften, sich wie überhaupt, bescheiden, nüchtern, mäßig und ordentlich zu betragen, so auch in Sonderheit alles Spielens, auch Trinkens, es bestehe in Bier oder Brantwein, oder wie es sonst Namen haben mag, nicht weniger des Toback rauchens daselbst gänzlich zu entäußern ...* Den Krug-Vätern drohten erhebliche Strafen, wenn sie bei diesen Versammlungen von solchem Getränk etwas reichen. *Und sollte sich jemand wider besserer Hoffnung berauschet zu solcher Zusammenkunft einfinden, müsse er sofort abgewiesen und nach Hause gebracht werden.*

Schulen und Bildung

Die Entwicklung der Schulen läßt sich bis ins Gründungsjahrhundert der Stadt zurückverfolgen. Schon auf den ersten Seiten des ältesten Stadtbuches ist mit den Eintragungen um 1280 eine Schule an der Badenstraße erwähnt. Sie lag ganz in der Nähe von St. Nikolai. 1303 trat die St.-Jakobs-Schule ins Blickfeld urkundlicher Überlieferung. Diese Einrichtungen standen anfangs ausnahmslos im Dienst der Kirche. Geistliche wirkten als Lehrer, unterrichteten die Scholaren (Schüler) in lateinischer Sprache und bildeten sie zu Klerikern heran.

Doch es währte nicht lange, da trat das Bürgertum, traten die Laien, wie es im kirchlichen Sprachgebrauch heißt, unüberhörbar mit einem Bildungsanspruch hervor. Die städtische Verwaltung konnte bei der raschen Entfaltung des Gemeinwesens keinesfalls auf geschulte Leute verzichten. In den schriftlichen Quellen begegnen uns bald Bürgermeister, Syndici, Protonotare, Schreiber, Sekretäre und Kämmerer als lateinkundige Männer. Der Rat der Stadt hatte es früh vermocht, einen wesentlichen Einfluß auf die Schulen an Stralsunds Pfarrkirchen zu nehmen. Er erlangte das Patronat über sie. Dies bedeutete nichts anderes, als daß er über die Bildungsstätten verfügen, mit ihnen machen konnte, was ihm zum Nutzen der Stadt recht und dienlich erschien. Der rügensche Fürst Zambor erteilte dazu bereits 1303 für die Jakobischule entsprechende Vollmachten. Ein gutes Jahrzehnt später bestätigte Wizlaw III. das Patronatsrecht über alle Schulen der Stadt.

Die mittelalterlichen Schulen glichen in ihrer Organisation den Handwerksämtern. Nicht von ungefähr bezeichnete man den Leiter (Rektor) als Schulmeister. Ihm standen die übrigen Lehrpersonen, die *lokati* als Schulgesellen, zur Seite. Ihren Lohn empfingen sie von Renten aus Liegenschaften und Häusern, von Schulgeldern der Schüler und nicht zuletzt durch Vermächtnisse Stralsunder Bürger. In den Testamenten erscheinen bei der Vergabe von Geldern wiederholt fast gleichlautende Formulierungen wie *dem Schulmeister und seinen Lokaten ihren gewöhnlichen Anteil oder ihr Teil wie üblich.*

Von einer Volksbildung im heutigen Sinne war man damals freilich noch meilenweit entfernt. Den Zugang zu den Schulen erhielten vor allem die Söhne der wohlhabenden Familien. Daß indessen auch Eltern der minder bemittelten Bevölkerungsschicht für ihre Kinder eine schulische Ausbildung erstrebten, ist eine Tatsache, auf die schon im Kapitel Familienleben hingewiesen wurde.

In vielen Testamenten wird der armen Scholaren gedacht. Die einen stifteten ihnen Geldbeträge, andere Bücher, wieder andere Kleidungsstücke, oder wie Thidemann Coldehove 1358 ein Viertel seiner Utensilien, Messer, zwei silberne Gürtel, eine Schiffskiste und die Hälfte seiner Waffen. Ratsherr Mathias Behme erklärte sich 1459

146 Der Schulmeister (Kupferstich 1698)

147 Am Knieperwall

sogar bereit, ihnen 10 Mark für Bier zur Löschung des Durstes im Sommer zu bewilligen.

Die Schüler vereinten sich in Gemeinschaften, in sogenannte Bruderschaften der armen Scholaren, die hier wie anderswo mit den Pfarr- oder Klosterkirchen verbunden waren. Um die Mitte des 14. Jahrhunderts sind die Scholarenbruderschaften bei St. Jakobi und St. Nikolai genannt. Wenig später kam die bei St. Marien hinzu. Ihre Existenz ist uns in Testamenten bezeugt, durch die reiche Stralsunder den Gruppierungen mannigfache finanzielle Hilfe zuteil werden ließen. Auch Auswärtige stifteten den armen Stralsunder Scholaren beachtliche Geldbeträge, wie der Lübecker Heinrich von Vreden, der 1382 den Bruderschaften an St. Jakobi und St. Nikolai die Summe von je 40 Mark übergab.

Oft wünschten Stralsunder – Handwerker zumeist –, daß ihre Söhne einen Weg in den geistlichen Stand beschritten. Verwandte förderten diese Bestrebungen. So übereignete Katharina Marlow 1350 dem Scholar Nikolaus 20 Mark, wenn er Priester wird, andernfalls soll er mindestens 10 Mark erhalten. Ghert von Dorsten vermachte 1380 seinem Neffen Heinrich 60 Mark, jedoch unter der Bedingung, daß er die Ausbildung zum Priester beginnt, ansonsten oblag es den Vollstreckern des Testaments, über den Betrag zum Seelenheil Gherts nach ihrem Ermessen zu bestimmen.

Über die Situation in den mittelalterlichen Schulen, auch über das Lehrer-Schüler-

Verhältnis wissen wir leider sehr wenig. Lediglich in einzelnen Fällen wird dies und das mitgeteilt. So stand es mit dem Lerneifer bei dem Sohn Clawes des Maas Durewert vermutlich nicht zum besten; denn der Vater versprach dem Sohn 1391 nur dann die Hälfte seines silbernen Gürtels, wenn er bei der Schule bleibt. Hermann Cruse war seinem ehemaligen Schüler Johann, dem Mönch im Kloster Hiddensee, offenbar besonders zugetan, indem er ihm 1387 einen Geldbetrag zuwies.

Daß im Lehrprogramm der Schulen das Erlernen von Lesen und Schreiben an vorderster Stelle rangierte, ist ein Tatbestand, der keiner Begründung bedarf. In vielen Stralsunder Häusern befanden sich schon zur Zeit des Mittelalters Bücher. Sie waren zumeist und verständlicherweise auserlesene Wertobjekte, über die sorgfältig verfügt wurde. Zahlreiche Testatoren stifteten sie oder das Geld für deren Erwerb, wie beispielsweise Dietrich von Meppen 1342 für seinen Scholaren einen kleinen Psalter, Reineke de A 1343 dem Johann von dem Busche 24 Schilling für Bücher, Arnold von Essen 1345 6 Mark für ein neues Buch, derselbe ein Jahr später ebensoviel zur Anschaffung von Büchern, Margarete vom Strande 1349 einen Psalter, Gertrud, die Frau des Heinrich Ruzen, 1352 dem Scholar Herman Munde Geld zum Ankauf von Büchern und Johann Rapesulver 1385 10 Mark für Bücher, die dem Schüler Martin Holsten nach Bedarf zu zahlen seien.

Hin und wieder erfahren wir die Preise für die Codices. Wennemar Bockhorn ließ 1367 aus dem Verkauf seiner Kleinodien ein Missale (Meßbuch) im Wert von 6 Mark herstellen. Für das gleiche Werk gaben Gerhard Voet (1373) und Hans Gorne (1494) 10 Mark her. Und wenn der Ratsherr Heinrich von Orden 1464 für ein Missale nicht weniger als 40 Mark aufwandte, so werden wir uns darunter eine äußerst kostbare, reich illuminierte Prachthandschrift vorzustellen haben. Heinrich Pretze übereignete 1446 dem Brigittenkloster ein Buch, in dessen Einband ein Blutstein (wertvolles Mineral) eingefügt gewesen ist.

Die Bücher waren zunächst in lateinischer Sprache geschrieben. Doch im 15. Jahrhundert ist wiederholt von *dudeschen bokeren* (deutschen Büchern) die Rede. So hatten der Bürger Eler Burow 1415 und der Ratsherr Gerd Blome 1474 deutsche Psalter, wie sie es ausdrücklich vermerkten, zu vergeben.

In einzelnen Stralsunder Häusern waren damals offensichtlich bereits kleine Bibliotheken vorhanden. Das dürfen wir jedenfalls annehmen, wenn der Bürger Heinrich Soltkoten 1388 aus dem Erlös seiner verkauften Bücher arme Priester unterstützen wollte. Größere gab es bei den Kirchen und Klöstern. Im Jahre 1426 wird zuerst über sie bei St. Nikolai und St. Marien berichtet. Darin waren nicht nur Werke der Theologie im engeren Sinne, sonderen auch andere, solche des kanonischen Rechts, der Logik und Philosophie vertreten.[41] Stralsunder Bürger befleißigten sich, die Kirchenbibliotheken zu vergrößern. So schenkte der Ratsdiener Ecke von

41 Heyden, Hellmuth (wie Anm. 7), S. 34.

148 Lateinische Handschrift (14. Jahrhundert)

Northeim 1469 der Bücherei von St. Nikolai sein Breviarium und Bürgermeister Otto Voge 1475 soviel Bücher, als er dazu ausgesucht hatte. Im Jahre 1447 erhielt die Jakobikirchen-Bücherei unentgeltlich ein großes Glossarium, und 1460 vermachte der Gerber Tydeke van Erpsen der Marienkirche mehrere Bogen Pergament für ein Meßbuch.

So gut die hiesigen Schulen auch gewesen sein mochten, so emsig sich einzelne Lehrer um ihre Zöglinge bemühten, fragen wir, reichte der Unterricht in Religion, Lesen, Schreiben, Latein tatsächlich für Ärzte, Apotheker, Theologen, Juristen aus? Genügte die Ausbildung für junge Kaufmannssöhne bei ihrer vielseitigen Tätigkeit in den Kontoren Ost-, Nord- und Westeuropas? Und wie sah es in den städtischen Diensten aus? Stralsunds Bürgermeister und Ratsherren verhandelten oft genug mit dem hohen Klerus, mit Fürsten und Herzögen, mit Königen und Königinnen, zeigten als Gesandte an fremden Herrscherhäusern ein beachtliches diplomatisches Geschick. Dazu waren Voraussetzungen einer umfassenden Bildung vonnöten. Wenn in Testamenten 1350 der Rektor der Nikolaischule Johan Trost und 1376 der damals schon verstorbene Ludolf Ghyze als Magister erwähnt werden, dürfte dies bedeuten, daß beide ihren akademischen Grad an einer ausländischen Hochschule erworben hatten. Das scheint allein insofern glaubhaft, als um diese Zeit Beziehungen zwischen der Sundstadt und ausländischen Universitäten – so zu der von Paris – festzustellen sind. Und als im 14. Jahrhundert die ersten deutschen Universitäten ihre Tore öffneten, zogen auch junge in Latein geschulte Stralsunder dorthin und ließen sich einschreiben. Die Matrikel der Universitäten Prag und Wien bestätigen es. An der Juristischen Fakultät der Prager Universität begannen 1373 Eberhard Huep und Heinrich Woge ihr Studium. Der Eintrag im Matrikelbuch lautet für den zweiten wörtlich: *Henricus woghe de sundis pauper.* Das heißt, dieser Stralsunder war arm, unbemittelt in die Moldaustadt gekommen. Ihm wurden die Gebühren der Immatrikulation erlassen. Den beiden folgten 1382 Jakob de Beke, 1385 Johannes Zegevrid, 1386 Johannes de Heyd und 1388 Detmar Gramelow. Ein Jahr später entdeckt man den Detmarus Gramelow *de Sundis* an der Universität Wien. Dort studierten nach Angaben der Matrikel auch die Stralsunder Heinrich Muhlbach (1392) und der Presbyter Nikolaus (1396). An der Artistenfakultät zu Prag war 1375 Bernhard Langedorp zum Magister promoviert worden. Den Grad eines Bakkalaureus erhielten dort 1388 Johann Borntyn und Christianus *de Sundis.* Einzelne Stralsunder erlangten schnell akademische Würden, so der 1385 immatrikulierte Zegevrid. Im Jahre 1392 wurde er zum Dekan der Prager Juristenfakultät gewählt. Diese Hochschule schien für die jungen Ostseestädter besonders anziehend gewesen zu sein, auch dann noch, als andere deutsche Universitäten wie Heidelberg (1386) und Köln (1389) ihren Lehrbetrieb aufnahmen – so jedenfalls bis zum Jahre 1409, als nach administrativen Veränderungen durch König Wenzel von Böhmen die norddeutschen Studierenden jener alma mater in Scharen den Rücken kehrten. Vierzig Magister und Doktoren sollen sich zusammen mit etwa 400 Studenten allein nach Leipzig begeben haben.[42] Dort wurde im selben Jahr noch die Universitas litterarum Lipsiensis begründet. Zu den ersten Hochschullehrern zählte der Stralsunder Lukas Culpe, der 1406 in Prag seine Magisterprüfung erfolgreich abgelegt hatte. Andere wie Mathias Vleesch, Borchard Plotze, Lukas Kulpe, Benedikt Vusakker, Hermann Nyemann, Benedikt Unsabber und Gerlach Demol saßen seinerzeit sogleich in den Hörsälen. 1411 ließen sich vier, 1412 zwei, 1414 wieder zwei, 1415 und 1416 je ein Stralsunder in Leipzig immatrikulieren. Bis zum Ende des Jahrhunderts waren es 52.

Den Sundischen kam schließlich die Gründung der Universitäten Rostock (1419) und Greifswald (1456) sehr gelegen. Sie waren allein durch die Entfernung leicht zu erreichen. Auch in Rostock gehörte zu den ersten Professoren ein Stralsunder: Borchard Plotze. Er machte, um es modern zu sagen, eine glänzende Karriere. 1406 hatte er zu Prag den Grad eines Bakkalaureus, 1411 in Leipzig den des Magisters erlangt. 1422 übernahm er für ein Jahr an der Rostocker Universität das Amt des Rektors[43] und 1434 wird er in der Geschichte der Leipziger Universität als deren Rektor verzeichnet.

Die genaue Anzahl der Stralsunder Studenten in Rostock kennen wir nicht, und zwar deshalb nicht, weil in den Matrikelbüchern anfangs keinesfalls immer die

42 Kosegarten, Johann Gottfried Ludwig, Geschichte der Universität Greifswald. Greifswald 1857, S. 18.
43 Die Matrikel der Universität Rostock. Hrsg. von Adolf Hofmeister. Rostock 1889, S. 14.

Herkunftsorte erscheinen. Wenn man indes Namen wie Wessel, Zegevrit, Gildehusen, Ronnegarve und Brandenburg liest, die in der Sundstadt gang und gäbe waren, dann dürfte es sich dabei mit großer Wahrscheinlichkeit um Angehörige hiesiger Familien handeln. Von den mit dem Vermerk *de Sundis* Eingetragenen sind für das Gründungsjahrhundert der Alma mater an der Warnowstadt immerhin 97 auszuzählen. Im 16. Jahrhundert waren es 214, im 17. Jahrhundert 227. Fast die gleiche Anzahl Stralsunder Studenten läßt sich für die Greifswalder Universität ermitteln. Unter den Studierenden entdecken wir bekannte Persönlichkeiten, so 1538 in Rostock den oft genannten Bartholomäus Sastrow.

Auch an anderen deutschen Universitäten studierten Bürgersöhne aus der Stadt am Strelasund – viel weniger freilich als in Rostock und Greifswald. Die Matrikel von Heidelberg weisen für das 15. Jahrhundert drei, für das 16. Jahrhundert fünf und für das 17. Jahrhundert ebensoviel aus. An der Universität Wien waren im 15. Jahrhundert drei und in Köln zwei Stralsunder eingeschrieben.

Wir berichteten von armen Schülern und Studenten, von jungen Stralsundern unbemittelter Bevölkerungskreise. So verdienstvoll deren finanzielle Förderung durch einzelne wohlhabende Bürger gewesen sein mochte, das Bildungsproblem für die Allgemeinheit war damit nicht einmal in Ansätzen gelöst. Bildungsbestrebungen oder gar -fortschritte kamen keineswegs der ganzen städtischen Bevölkerung zugute. Nach wie vor öffneten sich die Wege zur Ausbildung hauptsächlich den Söhnen begüterter Familien. Als ihnen im 14. und 15. Jahrhundert Universitäten das Studium ermöglichten, vertiefte sich durch den Bildungsunterschied der soziale Gegensatz zwischen reichen Kaufleuten und armen Handwerkern, mehr noch den Trägern und Knechten tagtäglich zusehends.

Wie ein Fanal mußten deshalb im Reformationsjahr 1525 Passagen in jener Kirchen- und Schulordnung wirken, in denen es lautete: *Frye scholen vor de inwahner, dat de armen sowol als de rycken studeren können* (Freie Schulen für die Einwohner, die sowohl die Armen als auch die Reichen besuchen können). *De ordnunge, de hier thom Sunde is upgerichtet van einem ersamen rade un den acht und vertigen* (von einem ehrsamen Rat und dem Gremium der Achtundvierzig Männer) *anno 1525* verrät die Handschrift eines hochbefähigten Pädagogen und reformatorischen Theologen: Johannes Aepinius. Von ihm ist bekannt, daß er gleichzeitig eine Privatschule im Johanniskloster begründete und leitete. Die Tätigkeit des lobenswerten Mannes war hierzulande leider begrenzt. Er wurde schon 1529 nach Hamburg berufen und bekleidete dort seit 1532 das Amt des Superintendenten.

Die genannte Ordnung verkündete anderes. Zwei Schulen sollten entstehen: *in der eenen, dar de jungen knaben, in der anderen, dar de mageden unnderwyset werden.* Das hatte es in der Sundstadt bisher nie gegeben. In allen Testamenten, in Stadtbüchern und weiteren Schriftstücken findet sich über das Vorhandensein einer Lehranstalt für Mädchen nicht die geringste Spur. – Doch wie wurde dieses verheißungsvolle, mehr noch: revolutionär erscheinende Dokument in die Tat umgesetzt, mit Leben erfüllt? Man erfährt wenig darüber. Als Pommerns Reformator Dr. Johannes Bugenhagen 1534 zu einer Kirchenvisitation nach Stralsund kam, sah er sich veranlaßt, eine neue Kirchen- und Schulordnung zu verfassen. Darin heißt es: *Es soll bei der St. Nicolaikirche eine gute Schule sein, und daran ein gelehrter Schulmeister mit fünf Gesellen angestellt werden ... Der Rektor solle, nach Melanchthons Vorschrift, die Schule erst in drei Klassen teilen, später, wenn die Kinder gelehrter würden, in vier, wie ein gelehrter Mann es wohl werde einzurichten wissen.*

Obzwar Testatoren danach weiter arme Scholaren mit Geldern unterstützten oder wie Bartelt Vierek 1548 20 Mark den armen schulpflichtigen Kindern stiftete, vermag niemand zu behaupten, daß die allgemeine Schulpflicht tatsächlich verwirklicht worden ist, daß Jungen und Mädchen aller Bevölkerungsschichten sich in die Schulräume drängten. In Stralsund schien eben doch viel beim alten, bei Althergebrachtem geblieben zu sein. Daß dies Dilemma lediglich verständnislosen, verknöcherten Ratsangehörigen anzukreiden sei, wie es spätere Historiker meinten, ist kaum anzunehmen. Im 16. Jahrhundert standen mit Franz Wessel, Nikolaus Gentzkow und dem weitgereisten, welterfahrenen Bartholomäus Sastrow Bürgermeister an der Spitze der städtischen Verwaltung, die sich auch dem Neuen aufgeschlossen zeigten. Ihnen ist übrigens die Gründung der ersten *groten* Stadtschule zu verdanken. Dr. Gentzkow vor allem bemühte sich redlich um sie. Sein Tagebuch weist für die Zeit von 1559 bis 1565 nicht weniger als 80 Eintragungen aus, in denen er über die Lehreinrichtung verhandelte, deren Ausbau im ehemaligen Dominikanerkloster St. Katharinen überwachte und die Lehrer einstellte. Am 20. April 1560 erfolgte die feierliche Einweihung. Gentzkow hielt in schwungvoller lateinischer Sprache die Eröffnungsrede.[44] Die bisherigen Pfarrkirchenschulen sollten mit der *nien* (neuen) Schule vereinigt werden. Daneben bestanden seinerzeit noch andere. Man nannte sie Bei-, Klipp- oder Winkelschulen, gegen deren Existenz – wie wir noch sehen werden – Sturm gelaufen wurde.

Das Lehrprogramm der neuen Stadtschule versprach den Schülern, sowohl in deutscher als lateinischer Sprache lesen, schreiben, verstehen und sprechen zu lernen. Sieben Klassen bildeten die gelehrte oder lateinische Schule, die achte große Klasse die deutsche Schule. In der ersten unterrichteten sieben, in der zweiten zwei Lehrkräfte. Der Unterricht begann sommertags morgens um fünf Uhr und endete nachmittags gegen 15 Uhr. Das Katechismuslesen und -auswendiglernen, Lesen des Evangeliums und der Epistel für den nächsten Sonntag, Lernen biblischer Sprüche, Lesen von Druck- und Handschriften sowie kleine Stilübungen gestalteten den Tagesablauf der deutschen Schule, Religion und Latein den der lateinischen. Dazu kam der Musikunterricht, das Üben in der Gesangskunst. Lehrer und Schüler hatten überall zu singen –

44 Zober, Ernst Heinrich, Urkundliche Geschichte des Stralsunder Gymnasiums von seiner Stiftung bis 1860. Stralsund 1860.

149 Aula des ehemaligen Gymnasiums in St. Katharinen

150 An der Mönchstraße

bei Gottesdiensten im Chor der Kirche, auf Hochzeiten und bei Beerdigungen. Das war wichtig, denn von den dabei zu erwartenden Gebühren wurde das karge Gehalt der Lehrer aufgebessert. Die Sänger beklagten sich nicht selten über ihren Einsatz bei den Leichenbegleitungen, bei denen sie oft stundenlang vor der Tür des Leichenhauses stehen mußten, wo die mitunter halberstarrten Knaben mit Bier erfrischt wurden, wie es hieß.

Naturwissenschaftliche Fächer, auch Geschichte und Geographie sucht man in den Stundenplänen beider Schulsektionen vergeblich. Statt dessen ist von Zucht und Ordnung die Rede. Zu deren Aufrechterhaltung diente zunächst das Wort. Wenn das nicht genügte, wurde nach dem Grundsatz »Wer nicht hören will, muß fühlen« verfahren. Und die erste Schulordnung von 1561 gestattete schlicht und einfach das *sanftmüthige Strafen mit Ruthen.* In der zweiten von 1591 ist alles genauer fixiert. Vergehen gegen die Schulordnung wurden auf folgende Weise geahndet: 1. scharfe Worte und gutes *Ausfilzen* – 2. Sitzen auf der Schlingelbank oder auf der Erde – 3. Rute oder Stock – 4. Karzer – 5. Verweisung. Die Schüler hatten vielerlei strikt zu beachten. Sie mußten alle ehrbaren Stadtbewohner beiderlei Geschlechts höflich durch Entblößen des Hauptes grüßen. Ihnen war verboten, weder Degen noch andere Waffen zu tragen, im Sommer zu baden und im Winter aufs Eis zu gehen und untersagt, Tanzveranstaltungen, Hochzeiten und Fechtkurse ohne Erlaubnis des Rektors zu besuchen. Ferner lautet es im plattdeutschen Text der Ordnung wörtlich: *Dat zechent, supent, schwelgerie und freterye schall bi scharper straffe der roden, und da solckes nicht helpen will, newenst der roden, mit dem gefenkniß tho corrigiren, einem jdern verbaden syn; und hiemit ock alle wertshuser, kröge, wyn- und beerkeller, alle companyen, meileger und andere heimlicke und verdechtige winckelkröge, dar schölern nicht gehöret tho synde, darinne thozechende, singende, spelende edder ander lichtfertidicheit thodriwende* (Zechen, Saufen, Schwelgen und Fressen ist jedem bei scharfer Strafe durch Ruten – und wenn dies nichts nützt, außer Ruten mit Gefängnis – verboten; dergleichen das Betreten aller Wirtshäuser, Krüge, Wein- und Bierkeller, der Kompanien, die Teilnahme am Maigrafenfeste, der Aufenthalt in anderen heimlichen und anrüchigen Winkelkrügen, in denen Schüler nichts zu suchen haben, um darin zu zechen, zu singen, spielen und andere Leichtfertigkeiten zu treiben). Lehrer und Schüler waren schließlich an Sonn- und Feiertagen vor- und nachmittags zum Kirchenbesuch verpflichtet. Nicht selten schlichen Schüler indessen nach Verlesung des Evangeliums heimlich aus dem Sakralbau und trieben dann auf den Straßen ihren Unfug. Wegen dieses gotteslästerlichen Übelstands kam es mehrmals zu Verhandlungen vor dem Rat der Stadt.

Was ist ansonsten über die neue, große Stadtschule bekannt? Wie verhielten sich die Pädagogen? Schon am 21. Juli 1560, ein Vierteljahr nach Gründung der Anstalt, sahen sich der Rektor und seine Kollegen veranlaßt, eine seitenlange Eingabe an die *Erbarn, hochgelarten, wolweisen, großgünstigen lieben Herren* des Magistrats zu richten und ihren Unwillen über Mißstände zu bekunden. Sie beklagten sich zunächst bitter über ihre Konkurrenz, über die ihrer Meinung nach unfähigen Klippschulmeister und wiesen auf ihre löbliche Absicht, die Schuljugend, die bisher auf den Gassen der Buberei nachging und in den Beischulen verstreut gewesen sei, zur Gottesfurcht, zu guten Künsten und Sitten zu erziehen. Das Ergebnis ihrer Bemühungen war einigermaßen niederschmetternd. Die Lehreinrichtung hatte im April 1560 ihre Tätigkeit mit 500 Schülern aufgenommen, im Juli desselben Jahres zählte sie nur noch 350. Die Schüler waren den Lehrern buchstäblich davongelaufen, waren in Klipp- oder Winkelschulen übergewechselt. Dieser Zustand mußte die Pädagogen in der Tat verdrießen; auch deshalb, weil die Abtrünnigen es unterlassen hatten, das fällige Schulgeld zu zahlen. Darauf kam es an. Es fehlte ihnen der finanzielle Lohn. In ihrer Denkschrift heißt es ferner: *wenn wir die Eltern darum mahnen, geben sie zur Antwort, daß ihre Kinder bei uns nicht viel gelernt hätten und sie uns deshalb nichts zu geben schuldig seien ... Also müssen wir den Spott zum Schaden ertragen, da wir uns doch mit allem möglichen Fleiß ihrer angenommen und sie zu allem Guten angehalten haben.* Kurzum: die Lehrkräfte baten den Rat der Stadt inständig, sämtliche Klippschulen schlankweg zu verbieten. Wenn dies nicht geschieht, lautet es in dem Schreiben weiter, können wir den Leuten, welche samt ihren Kindern mehr zur Freiheit denn zu Disziplin und Ordnung neigen, nicht wehren, uns auch die übrigen, die wir noch haben, zu nehmen.

Den privaten Klippschulen sollte, koste es, was es wolle, der Garaus gemacht werden. Dies erwies sich freilich als ein vergebliches Unterfangen. Ungeachtet der Verbotsverfügungen und des lauten Lamentierens der Stadtschulpädagogen lebten sie im 17. und 18. Jahrhundert weiter. Die Schulmeister und Schulmeisterinnen – das waren Küster Stralsunder Kirchen und deren Frauen, Organisten, abgedankte Soldaten, dänische Korporale, Offiziere, Schuster, Buchbinder und verkrachte Studiosi – ließen sich durch die amtlichen Verlautbarungen weder beirren noch verwirren. Sie richteten eine Bittschrift nach der anderen an die hohe Behörde und verstanden es, ihre Existenzberechtigung hervorzuheben. Den Eingaben fügten sie nicht allein ihre Lehrprogramme, eine Charakteristik des Unterrichts in Buchstabieren, Lesen, Schreiben, Rechnen und Auswendiglernen bei, legten nicht nur Proben ihres Könnens in mitunter glänzend geschriebenen, kalligraphisch meisterhaft gestalteten Texten vor, sondern sie taten anderes. Eltern wurden gebeten, ein »Leumundszeugnis« auszustellen. In einem Attestatum heißt es 1728: *und wir dann mit vollkommenen Grunde der Wahrheit bezeugen müssen, daß derselbe seine Information sehr treu und fleißig obwartet, und unsere ihm anvertrauten Kinder bishero in Rechnen und Schreiben zu unserem sonderbaren Vergnügen mit augenscheinlichem Nutzen und Zunehmen unterrichtet werden, dergleichen wir vorhin bei anderen Lehrmeistern nicht vorfanden.*

Die Klippschullehrer waren großenteils von außerhalb hierher gekommen, besaßen selten das Bürgerrecht und fristeten mehr schlecht als recht ihr kümmerliches Dasein. Von der Anzahl der Schüler hing ihr Wohl und Wehe ab. Bemerkenswerte Schulgeld

151 Schriftprobe eines Klippschulmeisters (18. Jahrhundert)

beträge konnten ohnehin nicht erwartet werden; denn hier wurden meistens Kinder geringerer Leute, wie es in einem Protokoll von 1697 nachzulesen ist, unterwiesen.

Im Jahre 1697 wurden 21 Klipp- oder Winkelschulen *visitieret* und darin 257 Knaben und 195 Mädchen *registrieret*. Als 1705 der Steuer- und Schoßdiener Reymer zehn Schulen allein im Nikolai-Quartier aufgesucht und geprüft hatte, teilte er in seinem Bericht interessante Einzelheiten auch über die Lehrpersonen mit. So hatten Christian Seltrecht schon über 32 Jahre und Bartholmes Biewendt 24 Jahre lang Schule gehalten. Jochim Jacob Duncker durfte auf dem St. Johannis Hof 13 Knaben und zehn Mädchen weiter unterrichten, weil er gebrechlich sei und sein Brot sonst nirgends zu verdienen wußte. Das gleiche traf für Christoff Loff zu, der auf dem Churhof Soldatenkinder unterwies. Johann Holtzhusen schließlich informierte die Schüler in ihren eigenen Häusern im Rechnen, Schreiben und Instrument-Spielen. 1728 meldete der *ganz gehorsamste* Ratsdiener Ghurbach, daß in der Sundstadt insgesamt 23 Klippschulen ihren Unterricht betrieben.

Dieser Schultyp erlangte nicht zuletzt insofern besondere Bedeutung, als hier auch Mädchen Aufnahme fanden. Zu einigen Schulmeistern wie dem Organisten Grychow und zu Bartholmes Bierwendt kamen sogar mehr Mädchen als Jungen. Auf den Bänken der großen Stadtschule, die seit 1591 die Bezeichnung Gymnasium führte, nahmen hingegen lediglich Knaben Platz. Diese Lehranstalt entwickelte sich zunehmend zu einer Ausbildungsstätte von Söhnen privilegierter Bürgerfamilien und auch des Landadels im Stralsunder Umfeld.

Das Stralsunder Gymnasium oder die »alte Klosterschule«, wie man es später gerne nannte, bestand bis zum Jahre 1945. Pädagogen von Rang und Namen wirkten zeitweise darin. Der erste Rektor, Lorenz Wydeman, hatte an der damals berühmten Universität Wittenberg studiert, war nach Greifswald übergewechselt, verließ als Professor die Alma mater der Ryckstadt und kam nach Stralsund. Mit dem fünften

152 Gymnasialdirektor Lorenz Rhodoman (zeitgenössische Lithographie)

Rektor, mit Lorenz Rhodemann, erhielt die sundische Stadtschule um die Wende vom 16. zum 17. Jahrhundert einen Wissenschaftler, Schriftsteller und Dichter, dessen Ruf weit über die Landesgrenzen hinweg bekannt gewesen ist. Seine Tätigkeit hier beschränkte sich bedauerlicherweise nur auf wenige Jahre. Kurfürst Friedrich II. von Sachsen berief ihn als Professor für Geschichte nach Jena.

Das Gymnasium blieb bis zum 19. Jahrhundert mit seinem sehr begrenzten Schülerkreis die einzige städtische Schule. Den Mädchen und den Jungen auch aus der ärmeren Bevölkerung boten bestenfalls private Lehreinrichtungen einen bescheidenen Unterricht. Sie entwickelten sich – zumindest, was die Anzahl der Schulen betrifft, in einem beachtlichen Umfang. Ein Verzeichnis des Jahres 1819 weist immerhin 60 Privatschulen mit insgesamt 689 Knaben und 655 Mädchen aus. Diese Anstalten vermochten den Bildungsbedarf jedoch bei weitem nicht zu decken. Nach statistischen Erhebungen lebten seinerzeit in Stralsund 2385 schulpflichtige Kinder. Besonders schmerzlich machten sich die mangelhaften Verhältnisse in den arg benachteiligten Vorstädten bemerkbar. Als mit Protesten nichts erreicht werden konnte, griffen die Bewohner der Frankenvorstadt 1729 kurzerhand zur Selbsthilfe, erbaten vom *Wohlgeborenen Rath* die Freigabe eines Geländes und erbauten mit eigenen Mitteln ihre Schule. So ähnlich verfuhren auch die Anwohner des Tribseer und Knieperdamms. Deren Schulmeister, Handwerker zumeist, waren wahrlich nicht zu benei

153 Tribseer Tor und Navigationsschule mit Observatorium im 19. Jahrhundert

den. Ihnen ging es, wie viele Bittschriften bezeugen, erbärmlich. Die unhaltbaren Zustände waren nachgerade himmelschreiend. Im Jahre 1800 sah sich die Behörde endlich veranlaßt, eine städtische Volksschule, die Bürger-Industrieschule, zu errichten. In den Listen des ersten Schuljahres erscheinen sogleich Kinder von Altschustern, Schneidern, Nachtwächtern und Tagelöhnern. Unter Industrie hat man das Fach Handarbeit zu verstehen. Stricken, Spinnen, sowohl in Flachs und Heede, als in Wolle und Baumwolle, Haspeln, Garnwickeln, Nähen und Ausbessern alter Kleidungsstücke gehörten hauptsächlich dazu. Und mit dem Verkauf von Fertigwaren, von *gestrickten Manns-, Frauen- und Kinderstrümpfen, von genähten Hemden* und anderem bestritt man den Unterhalt der Schule. Dies bewährte sich; denn 1817 öffnete unter dem Protektorat des Armen-Collegiums die zweite bürgerliche Industrieschule mit 100 Kindern ihre Türen.

Im Jahre 1815 endete die schwedische Zeit und die preußische begann. Die neue Regierung forderte energisch Veränderungen im hiesigen Bildungswesen. Und 1826 konnten Bürgermeister und Rat auf Anforderung selbstbewußt melden, daß nunmehr in Stralsund neben dem Gymnasium eine Knabenschule, eine Mädchenschule sowie zwei Lehr- und Arbeitsschulen für Knaben und Mädchen vorhanden seien. Die bisherigen drei vorstädtischen Schulen glaubte ein *Hochedler Rath* nicht in der Tabelle aufführen zu müssen, da man sie nicht zu den öffentlichen Schulen rechnen könne.

Um diese Zeit fand die wenige Jahre zuvor gegründete Sonntagsschule, bald danach Abendschule, viel Zuspruch. Lernwillige Lehrlinge und Gesellen der Handwerksämter versammelten sich hier um tüchtige Lehrer. Für das 19. Jahrhundert gilt es indessen zwei Lehreinrichtungen zu nennen, die jede für sich eine besondere Bedeutung erlangten. Gemeint sind die beiden Schiffahrtsschulen. Der navigatorische Unterricht begann bereits in den zwanziger Jahren des vorigen Jahrhunderts. Den jungen Fahrensleuten gewährte man zunächst in Privatwohnungen äußerst bescheidene Bildungsmöglichkeiten. Doch allmählich nahm das Ausbildungsverfahren festere Formen an. Winter- und Sommerkurse wurden eingerichtet, zwei Lehranstalten begründet, die städtische Navigationsvorschule und die staatliche Navigations- oder Steuermannsschule. Die Wirksamkeit der Elementar- oder Vorschule war jahrzehntelang mit dem Namen eines Mannes verbunden, dem man 1854 die Leitung der Schule übertragen hatte: Carl Wilhelm Lorenz. Der von seinen Schülern hoch verehrte Pädagoge unterrichtete anfangs in Räumen einer Gastwirtschaft und dann im Tribseer Tor, führte Kämpfe um die Anschaffung von Tischen und Bänken, von Globen und Landkarten und um den Fortbestand der Schule. In der Zeit vom Beginn bis zum Ende seiner Tätigkeit (1880) verließen 1046 Matrosen seine Anstalt so gut vorbereitet, daß sie fast ausnahmslos in die Königliche Steuermannsschule aufgenommen werden konnten.[45]

In der zweiten Jahrhunderthälfte entstanden nun auch in Stralsund wie anderwärts neue Schuleinrichtungen, die sogenannten höheren. Die Realschule, später Realgymnasium, bildete dabei 1875 den Anfang.

Bibliotheken

Wir erwähnten es bereits: einzelne Stralsunder nannten im späten Mittelalter und der frühen Neuzeit eine Anzahl Bücher ihr eigen. Der bildungsbeflissene Nikolaus Gentzkow blickte stolzerfüllt auf das Regal seines *Cunthurs* (Kontors) mit den in Pergament eingebundenen Werken. Er nutzte sie fleißig, griff danach, um beispielsweise den Vertrag eines Bürgers in bessere Form zu *redigieren,* wie es in seinem Tagebuch 1566 lautet. Darin führte er sorgfältig die Zugänge der Büchersammlung auf. Ein Carmen stammte aus der Feder des Stralsunder Dichters Zacharias Orthus. Von ihm erwarb er vier Jahre später *etlicke Exemplaria sampt der epistola dedicatoria* (Schrift zur Einweihung der Stadtschule) und bewilligt dafür 20 Taler. Für 6 Taler überließ er 1558 dem Jurastudenten und späteren Ratssekretär und Chronisten Joachim Lindemann sein »Corpus juris civilis«. Der Studiosus versorgte ihn wiederholt mit Neuerscheinungen aus Wittenberg. Auf diese Weise gelangten Veröffentlichungen Philipp Melanchthons auf sein Bücherbrett. Auch andere Stralsunder

45 Geschichte der Stadt Stralsund. 2. Aufl., Weimar 1985, S. 254.

154 Gotischer Bucheinband

sandten ihm von dort Druckerzeugnisse, *kleinere bokere* zumeist, wie 1560 die »Historiam von Melanchthons Krankheit und Sterben« und 1562 die Schrift »Van der begreffnus (Beerdigung) gotloser lüde (Leute)«. Als Melanchthons Bücher und ein Werk des Erasmus von Rotterdam ungebunden ankamen, ließ er sie rasch einbinden und daran Schließen anbringen.

Gentzkow interessierte sich für vielerlei. Die »Beschreibung aller Potentaten und Fürsten, die bei der Königswahl zu Frankfurt am Main erschienen waren«, eine Veröffentlichung, die man ihm 1562 überbrachte, oder »Der Lubeckeschen entschuldigung wegen der angefangenen veide (Fehde) gegen den koning to Sweden«, die 1565 Buchbinder Winholt mit Pergament *tobinden* mußte, verraten es unter anderem. Im Jahre 1564 kaufte er für 3 Taler ein griechisch-lateinisches Lexikon. Als dem Rat der Stadt im selben Jahr ein Poem auf den Evangelisten Johannes verehrt wurde, nahm Gentzkow es unverzüglich mit in sein neues Gemach und erkundigte sich bei dem Autor Joachimi Ottonis, ob es gedruckt werden könne. Er gestattete anderen, seine Bücher zu lesen und führte über die Ausleihe genauestens Buch. Dem *Wakemeister*

Hans van Sonnenwalde machte er im Oktober 1563 die Titel »Die hillige dreifoldichkeit« und »Gluck und heil« zugänglich. Die Lektüre scheint diesen indessen keineswegs sonderlich beglückt zu haben; denn Gentzkow gab ihm tagsdarauf die Schrift »Sanct Gallen« in die Hand.

Die Privatbibliothek des Bürgermeisters erregte die Aufmerksamkeit bekannter Zeitgenossen. Am 15. November 1565 unterrichtet sich der berühmte Rostocker Universitätsprofessor David Chytraeus an Ort und Stelle über sie.

Dr. Nikolaus Gentzkow scharte in seinem Wohnhaus Pädagogen der von ihm mitbegründeten großen Stadtschule um sich, förderte junge Studenten und nahm noch im hohen Alter an ihrer Ausbildung teil. Dabei begegnet uns 1563 das spätere Ratsmitglied Jürgen vom Felde. Von ihm ist im Stadtarchiv dessen »Ausgabe- und Einschreibebuch« überliefert, in dem sich ein Bibliothekskatalog aus den Jahren 1613 bis 1627 befindet (vom Felde starb 1628). Dieser »Index« vermittelt hochinteressante Einblicke in den Bildungsstand des sundischen Ratsherren. Jürgen vom Felde verzeichnete sämtliche Bücher seiner Privatbibliothek, ordnete sie klug nach Sachgebieten und gab in einzelnen Fällen sogar die Seitenzahl und das Größenformat an. Das, was er in seinem Haus an Literatur beherbergte, ist für jene Zeit sehr beachtlich. Nach dem Katalog besaß er in Theologie 12, in Jura 22, in Medizin 9, in Politik 83, in Geographie 8, in Geschichte 80, in Philosophie und anderen Künsten 38 Bände.

Die 252 Druckwerke zeigen die Herkunft aus verschiedenen Offizinen an – von Basel und Amsterdam, von Frankfurt am Main und Frankfurt an der Oder, von Leipzig, Amberg in der Pfalz und anderen Orten. Daß die 1582 gegründete herzogliche Druckerei in der Stralsund benachbarten Boddenstadt Barth – von der man sagte, daß sie durch die Eleganz und die Vornehmheit der Typen so ausgerüstet sei, daß man glauben konnte, ihre Bücher wären aus einer belgischen Druckerei hervorgegangen – hier nicht fehlte, braucht niemand zu verwundern. In der Rubrik »Historici« entdeckt man Johannes Bugenhagens »Chronicon Pomerania« und auch »Martini Marstalleri: Genealogia Principum Pomerania« (Genealogie der pommerschen Herzöge von 1593), ein Werk, das man übrigens heutzutage in vielen wissenschaftlichen Bibliotheken vergeblich sucht. Seltenheitswert dürften gegenwärtig auch andere Titel beanspruchen – Texte des Liederdichters Philipp Nicolai (1556–1608) zum Beispiel und Bücher des Nürnbergers Willibald Pirckheimer (1470–1530) sowie des italienischen Arztes und Humanisten Hieronymus Mercurialis (1530–1606).

Neben voluminösen Bänden eines Albertus Magnus und Georg Agricola standen in der Sammlung schmalere und kleinere, so »Formular underschiedlicher Supplicationen Lorenz Reichweins, getruckt zu Cöln Anno 1606«, »Verbesserte Ordnung der Statt Straßburg von gerichten und gerichtlichen Prozessen, Anno 1612«, »Policey Ordnung der Stadt Nürnberg«, und »Disputationes in puncto: Ausfürlicher Bericht, wie er auf Reichstagen pfleget gehalten zu werden«.

Jürgen vom Felde bewegte sich mit den Veröffentlichungen durchaus auf der Höhe seiner Zeit, schaffte Bücher an, die jüngst erschienen waren, wie in Geschichte

»Discours über Kayser Caroli V. mit dem könige auß Frankreich Francisco gehalten von schlacht vor Pavia, Anno 1613« oder »Cosmography Johan Rawens, Pfarrherrn in Hessen, getruckt zu Frankfurt bey Johan Freudeln, Anno 1612«, ein Folioband, der im Katalog am Anfang des Sachgebietes »Geographici« rangiert.

Bemerkenswerte Privatbibliotheken scheinen bei wohlhabenden Stralsundern im 17. und mehr noch im 18. Jahrhundert keineswegs selten gewesen zu sein. Schriftliche Quellen, Bürgertestamente vor allem, erteilen über sie Auskunft. Zudem ist es wieder ein Tagebuch, das uns aufschlußreiche Tatsachen vergegenwärtigt. Gemeint sind die Aufzeichnungen des 1720 geborenen und 1772 gestorbenen Johann Christian Müller. Auf insgesamt 1554 engbeschriebenen Seiten schildert er sein Leben – Kindheit, Schule und Studium, Beruf als Hauslehrer und Pfarrer – und entwirft dabei ein anschauliches Bild der häuslichen, kulturellen und gesellschaftlichen Verhältnisse der Stadt im 18. Jahrhundert. Bücher spielten bei dem begabten Schmiedemeisterssohn schon in der Jugend eine wichtige Rolle. Als Knabe verfügte er bereits über Bände, die waren *in weiß Pergament mit rothen Tituln und verguldeten Buchstaben* gebunden, auf deren Reinlichkeit er sehr hielte. Im Rückblick auf die Schulzeit am Gymnasium berichtete Müller: *Auch hatte ich damals schon eine Neigung zur Historia Litteraria, schaffte mir außer anderen auch Jöchers gelehrten Lexicon an. Die Geographie und Genealogie trieb ich gleichfalls mit Lust, ... Die nötigen Bücher zum Lesen bekam ich aus der Rehfeldischen großen Bibliothek* (Magister Paul Rehfeld war Dekan an St. Nikolai), *aus des Herrn Subrectoris ansehnlichem Bücher Vorrath und von anderen Gönnern geliehen. Auch samlete ich mir selbst einen Vorrath.* Dieser Vorrat wuchs ständig an – so weit, daß später dafür ein besonderes Zimmer mit großem Repositorium (Büchergestell) reserviert werden mußte. Und in seiner *artigen* Bibliothek hatten nicht nur die einschlägigen Werke der Theologie ihren Platz, waren nicht allein Zeitschriften und Zeitungen jenes Jahrhunderts vorhanden, sondern auch *angenehme* und unterhaltende Bücher, die Johann Christian Müller vor dem Schlafen und auf Spaziergängen zu lesen pflegte – Zäunemanns »Rosen in Knospen oder die gestriegelten Pfauen«, »Geschichte des Teufels«, Keislers »Reisebeschreibung«, Fabeln und Erzählungen von Gellert, »Don Quijote«, Klopstocks »Messias«, ferner »Eulenspiegel«, »Das entdeckte Geheimnis der Freimaurer«, Grundmanns »Märkischer Adel« und andere.

Über die mittelalterlichen Bibliotheken der hiesigen Pfarrkirchen und Klöster, über die Anzahl der Bände und deren Unterbringung wissen wir leider sehr wenig. Bei dem Franziskanerkloster St. Johannis erfährt man wenigstens den Standort. Die *Liberarey* (Bücherei) befand sich im Obergeschoß vom Ostflügel der Klausur. Wie sah es darin und in den anderen Kirchen- und Klosterbibliotheken aus? Um die willkürliche Entwendung, um den Diebstahl der kostbaren Werke zu verhindern, entwickelte man in Stralsund wie anderswo einen besonderen Bibliothekstyp, die sogenannte Pultbibliothek. Der Bücherraum enthielt Pulte, auf denen die Bände an einer Laufstange angekettet waren. Wir können dies für die Sundstadt mit einiger Sicherheit behaupten;

denn einzelne Kettenbücher sowie Exemplare mit erhaltenen Vorrichtungen für diese Befestigungspraxis lassen es mit wünschenswerter Deutlichkeit erkennen. Auch ein Testament des Jahres 1416 weist darauf hin. Der Bürger Arnd Polemann bestimmt darin letztwillig dem Sohn seines Vetters Lambert alle Bücher in jure canonico, aber nur dann, wenn er daraus lernen will und sie ihm nützlich sind. Sollte dies nicht der Fall sein, heißt es: *so beschede ik de sulven boke ener librien to sunte nicolause ofte to unse lewe vrouwen* (dann verfüge ich, dieselben Bücher den Bibliotheken von St. Nikolai oder St. Marien zu übergeben). Der Testator vermerkt sodann wörtlich: *dat se* (die Bücher) *openbar ligghen dat en iewelik dede lesen wil moghe to gan* (daß sie offen ausliegen und jeder, der sie zu lesen wünscht, den Zugang zu ihnen erhält).

In diese Bibliotheken brach die Reformation (1525) wie ein Ungewitter herein. Bei den Vorgängen des Kirchenbrechens hatte man es auf sie offenbar besonders abgesehen. Kostbare Codices wurden blindwütend zerstört, im Johanniskloster Bücher zerrissen und die Blätter mit Füßen getreten.[46] Man meinte, sich von den Büchern alten Glaubens rigoros trennen zu müssen, zerschnitt sie wahl- und sinnlos, vernichtete sie. Es hat damals erfreulicherweise nicht an Bemühungen gefehlt, diesem Unheil zu begegnen, dem Unwesen Einhalt zu gebieten. Dem bekannten Reformator Pommerns, Johannes Bugenhagen, ist hauptsächlich das energische Eingreifen in dies ruchlose Handeln zu verdanken. In seiner »Kercken Ordeninge« (Kirchenordnung) von 1535 stehen die Sätze: *Unde synt ynn den Steden ynn parhen unde Klöstern etlicke Librien, dar denne etlicke gude bökere ynne synd, welcke ytzunder yemmerlick und schmelick vörkamen un de vörbracht werden, dat men dar öwer ock bevelen unde vörordenen wylle, dat solcke wol tho hope vorsammlet werden, unde ynn eyner yewelicken Stad eyne gemeyne Liberie geholden werde ...*[47] (Es befinden sich in den Städten etliche Bibliotheken von Pfarrkirchen und Klöstern, die gegenwärtig schmählich verkommen und vernichtet werden, so daß darüber zu befehlen und zu verordnen ist, daß diese guten Bücher zu sammeln und in den Städten öffentliche Büchereien einzurichten sind). Das, was sich an Einzelblättern noch fand, verwandte man zum Einbinden von Rechnungen und Gerichtsprotokollen, von Titeln der Rechtswissenschaft und der neuen Lehre. Nehmen wir die mit diesem Beschreibstoff, darunter zahlreiche illuminierte Pergamentblätter mittelalterlicher Werke, gebundenen Bücher in Augenschein, die in der Archivbibliothek zu Hunderten vorhanden sind, vermögen wir die Bedeutung der ehemaligen Stralsunder Kirchen- und Klosterbibliotheken zu ahnen.

29 handgeschriebene Bücher und zehn Inkunabeln (Drucke bis 1500), die der Zerstörungswut jener Bilderstürmerei von 1525 entgangen waren, vereinte man in den nachreformatorischen Jahren zur Kirchenbibliothek St. Nikolai. Und sie wurde durch

46 Ewe, Herbert (wie Anm. 14), S. 11.

47 Die pommersche Kirchenordnung von Johannes Bugenhagen. Hrsg. von Norbert Buske. Greifswald 1985, S. 112.

das Schrifttum Martin Luthers, Philipp Melanchthons, Johannes Bugenhagens und anderer Autoren des 16. Jahrhunderts vergrößert.[48] Stralsunder stifteten Bücher, Zacharias Orthus zum Beispiel, der ihr 1562 zwei eigene, in Rostock gedruckte Werke, schenkte, und Gentzkow, der ihr 1564 den Kölner Frühdruck einer Bibel in griechischer und hebräischer Sprache von 1527 übereignete. Zwei Jahre später sammelten die Vorstadtbewohner Geld und kauften für die Nikolaibibliothek Frankfurter und Hallenser Druckwerke. Die erste durch Michael Lotter zu Magdeburg gedruckte plattdeutsche Lutherbibel zählte zu den Beständen ebenso wie die von Hans Lufft 1555 in Wittenberg gedruckte hochdeutsche. Der Wert dieses Exemplars wird durch den im vorderen Vorsatz eingeklebten Autographen Melanchthons noch erhöht.

Stralsunds Bürger waren nun auch willens, zwei andere Bibliotheken mehr oder weniger großzügig zu unterstützen, die des 1560 eröffneten Gymnasiums und jene einst sogenannte Ratsbücherei. Die eine erhielt 1579 die beträchtliche Anzahl von 150 Bänden des preisgekrönten Dichters Zacharias Orthus, der anderen (Ratsbibliothek) wurden überwiegend Geldbeträge zu ihrer Vermehrung vermacht. Zahlreiche Testamente aus den letzten Jahrzehnten des 16. Jahrhunderts bestätigen es.

Bugenhagens Appell war in der Stadt am Strelasund nicht unverhallt geblieben. Die Bürgermeister Franz Wessel und Nikolaus Gentzkow betrieben eifrig die Gründung der Stadtbibliothek, veranstalteten unter den Einwohnern Büchersammlungen und brachten die Druckwerke in einer Kapelle unter der Orgel von St. Marien unter. *Disse kapelle is anno lx to einer nodigen und nutten Liberigen mit herliken boken thorichtet* (Diese Kapelle ist im Jahre 1560 zu einer notwendigen und nützlichen Bücherei mit herrlichen Büchern eingerichtet worden), vermerkte Franz Wessel in einem Visitationsprotokoll. Er stiftete selbst allein 25 *grote* Bücher, die über 150 Mark gekostet hatten und bestimmte testamentarisch, daß ihrer nicht nur seine Erben, nicht allein die Prediger und Schulmeister teilhaftig werden sollen, sondern daß vielmehr jeder sie lesen könne.

Die Stadt hatte ihre erste öffentliche Bibliothek. Über ihr Schicksal im 17. Jahrhundert schweigen sich die schriftlichen Quellen bedauerlicherweise aus. Man erfährt nichts über sie. Ein durch Blitzschlag verursachter Turmbrand der Marienkirche hatte sie wahrscheinlich 1647 vernichtet. Dies wird jedenfalls durch eine im 19. Jahrhundert aufgefundene Kupferplatteninschrift des Dachreiters mitgeteilt.

Erst um die Wende vom 17. zum 18. Jahrhundert bemühte man sich erneut um eine Ratsbücherei. Dabei richtet sich unsere Aufmerksamkeit sogleich auf einen Mann, den man mit Fug und Recht als zweiten Gründer der Stralsunder Ratsbibliothek bezeichnen kann: Henning Leve (1647–1709). Als Sohn eines reichen Kaufmanns studierte er

48 Droysen, F. B., Die Bibliothek der Nikolai-Kirche in Stralsund. Stralsund 1817.

155 In der »Gotischen Bibliothek« des Johannisklosters

an Universitäten Jurisprudenz, interessierte sich zugleich für andere Wissenschaftsdisziplinen, reiste durch Städte und Länder, sammelte mit Kennerblick überall wertvolle Literatur. Seine Privatbibliothek, die schließlich 4363 Bände, darunter immerhin 882 im großen Folioformat, umfaßte, repräsentierte die damalige Wissenschaft in seltener Vollständigkeit. Leve, der sich hier 1674 als praktischer Rechtsgelehrter niederließ und seit 1689 das Amt eines Kämmerers bekleidete, schenkte der Stadt nicht nur seine gesamten Bücherschätze, sondern wies ihr zur Vergrößerung der Ratsbibliothek die beachtliche Summe von 1000 Gulden zu. *Weil ich meine Bibliothekam oder gesammelten Bücher und was dazu gehörig ist, dem publico und ad publicos usus* (zum öffentlichen Gebrauch) *destiniret und vermachet habe,* heißt es in seinem Testament von 1698, *will ich ferner ... zu gedachter meiner Bibliothek jährlicher Vermehrung und Erhaltung 1000 fl. capital vermachet haben.* Er wollte mit seiner hochherzigen Verfügung ein Zeichen setzen; denn es lautet am Schluß des Dokuments: *so hoffe und wünsche ich danächst mit gebührendem Ersuchen, daß auch andere gelehrte und vermögenden Personen diese meine gute Intention und Anfang zur öffentlichen Stadtbibliothek, zum gemeinen Nutzen und ihrem Ruhm mit Mehren zu sekundiren und fortzuführen geruhen mögen.*

Henning Leve, der viel von der Welt mit eigenen Augen gesehen und große wissenschaftliche Bibliotheken kennengelernt hatte, brachte bereits Gesichtspunkte eines modernen Büchereiwesens ins Gespräch. So sollte das Stralsunder Institut als

156 Bibliotheksmagazin im »Hellen Gang« des Johannisklosters

157 Bibliotheksmagazin mit Renaissance-Einbänden

öffentliche Einrichtung unter der Direktion und Inspektion geeigneter Ratsangehöriger stehen; sollten die Werke den Katalog- und Eigentumsvermerk tragen, ihre Ausleihe gegen einen Leihschein regelmäßig erfolgen und der Bibliotheksraum als Lese- und Studierzimmer dienen.

Damit war er seiner Zeit freilich weit vorausgeeilt. Bald nach Leves Tod breiteten sich verheerende Epidemien aus, die Stralsunds Bevölkerung zu Tausenden dahinrafften. Überdies wurde die Stadt ein Schauplatz des Nordischen Krieges. Als 1715 die feindlichen Gruppen abzogen und die verbliebenen Glocken der drei Pfarrkirchen den Frieden einläuteten, hatten die Stadtväter ganz gewiß andere Sorgen als die der Einrichtung und Förderung einer zum allgemeinen Gebrauch bestimmten Bibliothek.

Doch wenige Jahre später kam es zur amtlichen Regelung der städtischen Büchereiverhältnisse. Ratsmitglieder übernahmen jetzt als Kuratoren die Verwaltung. Johann Ehrenfried Charisius (1684–1760), der als erster in diesem Ehrenamt einunddreißig Jahre lang wirkte, bemühte sich ständig um die Erweiterung und Ordnung der Buchbestände, katalogisierte die Bände eigenhändig und stellte sie nach wissenschaftlichen Grundsätzen auf. Er erstrebte außerdem eine museale Gestaltung des Bibliotheksraumes, erwarb Natur- und Kunstprodukte, behängte die Wände mit etwa 40 Porträts ehemaliger Bürgermeister und Ratsherrn und verlieh dem Raum ein Aussehen, welches ihm zu jener Zeit einen Rang unter den geschmackvoll angelegten Bibliothekssälen verschaffte, wie es Zeitgenossen zu rühmen wußten.[49] Unter seiner Tätigkeit erhielt die nun im Rathaus untergebrachte Bibliothek allmählich ihr Profil.

Sie durfte sich im 18. Jahrhundert zwei großartiger Schenkungen erfreuen. Zum einen war dies die umfangreiche Privatbibliothek des schwedischen Generalgouverneurs Axel Graf von Löwen, zum anderen die Büchersammlung der »Englischen Gesellschaft«. Von Löwen (1686–1772), der bis zum 80. Lebensjahr in seiner Regierungsstelle arbeitete und sich stets der Wissenschaft und Kunst widmete, verfügte über eine Bibliothek von etwa 2500 Bänden mit Werken der Geschichte, Lexikographie, Theologie, Geographie, der Naturwissenschaften und auch schöngeistigen Literatur, unter der zeitgenössische französische Autoren in erstaunlicher Vollständigkeit einen besonderen Platz einnehmen. In seinem Buchbestand treffen wir eine Fülle bibliophiler Kostbarkeiten. Die vielbändige »Topographie« der Merians aus Frankfurt am Main befindet sich darunter, ferner eine mehrbändige Erstausgabe des berühmten holländischen Weltatlasses von Willem Janszoon Blaeu mit handkolorierten Kupferstichen und auch das Prachtexemplar eines Stockholmer Bibeldrucks von 1703, den Carl XII. von Schweden vermutlich als Dedikationsgabe für Gönner herstellen ließ. Axel Graf von Löwen hatte in seinen jungen Jahren zu den engsten Vertrauten des Königs gehört. Der Generalgouverneur übereignete der Stadt zu *ewigen Zeiten* nicht allein das auserlesene Wertobjekt seiner Bibliothek, sondern auch Gemälde, Globen,

49 Uhsemann, Ernst u. Fritz Adler, Die Stralsunder Ratsbibliothek. Stralsund 1924, S. 11.

158 Renaissance-Einband

mathematische Instrumente und andere *Curiosa.* Seine Erben sollten nach dem Wortlaut des Testaments von 1761 zwar den Zutritt zu den Sammlungen erhalten, jedoch nur dann, wenn sie sie zu vermehren aber nicht zu vermindern gedenken. Wenn außerdem bekundet wird, daß die Schätze dem Publico (der Öffentlichkeit) zugänglich zu sein hätten, dann spricht dies zweifellos für die Haltung des von der Aufklärung des 18. Jahrhunderts geprägten Mannes.

Die zweite Stiftung, Originalausgaben englischer Schriftsteller, bildete ebenfalls eine wertvolle Ergänzung der Ratsbibliothek. Stralsunder Bürger, die sich 1751 zum Studium der englischen Sprache und Literatur vereinigt hatten, übergaben nach Auflösung des Privatvereins (1782) der städtischen Bibliothek 120 Bände, *auf daß die Bücher nicht gerade gänzlich zerstreuet werden.* Wenn, wie man sagt, Blühen und Gedeihen der Bibliotheken meistens von der Einsatzbereitschaft der Bibliothekare abhängt, dann sollte sich dies auch für die Sundstadt bewahrheiten. Bald nach dem Tode des rührigen Johann Ehrenfried Charisius schien es mit der Ratsbibliothek

159 Schwedischer Generalgouverneur Axel Graf von Löwen

160 In der Barockbibliothek des Johannisklosters

161 Kostbare Bucheinbände des Barock

wahrlich nicht zum besten zu stehen. Als sie im Jahre 1795 dem Berliner Konsistorialrat Johann Friedrich Zöllner vorgeführt wurde, ließen sich erhebliche Unzulänglichkeiten keinesfalls verheimlichen. Sie wird wenig benutzt, vermeldete der Geistliche, denn nur im August wird sie wöchentlich einige Tage geöffnet, und die übrige Zeit des Jahres muß man sich, um den Zutritt zu erhalten, bei dem Bibliothekar, welches der Protonotarius ist, besonders melden. Fast noch übler ist es, daß es so schwer hält, herauszufinden, was da ist und wo es steht, weil es an Platz fehlt, das Vorhandene ordentlich aufzustellen. Der Berliner Gast war dessenungeachtet von einzelnen Werken tief beeindruckt. *Unter den Manuskripten,* berichtete er, *zeigte man uns als vorzüglich sehenswerth, eine Handschrift der Bibel, die mit äußerst schönen gemalten Anfangsbuchstaben und Vergoldungen verziert war.* Kurzum: *die öffentliche Stadtbibliothek ward mehr von Fremden besehen als von Einheimischen benutzt,* wie es damals lakonisch hieß. Und in der Tat, ein Besuch des Rathaussaales lohnte sich auch für Zöllner; denn über, vor und neben den Büchern sah er die Bildnisse der Bürgermeister, unter denen der, im vorigen Jahr verstorbene Bürgermeister Herkules, von dem Schweden Weström gemalt, sich am besten ausnimmt. Ähnlich dekorativ war seinerzeit die Kirchenbibliothek von St. Nikolai ausgestattet. Dort prangten an den Wänden nicht weniger als 50 Bilder.

Wenn von Bibliothekaren des 18. Jahrhunderts die Rede ist, sollte der junge schwedische Magister Carl Gustav Leopold nicht außer acht gelassen werden. Er bot der Stadt seine Dienste unentgeltlich an und übernahm 1782 die Aufgabe des Vizebibliothekars. Hier wollte er sich nach dem Studium an der Greifswalder Universität durch Katalogarbeiten auf eine Tätigkeit in der weltberühmten Universitätsbibliothek Uppsala vorbereiten. Doch Leopolds Entwicklungsweg verlief anders. Bereits 1786 berief ihn König Gustav III. von Schweden, den erst Dreißigjährigen, in die »Akademie der Achtzehn«. Und wenige Jahre später feierten ihn seine Landsleute als einen ihrer bedeutendsten Dichter. Ob indessen die von Carl Gustav Leopold erarbeiteten Bücherverzeichnisse den Stralsunder Lesern tatsächlich zu nutzen vermochten, ist eine Frage, die auch nach Zöllners Charakteristik wohl mehr negativ als positiv zu beurteilen ist.

In der Stralsunder Bibliotheksgeschichte des 19. Jahrhunderts müssen wir zwei Männer nennen, deren Verdienste unumstritten sind. Beide übten die Tätigkeit des Ratsbibliothekars vierzig Jahre lang aus, und beide taten dies sozusagen nebenamtlich. Der eine, Dr. Ernst Heinrich Zober (1799–1869), war Gymnasialprofessor, der andere, Dr. Rudolf Baier (1817–1907), begründete 1859 das Stralsundische Museum und leitete es bis zu seinem Lebensende. Der erste besorgte schon 1829 die Drucklegung eines Bibliothekskataloges. Dies war eine erstaunliche Leistung; denn das 550 Seiten umfassende »Alphabetische Verzeichnis der in der Ratsbibliothek zu

162 Gymnasialprof. Dr. Ernst Heinrich Zober

163 Ratsbibliothekar Dr. Rudolf Baier

Stralsund befindlichen Bücher« gehörte zu den ersten gedruckten Katalogen aller deutschen Stadtbibliotheken. Der mit der Würde eines Ehrendoktors der Universität Greifswald ausgezeichnete Rudolf Baier ging fleißig, geschickt, umsichtig zu Werke und verstand es, das Institut wesentlich zu vergrößern. Unter seiner Leitung erreichte der Buchbestand einen Umfang von etwa 80000 Druckwerken. Kostbare, an seine Adresse gerichtete Buchgeschenke ordnete er sogleich der Stralsunder Bibliothek ein, *auf daß sie für jedermann zugänglich seien.* Rudolf Baier war ständig bemüht, die Literatur sämtlichen Bevölkerungsschichten und damit der allgemeinen Volksbildung nutzbar zu machen.

Unter dem Äskulapstab

Johann Aderlater und Hermann Badstübner sind die ersten Stralsunder *Medizinmänner,* deren Namen das älteste Stadtbuch aus dem Jahre 1288 überliefert. Sie gehörten zur Zunft der Barbiere und Bader. Daß sie untereinander stets in Eintracht und Frieden ihre Berufe ausgeübt hätten, wird niemand behaupten dürfen. Im Gegenteil, Streitereien zwischen den Barbieren auf der einen und den Badern auf der anderen Seite ziehen sich jahrhundertelang wie ein roter Faden durch die sundische Medizingeschichte. *Wir achtbaren und kunstreichen Barbiere wenden uns wider die Bader, die auch frische Schaden annehmen und verbinden, und also der Chirurgy sich zu gebrauchen eigenmächtig unterstehen, auch dahero Wundärtze genennet sein wollen. Solches ist zu beklagen, daß die Bader von vielen Jahren her des Curirens und Verbindens sich unterfangen, und dadurch in unsere erlernte Kunst und Nahrung einen Eingriff zu thun sich gelüsten lassen,* heißt es in einem Protokoll von 1644.

Beide waren Handwerker, waren jedenfalls wie die Zimmerer, Böttcher und Schmiede in Ämtern vereinigt. Sie hatten genauso wie die Bauleute und Verfertiger von Dingen des täglichen Bedarfs ihre Rollen (Satzungen, Amtsgerechtigkeiten). In der erhaltenen Rolle der Barbiere von 1635 werden die Bader ernsthaft ermahnt, sich tunlichst aller Reibereien mit Vertretern des Amtes der Barbiere zu enthalten. Das Kriegsbeil ist jedoch keineswegs begraben worden. Die Bader hatten laut Eintragung in ihr Amtsbuch von 1580 klipp und klar erklärt, daß die Barbiere die *abgesagten Feinde* der Bader seien. Die zünftigen Heilpraktiker befehdeten sich nicht nur gegenseitig wegen des Eindringens in den Erwerb, sondern wetterten auch gegen andere, gegen Pfuscher oder Störer und – man lese und staune – gegen die Scharfrichter. Im späten Mittelalter durften sie *Verrenkungen curieren.* Darauf besaßen sie in Stralsund ein Privilegium. Sie überschritten indes nicht selten Grenzen der ihnen zugestandenen Verrichtungen. Hans Friederich zum Beispiel behandelte in den Jahren 1680 und 1681 mit bestem Erfolg, wie es verlautet, *alte und neue Schaden.* Die daraufhin aufgebrachten Barbiere forderten neid- und zornerfüllt kategorisch das Verbot seiner heilpraktischen Tätigkeit. Der offensichtlich talentierte Friederich ließ

164 Amtsrolle von 1635

sich nicht in die Enge treiben, richtete ein Schreiben nach dem anderen an die »Hoch- und Wohlgelehrten Herren« des Rates, reichte eine Liste von vierzehn glücklich *curierten* Patienten ein und vergaß nicht, darauf hinzuweisen, daß einzelne Kranke den Barbieren wegen deren Unfähigkeit davongelaufen und zu ihm übergewechselt seien. Zudem verwandten sich Stralsunder Bürger für ihn. So bekundete Maurermeister Andreas Lorentz der städtischen Behörde, daß er nur voller Dank auf die Kunst des Scharfrichters blicken könne, der sein Kind *vollendet zu heilen* imstande gewesen wäre. Die Barbiere, so bemerkt er in seiner Eingabe vom 9. Januar 1682, *gedachten aus Unverstand meine Tochter zu verstümmeln und sie ihrer Gliedmaßen zu berauben.*

Damit ist ein Licht auf die ärztliche Versorgung der Stadtbewohner in jener Zeit geworfen. Sie waren, wenn sie im Krankheitsfall Hilfe in Anspruch nehmen mußten oder wollten, oft genug dem Können oder Nichtkönnen dieser Leute ausgeliefert.

In den Rollen der Stralsunder Barbiere und Bader des 16. und 17. Jahrhunderts werden die Gepflogenheiten der Ämter lang und breit erläutert. Es beginnt mit den Aufgaben der Lehrlinge. Sie hatten unter anderem Kessel und Becken sauber und blank zu halten, Wasser zu tragen, Holz zu hauen und die Schuhe der Meister und Gesellen zu putzen. Machten sie ihre Sache nicht gut, *gab es was mit dem Foren-Schwantz* (Ochsenziemer). Ausführlich sind die Geselligkeiten, die ausgiebigen *Kösten,* ferner die Strafen, die meistens mit Wein und Bier abgegolten wurden, und schließlich das Meisterstück beschrieben. Es bestand in der Anfertigung von Pflastern und der Herstellung von Salben. Überblicken wir den Quellenstoff, müssen wir

165 Altar der Barbiere in St. Nikolai (14. Jahrhundert)

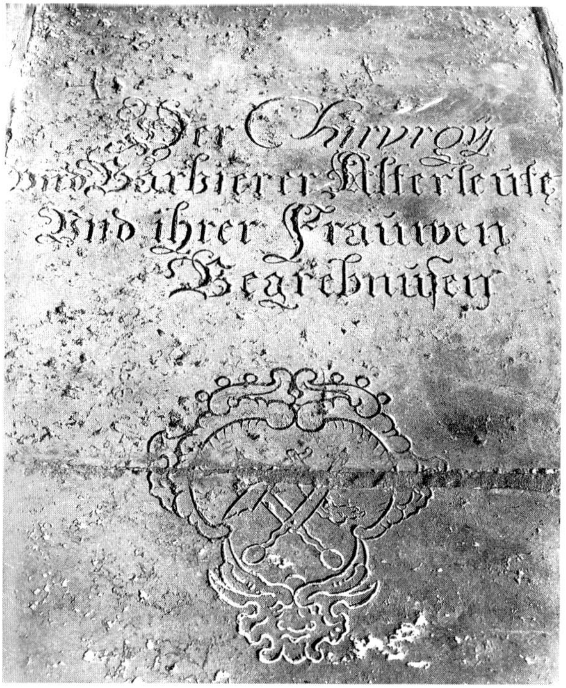

166 Grabplatte der Barbiere und Chirurgen in St. Nikolai

167 Geöffnete Truhe der Bader

168 Der Bader (Kupferstich 1698)

169 Der Doktor (Kupferstich 1698)

freilich bedauern, daß wir nur wenig über die eigentliche Berufstätigkeit erfahren. Man hat dies auf das ängstliche Bestreben der Amtsbrüder, ihre Berufserfahrung im Interesse des Erwerbs und der Wahrung, ihre Rechte preiszugeben, zurückgeführt.[50] Ja, die Amtsgenossen waren geradezu verpflichtet, niemand die Geheimnisse des Amts *auszuplaudern.* Wann sie sich in Innungen zusammengeschlossen haben, wissen wir nicht. Die Zunftunterlagen gingen während des Dreißigjährigen Krieges großenteils verloren. Um 1630 wurden beide Ämter neu begründet. Das Fragment des Barbier-Altars (14. Jahrhundert) von St. Nikolai, Grabplatten in derselben Kirche, der Hinweis auf ein ehemaliges Gestühl und die Nachricht vom Vorhandensein eines Silberschatzes von 20 Stücken (1608) bestätigen, daß sie früher vorhanden waren.

Barbiere und Bader betrieben die sogenannte kleine Chirurgie. Dazu gehörten Schröpfen, Aderlassen, die Behandlung *frischer und äußerer Schäden,* auch der Knochenbrüche und das Ziehen von Zähnen.

Mußten sich die erkrankten Stralsunder immer mit den Leistungen dieser Männer zufriedengeben? Genügte ihnen der Aderlaß und das Richten gebrochener oder verrenkter Glieder in Händen der zünftigen Handwerker? Diese Fragen scheinen allein angesichts der wirtschaftlichen und politischen Stellung der Hansestadt des Mittelalters gerechtfertigt zu sein. Die schriftliche Überlieferung berichtet nur spärlich über sie. Der erste, Physikus Magister Berthold, begegnet uns in Stadtbuch

50 Brunn, Werner von, Von den Gilden der Barbiere und Chirurgen in den Hansestädten. Leipzig 1921, S. 28.

eintragungen von 1339, der zweite, Chirurgus Magister Liborius, drei Jahre später. Im Jahre 1418 ernannte die Pariser Universität den Stralsunder Hermann Balsmiter zum Bakkalaureus. 1425 bekundete der hiesige Rat dem Kanzler, Dekan und den Magistern der medizinischen Fakultät der französischen Universität Montpellier, daß dieser Balsmiter zwei Jahre in der Stadt am Strelasund praktiziert und sich der größten Hochachtung bei Männern und Frauen, bei Geistlichen und Laien, erfreut habe. Die Aufgabe des ersten Stralsunder Amtsarztes erfüllte der Physikus Heinrich ter Porten. Er stammte aus Groningen, lehrte als Professor für Medizin von 1478 bis 1481 in Greifswald, mußte wegen Auseinandersetzungen mit seinen Kollegen die Ryckstadt heimlich verlassen und übernahm nach kurzem Aufenthalt in Wismar und Rostock das Stralsunder Amt. Im Jahre 1512 befahl der Reichstag zu Worms allen Städten die Anstellung eines Stadtphysikus. Seitdem können wir die akademisch gebildeten Ärzte hier verfolgen. Einzelne blieben nicht lange. Der als Sohn eines ungarischen Schmieds 1508 geborene Franz Joël beispielsweise ging 1549 nach Greifswald, erhielt dort eine Professur für Medizin und wurde als Verfasser zahlreicher Werke der Heilkunde weithin berühmt. Unter den Ärzten des 17. Jahrhunderts verdient Dr. Bartholomäus Horn beachtet zu werden. Er hatte in Leyden studiert und wirkte in der Sundstadt von 1642 bis 1694, bis ins hohe Alter von 80 Jahren.

Doch wir wollen bei unserer Betrachtung der diplomierten Mediziner nicht die anderen, die handwerklich ausgebildeten Äskulapjünger, außer acht lassen. Die *studierten* Ärzte meinten zwar, auf sie lediglich naserümpfend herabblicken zu können. *Die medici puri,* die eigentlichen Ärzte des 17. Jahrhunderts, *waren gevitätische Leute,* heißt es, *die nichts weiter taten, als Rezepte schreiben. Alles andere hielten sie unter ihrer Würde, verlangten aber, daß sie zu allem hinzugezogen würden, wenn sie davon auch nichts verstanden, zum Beispiel zu Operationen, Geburten usw. In den Fällen der Gefahr, wie bei der Pest, erlaubten sie sich sogar hier und da, die Chirurgen allein zu den Kranken zu schicken, während sie selbst diese nur durch die Fensterscheiben beobachteten.*[51]

Wie dem auch gewesen sein mochte: Stralsunds Barbiere oder Chirurgen, Bader und Wundärzte leisteten zuweilen Hervorragendes, setzten sich in Betreuung der Kranken aufopferungsvoll bis zum äußersten ein und verloren dabei oftmals ihr Leben. Das traf vor allem in Zeiten schwerer Epidemien zu. So starben im Jahre 1629 sämtliche Vertreter dieser Berufe an der Pest.

Der *schwarze Tod,* wie man die Seuche bezeichnete, richtete in 500 Jahren der Stadtgeschichte größtes Unheil an. Vom ersten nachweisbaren Auftreten um 1350 bis zum Erlöschen der Pest hier im Jahre 1711 wurde Stralsund siebzehnmal von der furchtbaren Krankheit heimgesucht. Alle Chronisten berichteten über sie, bezifferten

51 Knorr, Friedrich, Stralsund und stralsundische Ärzte. 1908–1909. Handschrift 128 im Stadtarchiv Stralsund.

170 Der Wundarzt (Kupferstich 1698)

die Toten jeweils nach Tausenden. Johann Berckmann wußte zu vermelden: *Anno 1416 wardt so groth sterwendt, dat von oldem volk gestorwen wehren bawen 7000 minschen* (über 7000 Menschen), *ohne dat junge volk* und *Anno 1474 up paßken* (zu Ostern) *hoff sick thom Sunde ein gemein sterwen an ... darmanck starwen vele von kundigen* (bekannten) *personen, und wol viff* (fünf) *hundert kindere.* In Übersetzung seines mittelniederdeutschen Textes lautet es an anderer Stelle: *Im Jahre 1549 hob hier zum Sunde ein so bedeutendes, elendes, großes Sterben an, wie es bei Menschenzeiten nicht zu denken war. Es ging sehr über die schwangeren Frauen sowie über viele Jungfrauen, die auch verlobt waren, über Dienstmägde, Knechte und sehr viele Kinder her. Alle Kirchhöfe waren voll belegt. Jedermann vermißte einen der seinigen. Viele Reiche flohen aus der Stadt.*

Im Sommer 1565 brach erneut die Pest aus. Es gehörte damals offenbar zu den Obliegenheiten eines Bürgermeisters, an den Beerdigungen teilzunehmen. Nikolaus Gentzkow notierte im Tagebuch genauestens seine Leichenfolgen. Das waren im August jenes Jahres 113. Am 2. September begleitete er allein 17 Tote zum Grabe. Er selbst verlor bei dieser Epidemie zwei Töchter.

Die grausame Infektionskrankheit verschonte niemanden. Alte und Junge, Reiche und Arme, Ratsangehörige und Dienstboten, stadtbekannte Persönlichkeiten wie Bürgermeister Lambert Steinwich erlagen ihr. Die verheerende Pest wurde von überallher, über Land und See, eingeschleppt und fand bei den äußerst unzulänglichen sanitären und hygienischen Verhältnissen stets günstigen Nährboden. Man stand ihr völlig hilf- und tatenlos gegenüber, nahm sie apathisch als »Gottesgeißel« hin und wußte nichts von der Übertragung des Bazillus durch Ungeziefer, durch Ratten vor

171 Denkmal Lambert Steinwichs

allem, die in Buden, Kellern und Kornspeichern beste Unterschlupf- und Verbreitungsmöglichkeiten hatten.

Erst am Anfang des 18. Jahrhunderts begannen Landesregierung und städtische Behörde gewisse Schutzmaßnahmen einzuleiten. Stralsund wurde von Lübeck und aus Danzig gewarnt, wo bei der *grassierenden und herumschleichenden Pestilenz die Menschen wie Fliegen wegfielen.* Im Jahre 1709 verfügte der Magistrat die Bildung eines Sanitätskollegiums und ließ eine Pestordnung entwerfen. Danach sollten in der Stadt keinerlei Schmutz geduldet, verdächtige Personen an den Toren abgewiesen, besondere Pestärzte und -hebammen bestimmt und entsprechende Krankenhäuser eingerichtet werden. Gedanken einer Quarantäne und andere verheißungsvolle Absichten klangen in dem *Patent* an. Doch in jenem Jahr wurde nicht gehandelt, sondern vielmehr umständlich verhandelt. Und so traf die furchtbare Epidemie Stralsund 1710 unvorbereitet. Eine polnische Fürstin, namens Cyofsky, brachte sie im Juli hierher, und sie griff schnell um sich. Wenn die Chronisten der älteren Zeit lediglich grobe Angaben und in den Zahlen wohl auch übertriebene Verluste mitzuteilen vermochten, liegen uns nun in den erhaltenen Pestakten genaue Daten vor. So starben im August des genannten Jahres 131, im September schon 786, im Oktober 1060, im November 884 und im Dezember 521 Personen. Zu Beginn des Jahres 1711 machte sich endlich ein Nachlassen der Seuche bemerkbar. Als am 26. April die Glocken der Kirchen den Dankgottesdienst für das Erlöschen der Pest einläuteten, waren ohne Angehörige der Garnison 3609 Stralsunder, mehr als ein Drittel der gesamten Stadtbevölkerung, dahingerafft.

Die entsetzenerregende Krankheit hatte gesellschaftliche Auswirkungen. Sogar die Familienbande lösten sich, Kinder verließen aus Furcht vor Ansteckung die Eltern, Eltern die Kinder, der Bruder die Schwester, der Freund den Freund. Wer aus Pietät die Leiche eines geliebten Verwandten begraben wollte, lag bald nachher unbegraben selbst als Leiche. Die Angst vor den irdischen Schrecken regte viele zu bußfertigen, frommen Stiftungen an. In den Pestperioden stiegen die Zahlen der Bürgertestamente sprunghaft an. So sind aus dem Jahre 1350 immerhin 57 Vermächtnisse überliefert. Zur gleichen Zeit ließ Bürgermeister Albert Hovener ein Haus für kranke Frauen erbauen. Das ist das eine, das andere, sozusagen die Kehrseite, äußerte sich in wilder Schwelgerei und sinnlicher Genußsucht nach dem Grundsatz: »Laßt uns das Heute genießen, denn morgen sind wir tot«. Die schlimme Seuche galt als Inbegriff von Grauen und Tod und prägte sich tief im Gedächtnis der Menschen ein. Vergleiche wie »gehaßt wie die Pest«, »es stinkt wie die Pest« und »er wird gemieden wie die Pest« stammen aus jenen Zeiten.

Der *schwarze Tod* war nicht die einzige Epidemie, die die Sundischen in Angst und Bangen versetzte. Man braucht nur die Chroniken aufzuschlagen, um eine Vorstellung von dem wütigen Umsichgreifen verschiedener Infektionskrankheiten zu erhalten. *Im Jahre 1529 war hier eine neue schwere Krankheit, die hieß der Schweiß* (Englischer Schweiß), berichtet Johann Berckmann, *da lagen die Leute 24 Stunden darin, durften sich nicht aufrichten, abkühlen. Wenn sie es anfiel, wo sie gingen und*

172 Apotheke des späten Mittelalters (Holzschnitt 1568)

standen, da legte man sie hin, und starben täglich viele Menschen daran. In den ersten Jahrzehnten des 16. Jahrhunderts grassierten hier die Pocken, 1549 brach die Ruhr, 1579 die Influenza (Grippe) aus.

Allmählich trat eine gewisse Ordnung im städtischen Gesundheitswesen ein. Gegen Ende des 16. Jahrhunderts gliederte sich das Heilpersonal in Medici (darunter befand sich der fest angestellte Stadtphysikus), Wundärzte, Barbiere, Feldscherer (für die Garnison), Bader und Hebammen. Die Stralsunder konsultierten beide, die diplomierten Mediziner und die anderen. Bei Nikolaus Gentzkow erschien des öfteren der Wundarzt, um ihn zur Ader zu lassen. Seine Magd war von einem Barbiergesellen geheilt worden, wie er im Tagebuch berichtete. Medikamente mußte dem Bürgermeister der Doktor verschreiben. Das überaus gute Essen scheint seiner Gesundheit wohl nicht zuträglich gewesen zu sein. Es wurde in die Apotheken geschickt, um Pillen gegen *Kopfschwindel* und andere Unpäßlichkeiten heranzuholen.

Das Vorhandensein von Stralsunder Apothekern ist bereits für das 14. Jahrhundert urkundlich bezeugt. Im zweiten Stadtbuch wird 1318 der *apotecarius* Horandus und 1334 der Apotheker Reinfridus genannt. Im Gegensatz zu den Barbieren und Badern brauchten sie um ihren Lebensunterhalt kaum besorgt zu sein. Sie waren Gewürzhändler – Kaufleute also – und bewegten sich in den oberen Rängen des städtischen Sozialgefüges. Wenn sich gegen Ende des Mittelalters zahlreiche Gewürzhändler ausdrücklich Apotheker nennen, ist freilich zu bezweifeln, daß es sich dabei immer um geschulte Leute des Faches gehandelt habe. Nicht von ungefähr untersagte die Behörde im Jahre 1600 allen Gewürzkrämern rigoros den Handel mit Heilmitteln. Die biederen Händler entrüsteten sich daraufhin, sahen sich um ihre Einkünfte betrogen, richteten den Zorn gegen die echten Apotheker und verleumdeten sie schamlos. Im 16. Jahrhundert begannen sich in der Sundstadt die ersten Medizinalapotheken im modernen Sinne zu entwickeln. Ärzte besaßen oder verwalteten sie hin und wieder. Die schon erwähnten Doktoren Franz Joël und Bartholomäus Horn zählten dazu. Der erste, der vorher als Hofapotheker Herzog Albrechts von Mecklenburg in Güstrow gewirkt hatte, eröffnete um 1550 die dem Magistrat unterstellte Ratsapotheke. Der andere gilt als Mitbegründer der sogenannten *Neuen Apotheke,* der späteren Bärenapotheke. Sie entstand im Dreißigjährigen Krieg, bald nach der furchtbaren Pestepidemie des Jahres 1629. Die dritte Stralsunder Apotheke der älteren Zeit, die Simson-Apotheke, kam im 18. Jahrhundert dazu.

Die Apotheken standen im Blickfeld der Öffentlichkeit und waren so gewichtig, daß Landesregierung und Rat der Stadt über sie einen langen, wortreichen Passus im bedeutenden »Bürgervertrag« von 1616 zu Papier und in den Druck bringen ließen. Darin wird beispielsweise umständlich ausgeführt, daß die Apotheker keine *unstrafbaren* Waren einzukaufen und den Kunden abzugeben hätten, daß sie und ihre Gesellen unter Eid geloben und schwören mußten, daß sie mit ihrer Kunst treu und redlich, ehrlich und aufrichtig Armen und Reichen ohne Unterschied der Person zu dienen bereit sind.

Zu den Waren gehörten nicht nur *präparierte Arznei, Pillen, Extrakte, Pugierpulver, Küchlein zum Räuchern und zum inneren Gebrauch, destelliertes Wasser, Baum-Leim-Rüben-Öl, Wurzeln, Kräuter, Quecksilber, Rharbarber, Nießwurz, Hirschhorn, spanische Fliegen, Fuchslungen, Wolfslebern, Menschenfett, Schwefel und Muskat,* sondern auch Konfekt und *Claret* (Würzwein). Dieser Wein stand nicht allein im Angebot zum Mitnehmen, sondern konnte zugleich an Ort und Stelle genossen werden. Daß dies zuweilen über das bloße Probieren weit hinausging, teilte Bartholomäus Sastrow mit. In seiner Autobiographie beschrieb er das Schicksal der bekannten Stralsunder Familie Roloff Möller. Ein Sohn des Bürgermeisters war 1558 nach seinem Aufenthalt in einer Apotheke von dem *Claret* so volltrunken, daß er einen Saufkumpan auf offener Straße kurzerhand totstach.

In einer 1673 veröffentlichten Ordnung wird den Quacksalbern energisch der Kampf angesagt. Damit ist ein Kapitel der Stralsunder Medizingeschichte aufgeschlagen, das jahrhundertelang Ärzte und Nichtärzte in Atem hielt. Nikolaus Gentzkow wußte zu vermelden, daß am 23. März 1558 die *Quacksalberin und Zauberin* Woltbrecht Vossen gebrannt worden sei, weil sie im peinlichen Verhör zugegeben hatte, in Dänemark eine Kunst erlernt zu haben, nach der sie den Leuten Arzenei verabreiche. Das *gebrannt sein* bedeutet nichts anderes, als daß die arme gefolterte Frau bei lebendigem Leibe verbrannt worden ist.

Diese Gerichtspraxis war seinerzeit gang und gäbe. Menschen der unteren Bevölkerungsschicht wurden gar nicht so selten wegen geringfügiger Vergehen gehenkt, gerädert, enthauptet, ertränkt, lebendig begraben, verbrannt und was dergleichen Grausamkeiten mehr sein mochten. Wir erfahren dies durch den sundischen Gerichtsvogt Gerhard Hannemann, der in seinem »Memorabilienbuch« den Strafvollzug von 1553 bis 1587 in minutiöser Genauigkeit schilderte. Schon Gerichtsschreiber des 16. Jahrhunderts nahmen dies keinesfalls gelassen hin und stellten sarkastisch fest, daß man die kleinen Diebe hänge, die großen hingegen straffrei laufen ließe. Von einer Verurteilung des Bürgermeistersohnes Möller findet sich jedenfalls in den schriftlichen Unterlagen kein Sterbenswort.

Auch jene Quacksalber und Kurpfuscher, die sich selber volltönige Titel zugelegt hatten und zumeist von auswärts in die Stadt kamen, vermochten oft ungehindert ihr Unwesen zu treiben. Besitzer und Redakteure der seit dem späten 17. Jahrhundert erscheinenden Blätter öffneten ihnen für Werbezwecke bereitwilligst die Spalten. Der eine pries 1747 eine *sympathische* Salbe an, die alles mögliche zu heilen imstande wäre, der andere ein nicht minder *sympathisches* Öl mit außerordentlichen Wirkungsmöglichkeiten, der dritte verzichtete gar auf den Gebrauch jeglicher Arzenei, auf Salben und Pflaster. Er hatte eine *geheime Wissenschaft und Geschicklichkeit* parat, die an *viel hundert Personen beyderley Geschlechts, allerley Alters und Standes, Geist- und Weltlichen, Armen und Reichen erprobt* worden sei, wie es im »Stralsunder-Relations-Courier« von Oktober 1753 nachzulesen ist. Hiesige Handelsleute stiegen ebenfalls in das Geschäft ein. Kaufmann Wever meinte beispielsweise in der »Stralsundischen

173 Bärenapotheke an der Badenstraße

Zeitung« 1777 ein *Lebens-Oehl, welches den menschlichen Körper ausnehmend stärkt* und ein *Universal-Elixier, welches in den gefährlichsten Zufällen, und wann schon alle Hoffnung aufgegeben, die gewünschte Wirkung tut,* bestens empfehlen zu können. Im Juli 1785 wurde den Zeitungslesern angezeigt, daß sich hier gegenwärtig jemand befindet, der das *sichere Geheimnis* besitzt, *Leichdörner* (Hühneraugen) *gänzlich zu vertreiben.* Und im Mai 1789 hatten die Stralsunder Gelegenheit, die *Weltberühmte, Kaiserl. Königl. allergnädigst privilegierte Jennysche oder Hamburgische Wundersame Essenz* zu erwerben, *die gegen hitziges Fieber, Ruhr, Herzklopfen, kalten Brand, Brechen, Blutsturz, Milzkrankheit, Stein, Podagra, Lähmungen, Melancholie, Mutterbeschwerden, Schwindsucht, Gelbsucht usw. hilft.*

Die Quacksalberei blühte noch während des 19. Jahrhunderts in erschreckendem Umfang. Magnetismus und Spiritismus (Böten nennt man es hierzulande) und andere mystische Heilverfahren wurden nach wie vor praktiziert. Fast unglaublich will es uns heute scheinen, daß die Regierung zu Stralsund noch 1841 verbieten mußte, kranke Personen zwecks Heilung in geheizte Backöfen zu schieben. Verfügungen der Behörden, die den Verkauf ärztlich anerkannter Medikamente regeln sollten, wurden bedenkenlos ignoriert. Statt dessen florierte der Handel mit Geheimmitteln.[52] Daran beteiligten sich Buchhändler, Friseure, Kaufleute und Konditoren. In der Tagespresse häuften sich die Annoncen über vielversprechende Mittel. Auswärtige boten sich an, gegen Zahlung eines Geldbetrages verschiedene Krankheiten brieflich zu behandeln. Im Februar 1847 ließ der sundische Nagelschmiedemeister F. Beitz dieses Inserat veröffentlichen: *Stets bin ich bereit, Kranken durch Sympathie hülfreiche Hand zu leisten, sowie durch ein von mir erfundenes Pflaster, welches die Geschwulst und offene Wunden heilt.* Die Polizeidirektion zeigte jedoch für dessen Therapie kein Verständnis und untersagte ihm die zu den verbotenen Quacksalbereien gehörigen Kuren. Als schließlich in der ersten Hälfte des vorigen Jahrhunderts massenhaft Angebote von *Rheumatismus-Ableitern* in Gestalt von Ketten, Platten und Ringen erschienen, hielt es auch Schlossermeister Schmidt für geraten, in den Wettbewerb einzutreten. Er zeigte an, daß er *die heilsame Wirkung aller bisher bekannten Rheumatismus-Ableiter erprobt habe und offeriere daher solche à Stück zu 15 Silbergroschen nebst Gebrauchsanweisung jedem, der an Reißen der Glieder leidet.*

Stralsunds Ärzte bemühten sich redlich, die Bevölkerung über den Unsinn der sogenannten Geheimmittel und über die Schäden der Kurpfuscherei aufzuklären und hatten dabei, so sehr sie es auch beklagten, lediglich einen äußerst bescheidenen Erfolg.

Im Medizinwesen erfolgten jetzt erhebliche Veränderungen. Die jahrhundertealten Ämter der Barbiere (Wundärzte) und Bader lösten sich zu Beginn des 19. Jahrhunderts auf. Und die Chirurgen gelangten allmählich in den Rang angesehener Mediziner.

Im Jahre 1816 wies die Statistik nur sechs Stralsunder Ärzte aus. Dabei kamen im Verhältnis zur Einwohnerziffer (14 215) auf jeden immerhin 2369 Personen.[53] Sie und die ortsansässigen Apotheker vereinten sich in einer Medizinischen Gesellschaft, in dem »Kränzchen«, wie sie es nannten. Die 1773 gegründete Vereinigung zählt zu den ersten ihrer Art Deutschlands. Donnerstags fand man sich in den Privathäusern der Mitglieder (bei Kaffee und Zigarren) zusammen, erörterte Fachprobleme, tauschte Erfahrungen aus, pflegte die Geselligkeit, besprach Zeitschriftenliteratur und war um den Erwerb neuer Publikationen besorgt. Als das Kränzchen sein fünfundzwanzigjähriges Bestehen feierte, verfügte es bereits über eine Bibliothek von 1000 Bänden.

52 Geschichte der Stadt Stralsund (wie Anm. 45), S. 266 ff.
53 Knorr, Friedrich (wie Anm. 51).

Einzelne Ärzte erlangten überregionale Bedeutung, wie der Protophysikus Dr. Bernhard Nicolaus Weigel (1721–1800). Er hatte während seines Medizinstudiums in Jena bei einem Apotheker gewohnt, hatte sich in die Kunst der Medikamentenherstellung einweihen lassen und richtete sich in Stralsund ein achtenswertes Laboratorium ein. Der Stadtarzt konnte darin auch *allerlei Sorten von Liqeuren* destillieren, die seine Gäste stets als sehr wohlschmeckend empfanden. Doch sein Streben war darauf gerichtet, neue Arzneimittel gegen bisher für unheilbar oder schwierig zu behandelnde Krankheiten zu entwickeln. Das gelang ihm auch. Ein nach ihm benanntes Medikament, die »Weigelschen Tropfen«, erregte landesweit Aufmerksamkeit. Der Berliner Konsistorialrat Johann Friedrich Zöllner, der 1795 den Doktor besucht hatte, beschrieb die Therapie: *Unter seinen Arzneien ist eine sehr berühmt geworden. Man hat nämlich von derselben behauptet, daß sie Kranken zwar gesund macht, aber sie dafür blau oder schwarzblau färbt. Wir sahen selbst in der Kirche einen Mann, der diese Wirkung erfahren haben sollte. Das meiste Aufsehen aber hat die Cur eines Feldpredigers vom ehemaligen Bixenschen Regimente, namens Willich, gemacht. Dieser Mann hatte sehr heftige hämorhoidalische und hypochondrische Beschwerden. Herr Doktor Weigel gab ihm selbst bereitete Tropfen. Das Übel verschwand, so daß der Kranke seinem Amt wieder vorstehen und sich verheiraten konnte; aber unter dem Gebrauche jener Arzneien ward er zugleich dergestalt blau oder eigentlich schwarzblau, daß die verstorbene Königin von Schweden seinen Chef fragte, wie er dazugekommen sei, einen Neger zum Feldprediger zu machen, und daß seine neuvermählte Gattin den Tag nach der Hochzeit in Sorgen geriet, ob diese Farbe nicht erblich seyn möchte.*

Weigel war außerdem der Begründer des ersten Stralsunder Stadtkrankenhauses. Es befand sich in der Gasthauskirche an der Marienstraße. Das um 1430 errichtete Bauwerk hatte als Gotteshaus für die Insassen einer Stiftung gedient. Während der Kriegsjahre 1758/59 wurde die Kirche von der Militärbehörde als Heumagazin genutzt und im Innern derartig zugerichtet, daß sie für kultische Zwecke nicht mehr verwendet werden konnte. Der Bau erlitt 1776 weitere Schäden, als in der Nähe ein Pulverturm explodierte. Im Jahre 1781 übernahm die Stadtverwaltung die Gasthauskirche und ließ sie zum Krankenhaus umbauen. Die 1784 mit 24 Betten eröffnete Einrichtung reichte schon zu Beginn des 19. Jahrhunderts bei weitem nicht aus. Es fehlten nicht nur Räume und Betten für die Aufnahme der Kranken, es fehlte mehr: Medikamente, Wäsche, Hilfspersonal und anderes. Der für das Haus zuständige Physikus Dr. Friedrich Wilhelm Mierendorff teilte 1839 den *Hochwohlgeborenen, Hochgelahrten, Hochweisen, Hochgeneigten und Hochzuverehrenden* Ratsherrn ohne Umschweife mit, daß sich die Anstalt *in der allertraurigsten Verfassung befindet.* Obgleich man bald danach die Anzahl der Betten auf 60 erhöhte, konnte dem Mangel an Aufnahmemöglichkeiten für Kranke noch längst nicht wirksam begegnet werden. Erst durch den Neubau des zweiten Stadtkrankenhauses (1862–1866), jenes Gebäudes, das heute das Ärztehaus beherbergt, wurden die Verhältnisse verbessert.

174 Erstes Stadtkrankenhaus in der Gasthauskirche

Es verfügte über 102 Betten, über Bäder und Wasserspültoiletten und galt seinerzeit als ein modernes Hospital.[54]

Damals praktizierten in Stralsund 32 Ärzte und drei Zahnärzte. Seit dem 18. Jahrhundert kamen zeitweilig »Spezialärzte« aus anderen Gegenden in die Stadt und boten ihre Dienste an. Sie behandelten auf Jahrmärkten und anderswo Augenleiden, zogen Zähne und verkauften selbstgefertigte Heilmittel. Hin und wieder befanden sich darunter bekannte und befähigte Leute, wie der Ritter Tadini Comes Paltinus, *Oculist des Französischen Hofes,* von dem es hieß, daß er die von ihm erfundenen künstlichen Linsen zu implantieren vermochte. Er reiste im Juli 1789 an, erfreute sich der Gunst Stralsunder Mediziner und vollführte anscheinend mit Erfolg mehrere Staroperationen.[55]

Was die Verhältnisse des Gesundheitswesens im Hinblick auf die allgemeine Hygiene betrifft, so ist wenig Rühmliches zu vermelden. Auf diesem Gebiet herrschten noch während des 19. Jahrhunderts landauf, landab verheerende Zustände. Stralsund schien dabei indes eine Sonderstellung einzunehmen. Hier starben offen

54 Buchholz, Werner, Die Gasthauskirche zu Stralsund. Grundstein einer Krankenhausentwicklung. In: Greifswald-Stralsunder Jahrbuch, Bd. 5, 1965, S. 169ff.

55 Paul, Wolfgang, Spuren des Okulisten Tadini in Stralsund. 1987. Ms. im Stadtarchiv Stralsund.

175 Am Knieperteich

176 Am Frankenteich

sichtlich mehr Menschen als in anderen deutschen Städten. Vergleichszahlen bestätigen es. So lag von 1851 bis 1865 in Frankfurt am Main die Sterblichkeitsziffer auf tausend Einwohner bei 18,30, in der Sundstadt hingegen bei 27,60. Gründe für die ungewöhnlich hohe *Morbilität* waren nicht zuletzt in der unglaublich vernachlässigten Wasserversorgung zu suchen. Die Stadt, vom Wasser umgeben, hatte – so paradox das auch klingen mag – kein Wasser, genauer: kein gutes Trinkwasser. Aus Akten, deren Blätter nach Tausenden zu zählen sind, spricht die Not von Jahrhunderten, spricht die Sorge und das Bestreben, diesen Übelstand zu beseitigen. Sie berichten über Schöpfwerke, die während des Mittelalters das Wasser aus dem Franken- und Knieperteich beförderten, und von einem verzweigten Röhrensystem, das bis zu neun Metern unter der Erde lag und eine Gesamtlänge von sechs Kilometern erreichte. Aus 300 Brunnen oder Söden (Zapfstellen) konnte man das Gebrauchwasser nicht nur auf öffentlichen Plätzen und Straßen, sondern auch in einzelnen Häusern entnehmen.

Bei den Belagerungen und Bränden der Jahre 1678 und 1680 erwies sich die herkömmliche Wasserversorgung als völlig unzureichend. Die Leitungen waren überdies zerstört worden. Für die Neuanlage berief die Stadt aus Wismar den *Kunstmeister* Joachim von Zwolle. Seine Bauleistung war die Wasserkunst, ein Pumpwerk am Kütertor, das Stralsund länger als 200 Jahre mit dem Knieperteichwasser versorgte. Doch damit war das Problem eines einwandfreien Trinkwassers nicht gelöst. Es verschlechterte sich infolge starker Verschlammung und Verkrautung des Teiches zusehends. Selbst ein gründliches Ausgraben, wie es Stadtbewohner mit bester Absicht forderten, hätte den Zustand wohl nur vorübergehend und jedenfalls nicht wesentlich verändern können. Die Stadtväter sahen diesem Übel tatenlos zu, auch, als noch im 19. Jahrhundert jährlich mindestens 1000 Typhusfälle (bei einem Stand von etwa 15000 Einwohnern) registriert wurden und Stralsund unter den deutschen Städten als »Typhusnest« eine unrühmliche Bedeutung erlangte. Aufschlußreich ist allerdings die Mitteilung, daß sich *vermögende Leute* Quellwasser tonnenweise von Rügen kommen ließen. Der große Bevölkerungsanteil der Unvermögenden war dagegen in besonders hohem Maße dem *morbus Sundensis* (der stralsundischen Krankheit), wie man den Typhus in Deutschland genannt haben soll, ausgesetzt.

Es ist das Verdienst des Stadtbaumeisters Ernst von Haselberg (1827–1905), die Sachlage klar erkannt zu haben. Er entwickelte das Projekt eines Wasserwerks im Weichbild der Stadt, am Borgwallsee. Seine Vorstellungen gelangten fast unbesehen *ad acta.* Doch von Haselberg ließ sich nicht entmutigen, kämpfte jahrzehntelang um die Verwirklichung seines Vorhabens, kämpfte gegen Unverstand, Dummheit und Borniertheit der Behörden, bis schließlich das im Südwesten von Stralsund gelegene Werk Lüssow 1894 den Betrieb aufnahm, das mit Wasser des Borgwallsees und mit Grundwasser den Durst der Stadt ausreichend zu stillen vermochte. In diesem denkwürdigen Jahr, in dem auch die Arbeiten an einer Kanalisation beendet wurden, erlosch hier zugleich schlagartig die Typhusepidemie.

Von der Badestube zum Kurbetrieb

In der mittelalterlichen Stadt wurde rege gebadet, nicht draußen in der kalten See, sondern drinnen, in geheizten Räumen. Als der junge Bartholomäus Sastrow es im Sommer 1529 gewagt hatte, mit seinen Spielgefährten ins Wasser des Strelasundes zu steigen, mußte er diesen Frevel bitter büßen. Es war ruchbar geworden. Ohm Nicolaus Smiterlow hatte ihn durchs Astloch seines Gartenzaunes wahrgenommen und es unverzüglich dem Vater angezeigt. Als der Junge am nächsten Morgen erwachte, sah er die Rute auf dem Nebenbett und verstand sogleich, was die Glocke geschlagen hatte. *Ich lobte an,* beteuerte der Sünder, *wollte meine Lebtage im Strande nicht mehr baden.* Doch es half kein Weinen, Bitten, Flehen; Vater Sastrow ergriff die Rute, *wurff mir die Kleider über den Kopf und lohnte nach Verdienste,* schrieb Sohn Sastrow später in seiner Autobiographie nieder.

Man badete in Badestuben oder wie es hierzulande in der mittelniederdeutschen Sprache lautete, in den *Stawen* (Stuben). Sie waren in Stralsund wie anderswo bald nach der Gründung des Gemeinwesens vorhanden. Im ältesten Stadtbuch sind sie bereits für das 13. Jahrhundert bezeugt. Sie lagen in der Nähe des Johannisklosters, des Heilgeisthospitals und der Tore. Ihr Standort – dicht an der Stadtmauer – war mit Bedacht gewählt worden. Das Schmutzwasser konnte auf diese Weise leicht und einfach ins Vorfeld abgeleitet werden. Der Ausdruck »Stube« ist keineswegs mit Zimmer gleichbedeutend. Es waren Häuser mit mehreren Räumen, mit dem eigentlichen Bad, dem Aus- und Ankleideraum, möglicherweise mit einem Ruhezimmer, sodann mit Unterkünften für das Dienstpersonal und der Wohnung des Baders. Auch die Küche durfte nicht fehlen. Hier wurde zugleich munter gespeist und getrunken. Wir können diese Stuben getrost als kleine Badeanstalten bezeichnen, und hin und wieder gruppierten sich mehrere nebeneinander, so, wie es in der Stralsunder Badstüberstraße gewesen sein dürfte.

Es handelte sich bei dem Betrieb in den Stawen hauptsächlich um warme Bäder, und zwar um Dampfbäder. Auf höchst einfache Weise stellte man den nötigen Wasserdampf her, und zwar durch Übergießen vorher erhitzter Steine. Den Abschluß fand ein solches Schwitzbad durch Abspülung des Körpers mit lauem Wasser. Außer den Dampfbädern vermochten die Bader ihren Kunden zumeist noch warme Wannenbäder anzubieten.

Es ist müßig zu fragen, auf welchem Weg die Praxis des saunaartigen Badens so ungewöhnlich früh Eingang in die Sundstadt fand. Brachte sie der hansische Kaufmann aus Osteuropa, aus Riga oder Nowgorod etwa – wo sie seit alters üblich – hierher? Soviel ist gewiß: während des Mittelalters verbreitete sich das Dampfbad rasch über ganz Deutschland.

Es diente von Anfang an nicht allein der Reinigung, sondern auch und vor allem als Vorbeugung ansteckender Krankheiten, wie vor dem durch die Kreuzfahrer aus dem

177 Badestube des späten Mittelalters (Holzschnitt von A. Dürer 1496)

178 Stadtmauer am Fährkanal mit Johanniskirche und -kloster 1847

Morgenland eingeschleppten Aussatz. Und wer von der schlimmen Seuche befallen war, erhoffte sich vom Baden eine Linderung des unsäglich schweren Leidens.

Welche Bedeutung man diesen Bädern zuschrieb, läßt sich aus vielen wohltätigen Stiftungen an Bedürftige ermessen. Als eine besondere Erscheinung treten in der schriftlichen Überlieferung immer wieder die sogenannten Seelbäder oder Seelenbäder ins Blickfeld. Der mittelalterliche Mensch glaubte, durch Spenden von Gratisbädern für Kranke und Arme für das eigene Seelenheil oder für das verstorbener Verwandter Vorteile im Himmel zu erlangen.

So ließen Stralsunder Bürger wiederholt Leprakranken im Hospital St. Jürgen am Strande Bäder verabreichen oder schufen Voraussetzungen dazu. Für sie bestimmte Margarete Schele 1353 einen Geldbetrag zu Seelenbädern, und Gerhart Voet gab 1373 30 Mark zur *Besserung* (zum Ausbau) der Badestube. Wenige Jahre später vermachte Jakob Rave den Schwerkranken außer Speck, Bier und Tuchen auch Brennholz für das Bad. 1390 stiftete Hans von Minden ihnen den beachtlichen Betrag von 100 Mark für Weißbrot, zur Beheizung der Badestube sowie zu jedem Bad eine Tonne Bier. Als der Aussatz im 15. Jahrhundert erloschen war, durften sich oft die Stadtarmen dieser Gunst erfreuen. Ludeke van Otmersen legte 1448 in seinem Testament beispielsweise fest, daß ihnen zehn Seelenbäder und zu jedem Bad eine Tonne Bier teilhaftig werden sollten. Wilken Nyenkerke erklärte sich 1463 bereit, den Armen 50 Mark für diese Bäder zu übereignen. Er hatte überdies Anteil an dem *Steinstawen* in der Stadt. Man erfährt somit, daß das Badewesen für das wohlhabende Bürgertum immerhin ein einträgliches Geschäft gewesen ist. Einzelne Stralsunder verfügten über öffentliche Badestuben oder teilten sich den Gewinn mit anderen. Thidemann Kalsow bekundete 1342, daß ihm ein Sechstel der Stube an der Frankenstraße und ein weiteres Sechstel seinem Sohn gehöre. Der schon genannte van Otmersen läßt uns wissen, daß ein *ganzer Stawen* nebst vier Buden an der Tribseerstraße sein eigen sei. Und im Jahre 1367 überließ Wennemar Bockhorn der Tochter Hilleken seine Badestube vor dem Hospitalertor.

Doch wie ging es in den öffentlichen Stawen zu? Hatten die Badstüber ihre Bäder gerichtet, dann zeigten sie dies durch Ausrufer, Hornsignale und dergleichen an. Bald strömte danach, besonders an den Vorabenden zu Sonn- und Festtagen, die Bevölkerung zu den Badestuben hin. Ein anschauliches Bild vom Leben und Treiben in diesen Häusern vermittelt uns ein fahrender Studiosus aus Frankfurt an der Oder, namens Michael Frank, der 1590 Pommern und Mecklenburg durchwanderte. Ihm fiel auf, daß in diesen Landen eine seltsame Art des Badens in den Badestuben üblich sei, die ihm *wunderbahrlich* erschien. Als er die Stube betrat, mußte er verdutzt feststellen, daß alles Volk, Mannes- und Weibesvolk, Gesellen und Jungfrauen, Jung und Alt, Klein und Groß friedlich zusammensaßen und badeten. Er staunte fassungslos und bemerkte: *Das Mannsvolk hat nicht einmal viel Schürtztücher vorgebunden, sondern ihnen sind nur Quasten in die Hand gegeben, mit denen sie die Scham bedecken, und sie halten sie vor, wie Adam die Feigenblätter, ziehen damit hin vor Frauen und*

179 Der Blaue Turm und Marienkirche 1847

Jungfrauen, sitzen sogar mit ihnen neben- und untereinander. Daß an allem kein Ärgerniß geschehen könnte, ist kaum zu glauben. Denn manche gute Madonna, die derart Fremdes sieht, müßte in Gegenwart von Gesellen und Weibern zumindest peinlich berührt sein. Das Volk auf dem Lande und in der Stadt ist es jedoch gewohnt, sie achten und scheuen es nicht. Aber mir und einem Ausländer kam es seltsam und wunderlich vor. Als ich entsetzt das Refugium verlassen wollte, holte mich der Bader zurück und gab mir Bericht.[56]

Meinte einer der Badenden, über Vollblütigkeit klagen zu müssen, dann wandelte sich der vielseitige Bader fix in einen Chirurgen und schuf Abhilfe durch Ansetzen einiger *Schröpfköpfe* (Blutentnahme). Natürlich erforderte die Abwicklung derartiger Nebengeschäfte viel Zeit. Der Aufenthalt in den »Stuben« dehnte sich daher oft auf Stunden aus. Das machte durstig, und gar nicht so selten kam es im *Stawen* zu fröhlichen Zechereien.

56 Bülow von, Wanderung eines fahrenden Schülers durch Pommern und Mecklenburg 1590. In: Baltische Studien, Bd. 30, 1880, S. 57–100.

Das Baden und die damit verbundenen geselligen Freuden und Belustigungen erlangten für die alten Stralsunder eine hervorragende Bedeutung. Wie sollte ansonsten Bürgermeister Nikolaus Gentzkow dazu gekommen sein, in seinem Tagebuch ausdrücklich die Badetage zu vermerken. Er war glücklich, in seinem Haus über eine eigene Badeeinrichtung zu verfügen. Sie lag im Kemladen, und ein eigens angelegtes hölzernes Förderwerk schaffte *dat diekwater* (Teichwasser) in den dafür bestimmten Raum. In fast regelmäßigen Abständen kehrt in seinen Aufzeichnungen dieser Eintrag wieder: »badete ich in meinem eigenen Stawen«. Und er begab sich oftmals nicht allein in die Badestube, sondern lud seine *Kumpane* (Mitbürgermeister), die Nachbarn sowie Gäste aus nah und fern und auch sein Dienstpersonal dazu ein. Daß es dabei zuweilen kreuzfidel zuging, dürfen wir dieser Mitteilung vom 21. April 1559 entnehmen: *badeke ick mit all minem Volck, und worden dorch den roden wyn so vrolick darna, dat alle jungen und knecht dantzen und singen musten bet in die nacht, dat die glock ein schlug.* Und unter dem Datum vom 30. Juni desselben Jahres ist nachzulesen: *badede ich mit minem volk und zechten darna wol.* Kein Wunder, daß es dabei zu Unfällen kommen konnte. Als der gute Gentzkow am 30. November 1566 gemeinsam mit seinen beiden Schwiegertöchtern badete, verbrühte sich die eine ihren Fuß.

Wenn dem Bürgermeister das Blut etwas zu Kopfe gestiegen war, verließ er sein Haus, suchte den *gemeinsamen Stawen* (die öffentliche Badestube) auf und *leth köppe setten.* Das Baden diente offenbar als Universalheilmittel gegen sämtliche Krankheiten. So empfahl es der Stralsunder Stadtarzt und spätere Greifswalder Universitätsprofessor Franz Joël bei Melancholie und Katzenjammer. Gentzkow badete einmal wegen des Zahnwehs, das andere Mal »um des schlimmen Beines willen«. In den städtischen Badeeinrichtungen war er anscheinend ein gern gesehener Gast, auch deshalb, weil er mitunter den Dienst der *bademegede* (Bademägde) zusätzlich mit klingender Münze honorierte.

Um die Wende vom 16. zum 17. Jahrhundert schien der Höhepunkt in der Entwicklung des Warmbadens erreicht und überschritten gewesen zu sein. Die öffentlichen Badestuben kamen in Verruch. Sie begannen mehr und mehr Bordellen zu gleichen. Von losen Frauenzimmern ist die Rede, die jetzt in den Stawen anzutreffen waren. Und sie trugen nicht wenig zur Verbreitung von Geschlechtskrankheiten bei.

Prostituierte gab es in Stralsund jahrhundertelang ebenso wie in anderen Städten. Die Behörde wetterte gegen sie – oder sie bediente sich ihrer. Das zweite trifft jedenfalls zu, wenn wir dem Bericht des Schreibers einer alten Chronik glauben wollen, in dem es heißt: *Als Anno 1316 Herzog Erich und mit ihm viele andere die Stadt zum Sunde belagerten und sich im Hainholz festsetzten, ließen die Sundischen zunächst etliche Fuder Wein aus dem Tribseer Tor fahren und in die Hände der Feinde gelangen. Und als sie sich darin duhn und vull gesapen, jagte der Ehrsame Rat alle losen Personen aus der Stadt zu ihnen, dat de feind sick disser wollust gebruken und sines amts und der wacht vergeten möchte, welckes ok so geschehen.* Dies dürfte freilich die Ausnahme gewesen sein. Bürgermeister und Ratmannen zeigten für die Existenz von »Freüdenmädchen« in sogenannten öffentlichen Häusern und auf Stralsunds Straßen wenig Verständnis. Sie befleißigten sich zusammen mit der Kirche gegen den Sittenverfall einzuschreiten, erließen Verbote, drohten mit drastischen Züchtigungen – und hatten mit ihren Bestrebungen wenig Erfolg. In den städtischen Gerichten und bei der Polizei häuften sich die Schriftstücke über moralische Vergehen, über Ehebruch, Kuppelei und ähnliches. Im Jahre 1781 schrieb der Kanzlist diesen Titel auf den Aktenband »Verstärkung der Strafe bei Unzucht und Hurerei durch Erhöhung der Geldbuße und Anwendung des Halseisens«. Lange vorher schon wurde von drei an der Mühlenstraße wohnhaften *Marien* berichtet, die sich durch Liebenswürdigkeit dem männlichen Geschlecht gegenüber auszeichneten und dadurch sowie durch ihren Kleiderluxus die *Ehrbaren Stralsunder Frauen* in Aufruhr brachten. Das aus dem Jahre 1560 überlieferte »Horen-Register thom Sunde«[57] vermerkt nicht nur die Namen besonders zweifelhafter Damen, sondern macht über deren Verbindungen detaillierte Angaben. Dem Dokument sind weitere Informationen zu entnehmen, so die Mitteilung, daß die Herren den Huren mehr Geld in ihren Beutel stecken als in den der Pfarrer, und daß diese Weiber mit dem Beutel voller Taler sich in der Apotheke reichlich mit dem *guten claret* (Würzwein) versorgten.

Man brachte die »leichten Frauenzimmer« allenthalben mit dem Aufkommen der Syphilis in Verbindung, machte sie für die Ausbreitung der Franzosenkrankheit oder der Lustseuche, wie die venerische Krankheit in der Überlieferung genannt ist, verantwortlich. Dies hatte verständlicherweise Auswirkungen auf die öffentlichen Badestuben. Die meisten schlossen im 17. Jahrhundert ihre Türen. Nur wenige blieben erhalten, und sie standen unter strenger Kontrolle von Polizei und Gesundheitsbehörde. Auch das Ansehen des Baders hatte gelitten. Nicht von ungefähr wird sein Beruf in einer Stralsunder Urkunde von 1637 als verächtlich bezeichnet. Es bereitet ohnehin Mühe, in den schriftlichen Quellen jener Zeit Namen von Badern auszumachen. Um die einst so bedeutungsvollen Badestuben wurde es auffallend still. Wenn nun Bäder ins Gespräch kamen, dachte man weniger an das Dampfbad im Stawen, sondern mehr an die Nutzung, den Gebrauch, die Anwendung von natürlichem Mineralwasser. Nachrichten über erstaunliche Wirkungen von Heilquellen des Südens gelangten durch die Zeitungen in die Ostseestadt. Von einem Kuraufenthalt der Hiesigen in den damals schon berühmten Orten Karlsbad, Pyrmont, Kissingen oder Salzbrunn etwa erfahren wir indessen nichts. Die Stralsunder brauchten auch nicht in die weit entfernt gelegenen Bäder zu reisen; sie hatten das heilkräftige Wasser in der Nähe – kaum 25 Kilometer von hier entfernt, in Kenz bei Barth und noch näher: auf der Knieper Feldmark vor den Toren der Stadt.

57 Veröffentlicht in: Stralsundische Chroniken, Bd. 2. Hrsg. von Ernst Heinrich Zober. Stralsund 1843, S. 196–197.

Im Stralsundischen Relations-Courier Anno 1690 wurde folgende Anzeige veröffentlicht: *Dem Gesundheit-Begierigen Leser wird hiermit kund gethan, daß der vortreffliche und unvergleichliche Heil-Brunn zu Kentz im Königl. Pommern repariret ist,* und dies bedeutet, daß man die Mineralquelle schon vorher genutzt hatte. Der Kenzer Gesundbrunnen scheint sich größter Beliebtheit erfreut zu haben. Zahlreiche Zeitgenossen, Ärzte und Laien, griffen zur Feder, veröffentlichten »Nachrichten« und priesen die Vorzüge der Quelle in hellen Tönen. Sigismund Pfeiffer ließ 1722 gar eine »Gründliche Vorstellung der Pommerschen Glückseligkeit in dem gedoppelten Wasserschatz der Gesundbrunnen zu Barth und Kenz« im Druck erscheinen. »Ordnungen«, »Königliche Patente« wie »Zum sittlichen Verhalten beym Gebrauch des Gesundbrunnens zu Kenz« vom 6. Juni 1722 sollten den Kur- und Badebetrieb regeln. Zu den Autoren, die sich über die Kenzer Quelle wortreich äußerten, zählte mit einer Schrift von 1695 der Stralsunder Pfarrer Matthias Kienast. Vierzehn Jahre lang trieb er in Kenz seine Badestudien, solange, bis er im Jahre 1700 vor Stralsund eine Quelle fand, deren Wasser dem des Kenzer Brunnens gleichen sollte. Kienast fühlte sich von heute auf morgen berufen, der Sundstadt den Charakter eines Kurortes zu verleihen und unternahm alles, dies Ziel zu erreichen. In der Zeitung erschienen Berichte über *heilsame Wirkungen des Quellwassers,* die er selber *verspüret* hatte. Bei der Regierung bemühte er sich um Gelder für die Errichtung eines Brunnenhauses und so fort. Was den Erfolg einer Trinkkur betrifft, so wollten böse Zungen behaupten, daß der Prediger an St. Marien die »Wirkung« durch ein Glas Wein auf dem Hingang zur Quelle und durch ein gleiches auf dem Rückweg zu verstärken wußte. Im Jahre 1705 gab er die Abhandlung »Die heilende Hand des allmächtigen Schöpfers in dem alten Brunn auff dem Knieps-Damm zu Stralsund« heraus. Nach deren Lektüre konnte jeder den Eindruck gewinnen, daß fortan Ärzte und Apotheker ziemlich überflüssig seien. Die Nutzung des Stralsunder Gesundbrunnens versprach nach Kienast Heilung bei allen möglichen Krankheiten – von der Bindehautentzündung über Fleckfieber, halbseitigem Kopfschmerz, Magenbeschwerden, Muskelrheumatismus, Schlaflosigkeit, Unterschenkelgeschwüren bis zum Zahnweh.

Das Stralsunder Quellwasser wurde nicht nur getrunken, nicht allein *innerlich verwendet,* wie es lautete. Es sprudelte zugleich für den äußeren Gebrauch. Die Bürger empfingen es kannen- und tonnenweise, beförderten es in ihre Wohnungen und badeten darin. Das tat auch der Pastor, und er schilderte dies so: *Am 12. May 1704, beim Anfang meines Badens, auch ferner hab ich verspüret ein Beißen äußerlich am Leibe, mir kams nicht anders für, als wenn spitzige Nadeln mir in die Haut fuhren, an den Orten, welche das Wasser tingirte … ich gedachte hiebei an Pyrmont und an die Rede eines führnehmen Theologie, der oft Pyrmont besucht.*[58]

Matthias Kienast, der emsige Förderer des Stralsunder Kur- und Badelebens, starb am 29. April 1711. Als bald nach seinem Tod Stralsund Kriegsschauplatz wurde, als

58 Knorr, Friedrich (wie Anm. 51).

180 Brunnenaue (Lithographie 19. Jahrhundert)

1715 Dänen, Russen und Sachsen die von Schweden beherrschte Stadt belagerten, fielen die Anlagen der Zerstörung anheim. Doch der Brunnenbetrieb geriet keinesfalls in Vergessenheit. Angehörige des schwedischen Militärs, auch der Generalgouverneur und »Honoratioren« des Bürgertums belebten ihn wieder. Ein massives Brunnenhaus und eine Schankwirtschaft entstanden, Laub- und Nadelbäume wurden gepflanzt und eine neue Straße für Fußgänger und Wagen zum Abfahren des Badewassers angelegt. Eine Orientierungstafel trug die Aufschrift: *Allhier gehet der Weg zum stralsundischen Gesundbrunnen.* Der Stralsunder Kur- und Badebetrieb war während des 18. Jahrhunderts von einem ständigen Auf und Ab gekennzeichnet. Ärzte erhoben lauthals Bedenken gegen die Nutzung, veranschlagten den Erfolg der Trinkkuren als äußerst gering, mehr noch: warnten vor dem Gebrauch des Wassers. Andere widersprachen ebenso energisch und forderten vom Magistrat nachdrücklich den Ausbau der Einrichtung. Eine 1775 auf Befehl des schwedischen Generalgouverneurs eingesetzte Brunnendirektion entwarf ein Reglement für die Benutzung der Quelle, setzte die Kurzeit von Mitte Juli bis Ende August fest, erließ Anzeigen in den Zeitungen, gab eine Kurtaxe heraus und bestimmte die Pflichten des Brunnenarztes und des Schenken. Die Anzahl der Kurgäste oder -patienten hielt sich freilich in

181 Das schwedische Regierungsgebäude an der Badenstraße (Lithographie 19. Jahrhundert)

Grenzen. Kienast konnte für das Jahr 1701 immerhin 131 Personen vermelden, die sich des Wassers als Heilmittel bedient hatten. 1777 lag die Anzahl der Brunnengäste lediglich bei 15, 1778 bei 22 und 1779 bei 32 Personen. Wenn die Statistik des Jahres 1799 erneut 131 Kurgäste ausweist, so war dies zweifellos das Verdienst des tüchtigen Stralsunder Mediziners Dr. Johann Carl von Haken, von dem Ernst Moritz Arndt berichtete, daß er »der kleinste, feinste, beweglichste und liebenswürdigste Mann der Stadt, ein berühmter Arzt und ein edler, wohltätiger Bürger« sei.[59] Von Haken erprobte die Quelle, war von der Heilkraft des Wassers überzeugt, ließ die inzwischen stark vernachlässigte Anlage wieder instandsetzen und gestattete den Armen die kostenlose Nutzung des Brunnens. Diese erfreuliche Entwicklung sollte indes nicht von langer Dauer sein. Als zu Beginn des 19. Jahrhunderts dunkle Wolken des Krieges für das Land und die Stadt bedrohlich aufzogen, als 1806 die Franzosen auf Stralsund zurückten, wurde der Gesundbrunnen mit seinen Baulichkeiten radikal demoliert.

Doch damit schienen die Hoffnungen auf einen Kurbadebetrieb keineswegs endgültig begraben gewesen zu sein. Noch 1836 meldete sich ein namhafter Syndikus zu Wort und schrieb in der Stralsunder Wochenschrift »Sundine«: *Vielleicht aber*

59 Arndt, Ernst Moritz, Schwedische Geschichten unter Gustav dem Dritten. Leipzig 1839, S. 232.

gelingt es jetzigen einheimischen Chemikern, durch neue Untersuchungen, nach den in unserer Zeit so sehr vervollkommneten Methoden, bisher verborgen gebliebene Bestandteile in dem Wasser zu entdecken und ihm dadurch ausgebreitete Wirksamkeit in der Tat zu verschaffen, um welche sich ein Jahrhundert hindurch Ärzte und Nichtärzte, ungleich mehr mit gutem Willen, als mit Erfolg bemühet haben. Allein, es blieb bei den löblichen Absichten. Die Qualität des Brunnenwassers ließ für Heilzwecke offensichtlich viele Wünsche offen. Dessenungeachtet liefen am Morgen des ersten und zweiten Ostertages junge Stralsunderinnen zur Quelle, um sich darin vor Sonnenaufgang zu waschen oder daraus zu trinken und Wasser *zum längeren Gebrauch zu schöpfen,* wie es hieß.

Im 19. Jahrhundert wurde das Gelände neu mit Gehölzen, darunter seltenen Baumarten, bepflanzt, mit Bänken und Tischen ausgestattet und die Wege verbessert. Dabei trat der Stralsunder Kaufmann Billich (gest. 1863) mit besonderen Leistungen hervor. An ihn erinnert hier zu Recht ein Gedenkstein. Die Brunnenaue in der Kniepervorstadt gehört seitdem zu den von allen geschätzten schönen Naherholungsgebieten Stralsunds.

Als zu Beginn des vorigen Jahrhunderts die letzten Kurgäste beim hiesigen Gesundbrunnen erschienen, lenkten einzelne Stralsunder ihre Schritte an den Knieper-Strand und begannen, zögernd noch, das Baden in der kalten See. Obgleich bereits 1794 in Doberan/Heiligendamm das erste deutsche Seebad eröffnet worden war, schien das Baden im Wasser des Strelasundes noch jahrelang reichlich ungewöhnlich und nicht konfliktlos gewesen zu sein. Das hatten 1811 zwei junge Stralsunder deutlich genug zu spüren bekommen. Als sie sich erkühnten, in Nähe des Knieper- und Fährwalls zu baden, war ein Polizeidiener zur Stelle und entwendete ihnen kurzerhand die abgelegte Kleidung, um sie ins Polizeibüro zu schaffen. Dies verursachte einen Sturm der Entrüstung. Der Vorfall gelangte vor das Gremium der städtischen Behörde, entfachte bissige Streitereien zwischen dem Rat der Stadt auf der einen und der Polizeidirektion auf der anderen Seite. Die Polizei unterlag in diesen Auseinandersetzungen und sah sich noch im selben Jahr notgedrungen veranlaßt, das Baden am gesamten Knieperufer zu gestatten. Jetzt entstanden sozusagen im Handumdrehen mehrere Badeanstalten. Privatleute begründeten sie. Die einen stellten Zelte auf den Strand, die anderen errichteten hölzerne Badehäuser und grenzten ihr Territorium mit hohen Bretterzäunen ein. Und diese Anstalten konnten sowohl von Männern als von Frauen – zu getrennten Zeiten freilich und wohlweislich unter Beachtung von vorgeschriebenen Badekostümen – besucht werden. Dabei vermochte man zugleich die Fähigkeit des Schwimmens zu erwerben. Schwimmlehrer wie der Tischler Heinrich Ellerbracke, der die »Kunst« beim Militär erlernt hatte, erhielten vom *Hochwohllöblichen Rat* die Genehmigung, den Unterricht zu erteilen.

Wieder waren es Ärzte, die das Baden in der Ostsee empfahlen. Dr. Friedrich Siemerling beispielsweise gab 1829 in der »Stralsundischen Zeitung« Anweisungen und riet, die Dauer des Badens tunlichst nicht zu lange auszudehnen. *In den ersten*

182 Stralsunder Badeanstalt (Lithographie 19. Jahrhundert)

183 Bechermacherstraße

Augenblicken des Untertauchens, lautete es bei ihm, *überfällt den Körper ein lebhafter Nervenschauer; dieser Schauer läßt allmählich nach und es tritt ein Gefühl von Wärme ein, das äußerst behaglich ist und die Idee erweckt, in diesem Zustande möglichst lange zu verweilen. Dies aber ist der kritische Moment, der von vielen leider unbeachtet bleibt, denn gerade in diesem Zustande muß man die See verlassen.*[60]

Warmwassereinrichtungen sucht man zu Beginn des 19. Jahrhunderts in der Stralsunder Altstadt vergeblich. Doch das ändert sich nun. Sie erfuhren eine neue Belebung. Ärzte förderten sie. Und an der Fähr-, Langen-, Franken- und Heilgeiststraße öffneten verschiedene Bäder ihre Türen, darunter ein »Qualm-Bad«, in dem auch »Spiritus- und Räucherbäder« verabfolgt wurden, ferner ein »Römisches Bad«, »Russische Dampfbäder« und auch ein sogenanntes »Douschbad« mit der Möglichkeit »Seifen-, Kalmus-, Sool-, Malz-, Kamillen-, Schwefel-, Mutterlaugen- sowie Fichtennadel-Dampfbäder gegen Rheumatismus und Gicht« in Anspruch nehmen zu können. Am 19. März 1887 nahm schließlich die heute noch vorhandene »Warmbadeanstalt« an der Sarnowstraße ihren Betrieb auf. Eine Aktiengesellschaft hatte den Bau finanziert.

Juden in Stralsund

Sie waren früh in die Stadt gekommen. Vielleicht hatten sie zusammen mit deutschen Kaufleuten aus westlichen Gegenden das Gemeinwesen am Strelasund betreten, oder aber sie waren aus dem slawischen Gebiet des Ostens hierher übergesiedelt. Das älteste Stadtbuch weist sie jedenfalls bereits für das 13. Jahrhundert aus. So sind Juden 1282 und 1286 im Zusammenhang mit einem Grundstückskauf genannt. Ihre soziale Lage dürfte nicht gerade schlecht gewesen sein; denn am 17. August 1316 bekennen Ritter und Knappen, der Stadt Stralsund 8000 Mark wendisch zu schulden und verpflichten sich, die Schuld in fünf Raten entweder bar oder durch Pfandstellung bei den Juden zu begleichen. Auch aus dem Jahre 1319 liegt eine Schuldanerkennung vor, deren Zahlung Juden übernehmen sollten. Sie sind, wie es heißt, in den Hansestädten Stralsund und Greifswald *angesessen* und verdienen ihren Lebensunterhalt durch Geldverleih und durch den Trödelhandel. Ob sie hier das Bürgerrecht erwarben, wie es für Stettin bezeugt ist, oder wie in Greifswald die Genehmigung zur Errichtung von Gebäuden erhielten, läßt sich nicht mit Sicherheit behaupten.

Gewiß ist jedoch, daß sie in Pommern zunächst in Ruhe und Frieden lebten, mit der handeltreibenden Bürgerschaft offenbar reibungslos verkehrten und sich des Schutzes

60 Geschichte der Stadt Stralsund (wie Anm. 45), S. 268 ff.

des Landesherren erfreuten. Feindseligkeiten gegen Juden sind nach allem, was wir den schriftlichen Quellen entnehmen können, vorerst nicht erkennbar.

Als um die Mitte des 14. Jahrhunderts die Pest in Deutschland ausbrach, und als man für deren Verbreitung die Juden durch böswillig erfundene Brunnenvergiftungen verantwortlich machte, sie überall verfolgte, sie gar totschlug, verbrannte, scheinen sie in Stralsund weitgehend ungeschoren geblieben zu sein. Chronisten, die das Ausmaß der schrecklichen Seuche hierzulande eindringlich beschrieben, hätten sich Nachrichten über einen Judenmord bestimmt nicht entgehen lassen.

Die jüdischen Einwohner lebten in Stralsund nicht am Stadtrand, in einem Ghetto zusammengepfercht, wie dies in mittelalterlichen Städten des Westens, in Frankfurt am Main zum Beispiel und in Köln, der Fall war. Sie hatten vielmehr ihren Wohnsitz inmitten der Stadt an einer Straße, für die 1401 der Name Judenstraße urkundlich belegt ist.

Für die verhältnismäßig günstige rechtliche Stellung in den pommerschen Städten liegen vereinzelt Informationen vor. So verwandten sich nach einer Urkunde des Stralsunder Archivs von 1466 Bürgermeister und Rat von Pasewalk beim sundischen Bürgermeister Matthias Darne für Moses und einen anderen Juden und forderten, ihnen kein Ungemach zu bereiten. Widrigenfalls sehen sich die Pasewalker veranlaßt, das Anliegen als Klage dem Landesherrn vorzutragen. Im Jahre 1481 erhielten die Juden Pommerns ein Privileg auf sechs Jahre, in dem ihre Rechte und Pflichten beschrieben sind. Wichtig ist dabei die Feststellung, daß der Herzog sie ausdrücklich unter seinen Schutz nahm. Sie konnten in den Städten bei *Tag und Nacht* Pfand nehmen und ihre Waren verkaufen sowie ihre rituellen Gebräuche ungestört ausüben.[61]

Doch diese Gunstsituation währte nicht lange. Die Verhältnisse sollten sich radikal verändern. Wieder war es ein merkwürdiger Anlaß, einer Legende gleichend, der den Juden auch in pommerschen Städten schweres Leid zufügte. Im Jahre 1492 wurden in Sternberg Juden verbrannt. Äußerst fadenscheinige Gründe führten zu dem Gewaltakt. Die mecklenburgische Kleinstadt war zur Zeit des Mittelalters ein bekannter Wallfahrtsort. Den Anziehungspunkt für viele Pilger aus nah und fern bildete eine »blutende« Hostie. Ortsansäßige Juden, so behauptete man, hätten dies Sakrament geschändet. Obzwar die niederträchtige Verleumdung jeglicher Grundlage entbehrte, obgleich die haltlos Beschuldigten ihre Unschuld überzeugend beteuerten – alles war vergebens. Es entfachte im Norden Deutschlands in unglaublicher Weise ein Haß, der allerorten die Austreibung oder Vernichtung der Juden veranlaßte.[62]

Wenn seit dem Beginn des 16. Jahrhunderts die schriftlichen Quellen über sie

61 Grotefend, Ulrich, Geschichte und rechtliche Stellung der Juden in Pommern. In: Baltische Studien NF, Bd. 32, 1930, S. 83–199.

62 Schuder, Rosemarie u. Rudolf Hirsch, Der gelbe Fleck. Wurzeln und Wirkungen des Judenhasses in der deutschen Geschichte. Berlin 1987, S. 129ff.

weitestgehend schweigen, so bedeutet dies nichts anderes, als daß sie auch aus Stralsund fast vollständig vertrieben worden sind. Nur wenige versuchten zu bleiben, ließen sich in Sorge um ihr Leben taufen, traten zum Christentum über, nahmen andere Namen an – und hatten mit ihren Bemühungen dennoch kaum Erfolg. Wie gering die Würde dieser gequälten Menschen galt, geht aus dem Schreiben des pommerschen Herzogs Ernst Ludwig vom Jahre 1571 hervor, in dem er Bürgermeister und Rat der Stadt Stralsund aufforderte, den deutschen Asmus Wegener wegen des an einem Juden begangenen Totschlags möglichst milde zu verurteilen.

Erst im 18. Jahrhundert begegnet man in der Ostseestadt erneut jüdischen Händlern. Sie wurden als »Kriegslieferanten« recht und schlecht geduldet. Doch auch dabei gab es Einschränkungen in Hülle und Fülle. Und es mangelte keinesfalls an »Ausweisungsbefehlen«. Man nannte sie in einem Atemzug zusammen mit Bettlern, Zigeunern und losem Gesindel, so im Jahre 1710, und verlangte, sie aus dem Lande zu entfernen. Andernfalls sollen sie vom Scharfrichter gebrandmarkt, geprügelt und über die Grenze gejagt werden. Sollten sie dann noch wiederkommen, würde es ihnen an Leib und Leben gehen oder sie ewiges Gefängnis, Arbeit in den Festungen oder in den Kronschmieden erwarten, wie es hieß. Sie kamen dennoch wieder, vereinzelt jedenfalls. Und sie waren nicht nur vortreffliche Händler, sondern auch ausgezeichnete Fachleute in der Gold- und Silberverarbeitung. Der Stralsunder Goldschmied Christian Lobes bescheinigte dem Juden Heschel Fabian, daß er ungewöhnlich geschickt sei und aus der Asche Silberreste sicher heraussuchen könne.

Dieses wohlwollende Verhalten gegenüber einem »israelitischen« Gesellen wurde längst nicht von allen hiesigen Meistern geteilt. Stralsunds Kaufleute und Handwerker erblickten in den Juden gefährliche Konkurrenten, erhoben gegen ihren Aufenthalt lauthals Einwände und erreichten es oft genug, deren Ausweisung zu erwirken. So erging es dem aus Prag stammenden Joseph Well. Er war von Böhmen durch die Lande gewandert, hatte sich vielerorts jeweils für Tage oder Wochen als Branntweinbrenner betätigt und für sein Können die besten Beurteilungen erhalten. Als er 1708 in die Sundstadt gelangte, konnte er immerhin ein Dutzend schriftliche Zeugnisse vorlegen. Die Brenner von Fürstenwalde, Havelberg und anderen Städten waren über ihn, über seine Fähigkeiten, stets des Lobes voll. Für die Stralsunder indes war dieser befähigte Mann kein willkommener Zeitgenosse. Sie suchten nach Gründen, ihn wieder aus der Stadt zu entfernen, und fanden sie. Er hätte, wie sie es ermittelten, sein Eheweib verlassen. Ungleich gravierender war anderes. Joseph Well hatte die Taufe erbeten, erhalten und den Namen gewechselt. Als Carl Friedrich Christmann nahm er das Christentum wohl nicht allzu ernst, wendete sich vorübergehend wieder der jüdischen Synagoge zu und erbat erneut die Taufe. Dies rief nun bei der Kirche einen Sturm der Entrüstung hervor. Der getaufte Jude gelangte ins Gefängnis. Sein Aufseher Jürgen Bormann konnte lediglich berichten, »daß der bei ihm inhaftierte Christmann sich nicht nur christlich und sittlich aufführt, sondern auch fleißig liest, singt und in allem sich wie einem gottesfürchtigen Christ-Menschen geziemt, verhält«. Allein, dies

184 Der Neue Markt

günstige Urteil veränderte seine mißliche Lage kaum. Als man ihn am 17. Mai 1709 aus dem Arrest entließ, wurde er am Kak durch den Scharfrichter mit 30 Strichen *abgestrafet,* aus dem Tor gebracht und der Stadt auf ewig verwiesen.

Den Juden, die während des 18. Jahrhunderts in die Stadt kamen, war ohnehin viel verboten. Sie durften wie in den Jahrhunderten zuvor weder ein Handwerk ausüben noch den Handel mit Wolle, Fellen, Flachs, Honig usw. betreiben. Es blieb ihnen nichts weiter übrig, als den Lebensunterhalt durch Geldgeschäfte zu bestreiten.[63] Dabei kam es freilich ab und an vor, daß sie Anordnungen außer acht ließen. In der städtischen Kanzlei häuften sich die Beschwerden wegen des unerlaubten Handels mit Tuchen und anderen Gegenständen.

In einer Institution waren sie nachgerade unentbehrlich, nämlich im Stralsunder Münzwerk. Es begann 1758 seine Tätigkeit. Die Münzdirektoren erbaten von der keineswegs judenfreundlichen schwedischen Regierung die Erlaubnis, so viele Israeliten halten zu können, wie sie zum Beschaffen der Edelmetalle, zum Aufkauf guter alter Münze und zum Stempelschneiden benötigten. Die »Münzjuden« sollten vom König in Stockholm einen Schutzbrief erhalten – und bekamen ihn. Dies empörte die einheimische Bevölkerung und die Verwaltungsgremien der pommerschen Landstände. Ritterschaft und Städte erinnerten an die »Landesverfassung«, die besagte, daß sich keine Juden im Lande aufzuhalten hätten. Die Regierung erlaubte jedoch zwölf Juden die Tätigkeit in Stralsund. Zu ihnen gesellten sich bald andere. Mit Eröffnung der Stralsunder Münze hatte zugleich die Geburtsstunde der jüdischen Kolonie

63 Höving, Heinz, Die jüdische Gemeinde in Stralsund. In: Der Demokrat vom 2.4.1987.

185 Stadtmauer am Fährwall (Zeichnung 19. Jahrhundert)

186 Am Marterpfahl (Zeichnung 18. Jahrhundert)

geschlagen. Im Jahre 1765 zählte sie 37 Personen, um 1770 wuchs sie auf 50 bis 60 und 1784 auf 119 an. Im Jahre 1800 gehörten zu der inzwischen gegründeten Gemeinde 170 Mitglieder. Stralsund rangierte seinerzeit mit der Anzahl seiner jüdischen Bewohner unter allen Städten Vorpommerns mit Abstand an erster Stelle. Sie konnten hier in bescheidenen Formen ein eigenständiges Leben entfalten, ihre Riten pflegen, eine Schule eröffnen und eine Synagoge errichten. Am 30. März 1787 erfolgte die feierliche Einweihung des Gotteshauses. Die Synagoge an der Langenstraße diente den Juden der Stadt und Vorpommerns lange als gottesdienstliche Versammlungsstätte bis hin zur sogenannten »Kristallnacht« des Jahres 1938, in der sie lichterloh brannte und in Schutt und Asche sank.

Auch in anderen vorpommerschen Städten gestattete die *Königliche Majestät* zu Schweden in den letzten Jahrzehnten des 18. Jahrhunderts jüdischen Menschen wiederholt den Aufenthalt. Sie kamen dorthin und ließen sich nieder als *Leichdornschneider* (zur Behandlung von Hühneraugen), als Händler mit optischen Geräten usw.

In Stralsund gelang es einzelnen, Häuser in den verschiedenen Quartieren zu erwerben. Daß sie sich eines gewissen Wohlstands erfreuten, geht aus einer Statistik des Jahres 1797 hervor. Danach hatten von 30 konzessionierten israelitischen Familien immerhin sieben ein Dienstmädchen, sechs einen Hausbedienten, fünf einen Handelsbedienten und vier einen Hauslehrer.

Wer annimmt, daß das Zusammenleben innerhalb der Gemeinde stets in Eintracht und Frieden verlief, wird nach Einsicht umfangreicher Akten rasch eines anderen belehrt. Die Juden befehdeten sich nicht selten gegenseitig. Sie klagten gegen Glaubensgenossen wegen unlauterer Verwaltung des Gemeindevermögens, be-

187 Stadtmauer mit Speicherbauten am Fährwall (Zeichnung 1847)

188 Im jüdischen Friedhof von Niederhof

schwerten sich über die Verweigerung ritueller Bäder und so fort. Dies überrascht um so mehr, als sich die jüdischen Stadtbewohner einer ständigen Diskriminierung, einer antisemitischen Haltung von seiten der einheimischen Bevölkerung ausgesetzt sahen. Immer dann, wenn sie es versuchten, Neues auch im Wirtschaftsgefüge der Stadt einzubringen, bereitete man ihnen Schwierigkeiten über Schwierigkeiten. Das erfuhr beispielsweise der tüchtige Unternehmer Samuel Hertz, der 1778 ein Regierungsprivileg zur Errichtung einer Wollmanufaktur erhalten hatte. Bei den verdienstvollen Bemühungen stand ihm sofort eine geschlossene Front – vom Rat über die Gewandschneider bis hin zu den Tuch- und Raschmachern – gegenüber. Hertz mußte schon nach wenigen Jahren wohl oder übel seinen Betrieb wieder einstellen. Genauso erging es gleichzeitig Hirsch David und den Brüdern Israel, die den Grundstein zu einer Seifensiederei legten. Man verhöhnte, verspottete die jüdische Nation, wie es in einem Polizeiprotokoll vom 26. Januar 1809 nachzulesen ist, in dem Abraham Israel anzeigte, daß ihm nicht nur Gassenjungen verleumderisch nachgerufen, sondern Arbeiter seine Ehefrau verletzt hätten. Die Juden hatten Schweres zu erdulden. Man verbot ihnen oft genug das Notwendigste – auch, daß sie ihre Toten auf dem Stralsunder Territorium bestatten konnten. Sie mußten die verstorbenen Angehörigen weit außer Landes, bis nach Sülze und Ribnitz in Mecklenburg, schaffen. Als die hiesige Judenschaft 1776 den *Hochedlen, Wohlgeborenen Rath* untertänigst um die Bereitstellung eines Begräbnisplatzes bat, lautete die Antwort lakonisch, daß die vor der Stadt belegenen Äcker und die Weide Privatpersonen und der *Commüne* zugehörig seien, und davon nichts abgenommen werden könne. In dieser Notlage erbarmte sich der Betroffenen ein Mann, dessen Name in der Geschichte Stralsunds und Vorpommerns einen guten Klang hat: Joachim Ulrich Giese. Er wurde 1719 in der Sundstadt geboren, besuchte das hiesige Gymnasium, lernte auf ausgedehnten Reisen Städte und Länder, so Holland und England, kennen, war maßgeblich an der Inbetriebnahme der Münze beteiligt und begründete 1755 an der Tribseerstraße eine Fayencefabrik, deren kunstvolle Erzeugnisse das Werk schnell über die Stadt- und Landesgrenze hinaus bekannt machte. Im Hause der hochgebildeten Familie Giese verkehrten namhafte Wissenschaftler und Künstler jener Zeit.[64] Joachim Ulrich Giese war vermögend und vermochte Besitzungen wie die Insel Hiddensee (1753) und das Gut Niederhof am Strelasund zu erwerben. Ihm, dem humanistisch gesinnten Mann und seiner Ehefrau, klagte im Sommer des Jahres 1776 die jüdische Familie Hertz, besorgt um die Beerdigung ihrer verstorbenen Tochter, ihr Leid. Die Gieses boten sogleich, ohne jegliche amtliche Konzession, ihren Park von Niederhof als Begräbnisort an. So entstand der ländliche Judenfriedhof, von dem aus man die Kirchtürme Stralsunds sehen konnte, und auf dem bis zur Mitte des 19. Jahrhunderts Tote bestattet worden sind. Dieser Akt der Toleranz erregte weit und breit Aufsehen und wurde auch in ausländischen Veröffentlichungen rühmend hervorgehoben.

64 Marsson, Richard, Aus der Schwedenzeit von Stralsund. Stralsund 1928, S. 16ff.

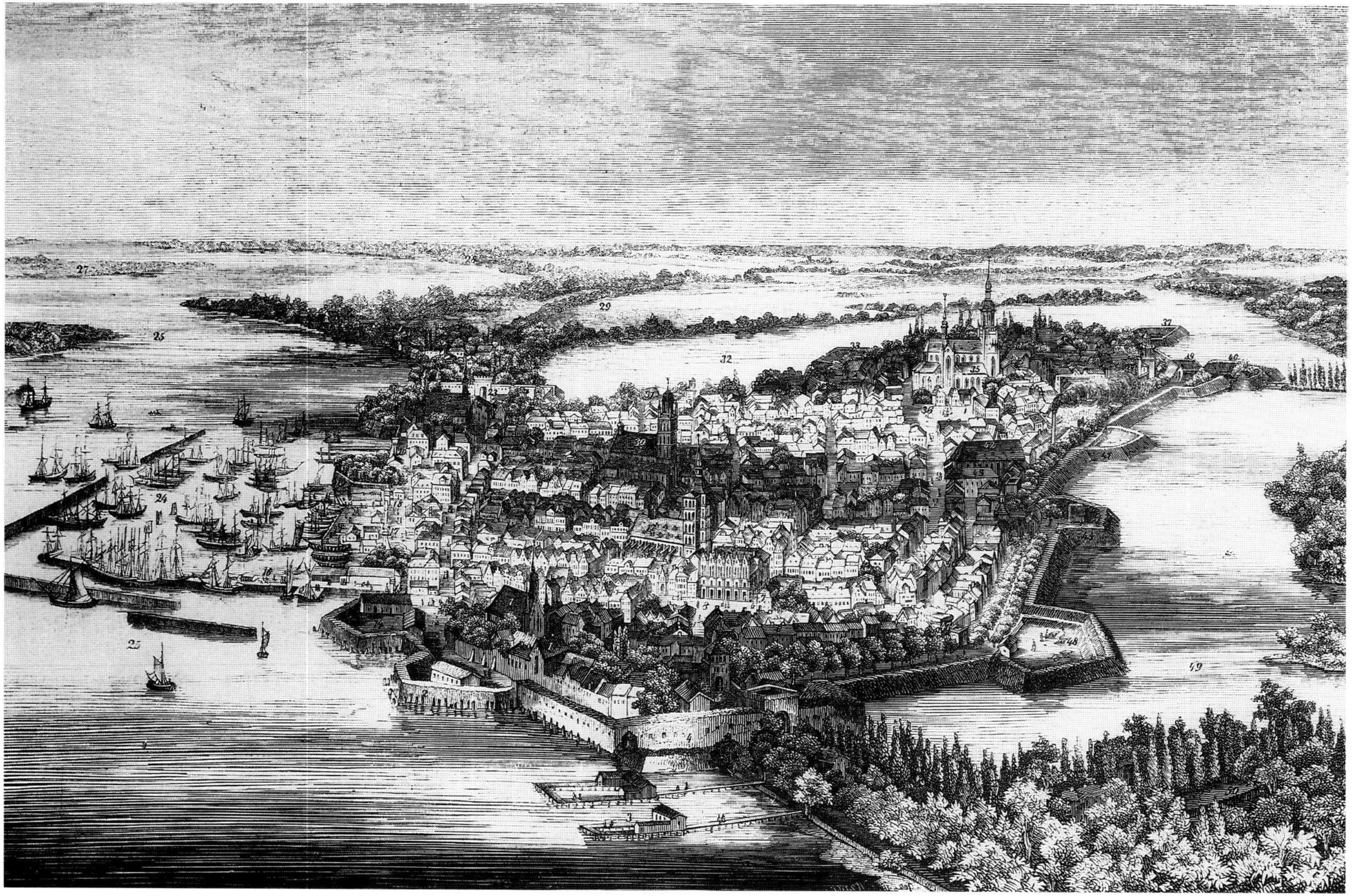

189 Stralsund aus der Vogelschau im 19. Jahrhundert

Doch diese Tat blieb ein Einzelfall, eine Ausnahme. Ein Zeitgenosse, der Reformer Johann David von Reichenbach, beschrieb die Lage der jüdischen Stadtbewohner in seinen 1784 im Druck erschienenen »Patriotischen Beyträgen zur Kenntniß und Aufnahme des Schwedischen Pommern« mit folgenden Worten: Zum Behuf der Münze und Armee zog man während des letzten Krieges einige Juden ins Land. Eine Ungewöhnlichkeit konnten sie uns nicht sein, denn schon im 13. Jahrhundert befanden sie sich hieselbst, und zahlreicher, wie dermalen. Inzwischen kaum war Friede, brauchte man sie nicht mehr: so sah man sie mit scheelen Augen an und hätte gern den Stab über sie gebrochen. Denn nicht einmal einen Begräbnisplatz fanden sie hier bei der Stadt, und sie hätten ihre Leichen den Vögeln preisgeben müssen, hätte ihnen der menschenfreundliche Kammerrat Giese nicht ein Revier von seinem Gute Niederhof eingeräumt.

Nachdem die Stadt mit Vorpommern 1815 unter preußische Herrschaft kam, änderte sich zunächst nichts. Der König von Preußen beeilte sich zu erklären, daß in Behandlung der Juden tunlichst alles beim alten zu belassen sei. Ihnen wurde es erneut strikt untersagt, sich hierher zu begeben und Handel zu treiben, geschweige denn sich anzusiedeln, auch nicht einmal auf Jahrmärkten zu erscheinen. Ganz allmählich begriff indes die Regierung, daß durch Juden der damals stagnierende Handel belebt werden könne und es nützlich sei, sie in beschränkter Anzahl im Lande zu dulden.

Geduldet wurden bald nach der Mitte des 19. Jahrhunderts in der Sundstadt zwei Kaufleute, für die Stralsund gewissermaßen das Sprungbrett bildete, von dem aus sie in den deutschen und ausländischen Markt vorstießen. Der eine, Leonhard Tietz, war 1879 von Frankfurt an der Oder hier angereist und hatte an der Ossenreyerstraße einen kleinen Laden für Kurz-, Weiß- und Wollwaren eröffnet. Als er 1914 in Elberfeld starb, zählten Warenhauspaläste in vielen Städten, in Berlin, Köln, Mainz, Düsseldorf und Kassel zum Beispiel, aber auch Antwerpen, Brüssel und Lüttich zur »Leonhard Tietz AG«. Der zweite, Abraham Wertheim, begann 1852 mit seinem Bruder die Geschäftstätigkeit noch bescheidener, indem er Kramwaren von seiner Wohnung an der Frankenstraße aus in den Handel brachte und außerdem mit dem Bauchladen von Haus zu Haus ging. Niemand konnte seinerzeit ahnen, daß damit in Stralsund die Keimzelle zum späteren weithin bekannten Warenhauskonzern der Wertheims lag.

Quellen und Literatur (Auswahl)

Urkunden, Stadtbücher, Bürgertestamente und Akten des Stadtarchivs Stralsund.

Amman, Jost, Eygentliche Beschreibung aller Stände..., Frankfurt am Main 1568.

Baier, Rudolf, Zwei Stralsunder Chroniken des 15. Jahrhunderts. Stralsund 1893.

Berckmann, Johannes, Stralsundische Chronik und die noch vorhandenen Auszüge aus alten verlorengegangenen Stralsundischen Chroniken. Hrsg. von Gottlieb Mohnike und Ernst Heinrich Zober. Stralsund 1833.

Brosthaus, Ursula, Bürgerleben im 16. Jahrhundert. Die Autobiographie des Stralsunder Bürgermeisters Bartholomäus Sastrow als kulturgeschichtliche Quelle. Köln/Wien 1972.

Dehio, Georg, Handbuch der deutschen Kunstdenkmäler. Die Bezirke Neubrandenburg, Rostock, Schwerin. 2. Aufl. Berlin 1980.

Denkmale in Mecklenburg. Weimar 1976.

Ebeling, Rudolf, Das zweite Stralsunder Stadtbuch (1310–1342). Stralsund 1903.

Ewe, Herbert, Schiffe auf Siegeln. Rostock 1972.

– Schätze einer Ostseestadt. Sieben Jahrhunderte im Stralsunder Archiv. 2. Aufl. Weimar 1975.

– Stralsund. 3. Aufl. Rostock 1989.

– Kostbarkeiten in Klostermauern. Zur Geschichte, Restaurierung und Nutzung des Franziskanerklosters St. Johannis zu Stralsund. Rostock 1990.

Fabricius, Friedrich, Das älteste Stralsundische Stadtbuch (1270–1310). Berlin 1872.

Fock, Otto, Rügensch-pommersche Geschichten aus sieben Jahrhunderten, Bd. 1–6. Leipzig 1861–1872.

Fritze, Konrad, Die Hansestadt Stralsund. Die beiden ersten Jahrhunderte ihrer Geschichte. Schwerin 1960.

– Stralsunds Bevölkerung um 1400. In: Greifswald-Stralsunder Jahrbuch, Bd. 6. 1966, S. 15–29.

– Am Wendepunkt der Hanse. Untersuchungen zur Wirtschafts- und Sozialgeschichte wendischer Hansestädte in der ersten Hälfte des 15. Jahrhunderts. Berlin 1967.

Geschichte der Stadt Stralsund. 2. Aufl. Weimar 1985.

Haselberg, Ernst von, Die Baudenkmale des Regierungsbezirks Stralsund. Stettin 1902.

Gülke, Peter, Mönche – Bürger – Minnesänger. Musik in der Gesellschaft des europäischen Mittelalters. Leipzig 1975.

Heyden, Hellmuth, Die Kirchen Stralsunds und ihre Geschichte. Berlin 1961.

Hoogeweg, Hermann, Die Stifter und Klöster der Provinz Pommern II. Stettin 1925.

Kantzow, Thomas, Chronik von Pommern in niederdeutscher Mundart. Hg. von Georg Gaebel. Stettin 1929.

Lindemann, Joachim u. Gerhard Hannemann, Die Stralsunder Memorial-Bücher (1531–1611). Hrsg. von Ernst Heinrich Zober. Stralsund 1843.

Maschke, Ernst, Das Berufsbewußtsein des mittelalterlichen Fernkaufmanns. Beiträge zum Bewußtsein des mittelalterlichen Menschen. Berlin 1964.

Prignitz, Horst, Wasserkur und Badelust. Leipzig 1984.

Reichenbach, Johann David von, Patriotische Beyträge zur Kenntnis und Aufnahme des schwedischen Pommerns, Bd. 1–4. Stralsund und Greifswald 1784–1787.

Rörig, Fritz, Die europäische Stadt und die Kultur des Bürgertums im Mittelalter. Hrsg. von L. Rörig. Göttingen 1958.

Sastrow, Bartholomäus, Herkommen, Geburt und Lauff seines gantzen Lebens... Hrsg. von Gottlieb Mohnike, Teil 1–3. Greifswald 1823–1824.

Schildhauer, Johannes, Die Hanse. Geschichte und Kultur. Leipzig 1984.

Uhsemann, Ernst, Streifzüge durch das alte Stralsund. Stralsund 1925.

Weigel, Christoff, Abbildung der Gemein-Nuetzlichen Haupt-Staende von denen Regenten ... an biß auf alle Kuenstler und Handwerker nach jedes Ambts- und Beruffs-Verrichtungen. Regensburg 1698.

Wessel, Franz, Etlicke Stücke, wo idt vormals ihm pawestdhome mit dem gadesdenste thom Stralsunde gestahn up dadt jar 1523. Hrsg. von Ernst Heinrich Zober. Stralsund 1837.

Zaske, Nikolaus, Die gotischen Kirchen Stralsunds und ihre Kunstwerke. Berlin 1964.

Zober, Ernst Heinrich, Zur Geschichte des Stralsunder Gymnasiums. Beiträge 1–6. Stralsund 1839 bis 1860.

Zöllner, Johann Friedrich, Reise durch Pommern nach der Insel Rügen und einem Theile des Herzogtums Mecklenburg im Jahre 1795. Berlin 1797.

Zeittafel zur Stadtgeschichte

1168	Eine dänische Flotte landet auf Rügen, erobert die Tempelfeste Arkona und leitet die Christianisierung ein
1234	Die neben dem slawischen Fährdorf Stralow entstandene gleichnamige deutsche Siedlung erhält durch den rügenschen Fürsten Wizlaw I. das lübische Stadtrecht
1240	Der Name der Stadt wird zum ersten Mal als »Stralesund« beurkundet
1249	Zerstörung der Stadt durch die Lübecker
um 1250	Gründung der Bettelordensklöster St. Katharinen der Dominikaner und St. Johannis der Franziskaner
1256	Erste Erwähnung der Neustadt um den Neuen Markt
	Gründung des Heilgeist-Hospitals an der Heilgeiststraße, die nach dieser Einrichtung ihren Namen erhält – um 1300 Verlegung des Hospitals an den Außenrand der Stadt, an die Wasserstraße
	Erste Nachricht von dem Bau der Stadtmauer
1265	Stralsund verbündet sich mit Demmin zum gegenseitigen Schutz gegen Straßenräuber
um 1270	Das Stralsunder Rathaus im ältesten Stadtbuch genannt
1271	Eine Feuersbrunst zerstört große Teile der Stadt
1276	Erste Erwähnung der Pfarrkirche St. Nikolai
	Die Stralsunder erhalten vom dänischen König Erich V. das Privileg, auf Schonen eine Vitte anzulegen
1278	Gründung des St. Jürgen-Hospitals auf dem Knieperfeld zur Aufnahme von Leprakranken
	Handelsverkehr mit Flandern und England nachweisbar
	Besiegelung der ältesten Stralsunder Hafenordnung
1293	Schutzbündnis mit Lübeck, Wismar, Rostock, Greifswald (Anfänge der Städtehanse)
1294	Handelsverkehr mit Frankreich nachweisbar
1295	Handelsverkehr mit Rußland (Nowgorod) nachweisbar
1298	Erste Erwähnung der Pfarrkirche St. Marien
1303	Erste Erwähnung der Pfarrkirche St. Jakobi
1306	Errichtung des ersten Leuchtfeuers am Strand der Ostsee, der »Luchte«, auf dem Gellen von Hiddensee, die Schiffern nachts die Einfahrt in den Stralsunder Hafen erleichtern sollte

1313 Handwerksämter erhalten vorübergehend Anteil am Stadtregiment

1316 Stralsund wird von einem Fürsten- und Ritterheer belagert, über das die Bürger beim Kampf im Hainholz einen glänzenden Sieg erringen

1318 Die Stadt gewinnt die Zollfreiheit

Stralsund erhält die Münzgerechtigkeit

1322 Das St. Gertrud-Hospital auf dem Frankenfeld erstmals erwähnt

1325 Nach dem Aussterben des rügenschen Fürstengeschlechts gelangt Stralsund unter die Herrschaft der Herzöge von Pommern-Wolgast

1350 Erste nachweisbare Pestepidemie in Stralsund

1361 König Waldemar von Dänemark zerstört Wisby auf Gotland. Damit beginnt der Krieg zwischen den Hansestädten und Dänemark

1362 Die hansische Flotte wird von den Dänen bei Helsingborg geschlagen

1364 Der im Bereich der Hanse bekannte Bertram Wulflam wird Bürgermeister. Er bestimmte später die Geschicke der Stadt selbstherrlich

1367 Kölner Konföderation, auf der die Hansestädte einen neuen Krieg gegen Dänemark beschließen

1370 »Friede zu Stralsund«. Die Hansestädte befinden sich nach erfolgreichen Kämpfen gegen Dänemark auf der Höhe ihrer Macht

1391 Karsten Sarnow wird Bürgermeister, beseitigt die konservative Ratsverfassung und bricht die diktatorische Herrschaft Bertram Wulflams, der daraufhin mit seiner Familie die Stadt verläßt

1393 Karsten Sarnow scheitert mit seinen Reformbemühungen und wird enthauptet. Die Wulflams kehren in die Stadt zurück, nachdem Bertram Wulflam in der Fremde gestorben war

1397 Wulf Wulflam, Sohn Bertram Wulflams, wird Bürgermeister

1407 »Papenbrand am Sund«. Empörte Bürger ergreifen Stralsunder Geistliche und stoßen sie auf den Scheiterhaufen. Sie waren für den Tribseeser Archidiakon Cord Bonow eingetreten, der sich raubend und mordend der Stadt genähert hatte

1409 Wulf Wulflam wird auf dem Kirchhof von Bergen auf Rügen erschlagen

1453 Der in der Stadtgeschichte bekannte Bürgermeister Otto Voge (gest. 1475) läßt den herzoglichen Rat Raven Barnekow hinrichten und muß aus Stralsund fliehen

1458 Otto Voge kehrt in die Stadt und in sein Amt zurück

1470 Sühnevergleich zwischen der Stadt und Herzog Wartislaw X. von Pommern wegen der Hinrichtung Raven Barnekows

1488 Gründung der Stralsunder Schiffer-Compagnie

1522 Die ersten evangelischen Prediger treten in Stralsund auf

1523	Christian Ketelhot (um 1492–1542), Stralsunds Reformator, predigt zum ersten Mal in der Stadt
1524	Die demokratische Bürgervertretung der »Achtundvierziger« tritt neben den Rat
1525	Vollendung der Reformation in Stralsund und Säkularisierung der Klöster
	Johannes Aepinus (1499–1533) legt die erste Schulordnung vor
1537	Die Bürgervertretung der »Achtundvierziger« wird beseitigt. Fortan herrscht der Rat wieder allein
1541	Franz Wessel wird Bürgermeister
1555	Nikolaus Gentzkow wird Bürgermeister
1558/59	Bildung des Bürgerausschusses »Kollegium der Hundertmänner«, der die Kontrolle über die Verwendung der öffentlichen Gelder ausübt
1560	Gründung des Stralsunder Gymnasiums
1578	Bartholomäus Sastrow wird Bürgermeister
1612	Herzog Philipp Julius von Pommern-Wolgast bricht die alte Ratsherrschaft und entfesselt einen innerpolitischen Kampf
1615	Unterzeichnung des »Erbvertrags«. Er legt das Verhältnis der Stadt zum pommerschen Landesherrn fest und schränkt die Rechte der Kommune ein
1616	Der »Bürgervertrag« wird geschlossen, der die Teilung des Stadtregiments zwischen Rat und »Hundertmänner-Kollegium« regelt
	Lambert Steinwich wird Bürgermeister
1618	Lambert Steinwich stellt die Hoheit der Stadt gegenüber dem pommerschen Landesherrn wieder her
1627	Kapitulation zu Franzburg. Herzog Bogislaw XIV. genehmigt den Einmarsch kaiserlicher Truppen in sein Land
1628	Wallenstein belagert Stralsund, das sich dank dänischer und schwedischer Waffenhilfe unter Leitung Lambert Steinwichs mit Erfolg verteidigt. Zwanzigjähriges Schutzbündnis (»Alliancevertrag«) mit König Gustav II. Adolf von Schweden
1629	Die Bevölkerung wird von der Pest heimgesucht, der auch Lambert Steinwich erliegt
1648	Die Stadt gelangt im Westfälischen Frieden mit dem westlichen Pommern und Rügen an Schweden
1659	Der bekannte Orgelbaumeister Friedrich Stellwagen vollendet die große Barockorgel in der Marienkirche
1662	St. Jakobi verliert durch Blitzschlag getroffen seinen hohen gotischen Helm. Das Feuer schlägt über die Straßen hinweg und vernichtet auch die beiden gotischen Turmpyramiden der Nikolaikirche

1674	Beginn des Krieges zwischen Brandenburg und Schweden
1675	Die Brandenburger erscheinen vor Stralsund, ziehen aber bald wieder ab
1678	Kurfürst Friedrich Wilhelm von Brandenburg belagert die Stadt und nimmt sie im Kampf gegen die Schweden nach furchtbarem Bombardement seiner Artillerie ein
1680	Ein Großbrand verheert ganze Teile der Stadt
1710	Etwa 4000 Menschen fallen der Pest zum Opfer
1711	Dänen, Russen und Sachsen blockieren zwei Jahre lang die Stadt
1714	König Carl XII. von Schweden trifft nach einem legendären Ritt aus der Türkei in Stralsund ein, um hier den Kampf gegen seine Feinde aufzunehmen
1715	Dänen, Preußen und Sachsen belagern und erobern Stralsund, das darauf an Dänemark kommt
1720	Im Frieden zu Frederiksborg fällt die Stadt wieder an Schweden
1755	Ulrich Giese eröffnet an der Tribseerstraße die Stralsunder Fayence-Manufaktur (sie bestand bis 1790)
1762	Mit dem »Auszug aus den Neuesten Weltbegebenheiten« kommt die erste Stralsunder Tageszeitung heraus (sie führt ab 1772 den Titel »Stralsundische Zeitung« und stellt ihr Erscheinen erst 1934 ein)
1765	Beginn der Stralsunder Spielkartenherstellung
1766	Die Stadt erhält an der Mönchstraße ihr erstes Theatergebäude
1773	Begründung der »Medizinischen Privatgesellschaft« als eine der ersten Ärztevereinigungen Deutschlands
1784	Eröffnung des ersten Stadtkrankenhauses in der Gasthauskirche an der Marienstraße
1785	Bau des ersten katholischen Gotteshauses (nach der Reformation)
1787	Einweihung der Synagoge an der Langenstraße (die jüdische Gemeinde in Stralsund zählt gegen Ende des 18. Jahrhunderts 170 Mitglieder)
1807	Franzosen rücken in Schwedisch-Pommern ein und besetzen Stralsund
1809	Ferdinand von Schill läßt im Kampf gegen die Besatzungstruppen in der Fährstraße sein Leben
1815	Ende der Schwedenzeit. Stralsund kommt mit Vorpommern zu Preußen
1824	Ankunft des ersten Seedampfschiffes im Stralsunder Hafen (schwedischer Raddampfer »Constitutionen«)
1831	Die preußische Regierung setzt die »Städteordnung« in Kraft, durch die die Herrschaft des Rates erheblich beschränkt wird
1834	Das »Schauspielhaus« am Alten Markt öffnet seine Pforten (es besteht bis 1912)

1841	Stralsund erwirbt sein erstes (in Newcastle gebautes) Dampfschiff
1848	Bürgerlich-demokratische Revolution, in deren Verlauf die benachteiligten Bevölkerungsschichten eine Verbesserung ihrer Lebensverhältnisse erstreben
um 1850	Beginn der »Großen Fahrt« der Hochseesegler (Stralsunds Handelsflotte zählt in der zweiten Jahrhunderthälfte zu den größten aller Städte rings um die Ostsee)
1851	Die erste Telegrafenleitung erreicht die Stadt
1854	Durch den Ziegelgraben wird das erste deutsche Seekabel verlegt
1855	Die preußische Telegrafenstation nimmt im Hause Frankenstraße 32 ihre Arbeit auf
1857	Das Gaswerk an der Greifswalder Chaussee beginnt als »Gasbeleuchtungsanstalt« seine Tätigkeit. In den Straßen der Stadt erstrahlt aus 325 Laternen das Gaslicht
1858	Das in Stettin erbaute Räder-Dampfschiff »Rügen« nimmt den regelmäßigen Personen- und Frachtverkehr zwischen Stralsund und der Oderstadt auf
1859	Im Rathaus macht das durch Dr. Rudolf Baier begründete Museum seine Schausammlungen den Besuchern zugänglich (später Kulturhistorisches Museum an der Mönchstraße)
1863	Die Stadt erhält auf der Strecke Berlin – Pasewalk – Greifswald Anschluß an das Eisenbahnnetz
1866	Eröffnung des neuen Stadtkrankenhauses am Frankenwall (nach 1945 Poliklinik, heute Ärztehaus)
1873	Aufgabe des Festungscharakters der Stadt; vorher und danach Abbruch der meisten mittelalterlichen Tore
1875	Die Realschule in Nähe der Marienkirche (ab 1882 Realgymnasium) öffnet als zweite höhere Lehranstalt ihre Türen
1878	Auf der Eisenbahnlinie Berlin – Neustrelitz – Stralsund (Nordbahn) beginnt der Verkehr
1883	Das Trajekt Stralsund – Altefähr stellt die Eisenbahnverbindung zwischen dem Festland und der Insel Rügen her
1887	Erste Telefonanschlüsse für Privatpersonen
1888	Inbetriebnahme der Eisenbahnstrecke Stralsund – Rostock
	Das im neogotischen Stil erbaute Postgebäude am Neuen Markt wird durch den Generalpostdirektor Heinrich von Stephan seiner Bestimmung übergeben
1891	Gründung des sozialdemokratischen Wahlvereins. Beginn der organisierten Arbeiterbewegung in Stralsund
1892	Bau der Bogenlampenfabrik an der Marienstraße, die mit ihren elektrischen Ausrüstungen viele Länder Europas beliefert
1894	Erstes elektrisches Licht in Stralsund

1900	In der Stadt verkehrt die Straßenbahn (1966 eingestellt)
1904	Ausbau der Bahnanlagen und Einweihung des Hauptbahnhofs
1906	Eröffnung des ersten stationären Kinos (im Gebäude Langenstraße 47)
1911	Errichtung des Elektrizitätswerkes in der Frankenvorstadt
1912	Eröffnung der Provinzial-Heilanstalt an der Rostocker Chaussee mit 560 Betten (1927 auf 1200 Betten erhöht)
1913	Einweihung des Lyzeums, Neubau an der Fährwallstraße (heute Hansa-Gymnasium)
1913/14	Bau des neuen Theaters vor dem Kniepertor (1916 eröffnet)
1914	Beginn des Ersten Weltkriegs
1918	Bildung des Arbeiter- und Soldatenrates
1919	Demonstrationen und Streiks der Arbeiter. Der Arbeiter- und Soldatenrat löst sich auf
	Eröffnung der Stralsunder Volkshochschule
1926/28	Erweiterung der großen Uferpromenade am Strelasund
1932	Bau der Lambert-Steinwich-Schule An den Bleichen
1933	Mit der Machtübernahme Hitlers werden die demokratischen Formen der Städtischen Verwaltung beseitigt, SPD, KPD und Gewerkschaften verboten und zahlreiche Gegner des nationalsozialistischen Regimes inhaftiert
1936	Fertigstellung des Rügendamms
1938	Abschluß der Bauarbeiten am Marinelazarett
	In der sogenannten »Kristallnacht« werden die Synagoge in Brand gesteckt und jüdische Geschäfte geplündert
1939	Beginn des Zweiten Weltkriegs
1944	Schwerer Luftangriff auf Stralsund, dabei rund 800 Menschen getötet, ein Drittel des Wohnraumes zerstört oder beschädigt und 40 Baudenkmale vernichtet
1945	Am 1. Mai wird die Stadt kampflos von sowjetischen Truppen eingenommen, am 4. Juni das Marinelazarett der Stralsunder Bevölkerung als »Krankenhaus am Sund« übergeben
1946	Am 27. Juni findet im Rathaus die Trauerfeier für den Dichter Gerhart Hauptmann statt, danach Überführung des Toten nach Hiddensee zur Beisetzung
	Am 11. September wird in der neu gegründeten »Ingenieur-Bau GmbH« der erste Fischkutter auf Kiel gelegt
1947	Nach Wiederherstellung des während der letzten Kriegstage sinnlos gesprengten Rügendamms kann der Eisenbahnverkehr nach der Insel wieder aufgenommen werden

1948	Baubeginn der Volkswerft
1949	Stapellauf des ersten Loggers auf der Werft
1951	Eröffnung des durch Professor Dr. Otto Dibbelt begründeten Naturmuseums (später Entwicklung zum Meeresmuseum)
1952	Im Hafen werden nach den Kriegszerstörungen die letzten Schiffswracks beseitigt
	Die Musikschule nimmt ihren Lehr- und Unterrichtsbetrieb auf
1954	Erstes Remterkonzert im Kulturhistorischen Museum
1956	Eröffnung der »Sundlichtspiele« am Frankendamm
1959	Aufbaubeginn des Tierparks im Stadtwald
1960	Beginn des Aufbaues vom Stadtteil Knieper-Nord
1961	Aufnahme der Produktion von Fang- und Verarbeitungsschiffen des Typs »Tropik« auf der Werft
1962	Inbetriebnahme der Ölspaltanlage an der Greifswalder Chaussee
	Beginn der Restaurierung des Johannisklosters
	Auflösung der sowjetischen Kommandantur in Stralsund
1964	Baubeginn des Stadtteils Knieper-West
1972	Indienststellung des ersten Schiffs der »Atlantik-Super-Trawler-Serie«
1974	Das Meeresmuseum öffnet die restaurierte und neugestaltete Katharinenhalle mit ihren Schausammlungen
1980	Baubeginn des Stadtteils Grünhufe
1984	750-Jahr-Feier der Stadt
	Kiellegung des ersten Fabriktrawlers vom Typ Atlantik »Stralsund«
1989	Friedensgebete in der Nikolai- und Marienkirche leiten die Wende in den bisherigen gesellschaftlichen Verhältnissen ein
1990	Erste freie Wahlen. Die Leitung der Stadtverwaltung übernehmen Senat und Bürgerschaft. Stralsund gehört zum neuen Bundesland Mecklenburg-Vorpommern

Abbildungsverzeichnis

Die im Band abgebildeten Urkunden, Siegel, Bücher, Karten, Pläne, Holzschnitte, Kupferstiche, Lithographien, Zeichnungen, Theaterzettel und historischen Fotos entstammen den Beständen des Stadtarchivs Stralsund. Ein besonderer Vermerk im Abbildungsverzeichnis erübrigte sich deshalb.

Personenregister